Claudine Nierth und Roman Huber

Die zerrissene Gesellschaft

W0283505

GOLDMANN

Claudine Nierth und Roman Huber

DIE ZERRISSENE GESELLSCHAFT

SO ÜBERWINDEN WIR GESELLSCHAFTLICHE SPALTUNG IM NEUEN KRISENZEITALTER

GOLDMANN

Wir haben uns bemüht, alle Rechteinhaber ausfindig zu machen, verlagsüblich zu nennen und zu honorieren. Sollte uns dies im Einzelfall aufgrund der schlechten Quellenlage bedauerlicherweise einmal nicht möglich gewesen sein, werden wir begründete Ansprüche selbstverständlich erfüllen.

Sollte diese Publikation Links auf Webseiten Dritter enthalten, so übernehmen wir für deren Inhalte keine Haftung, da wir uns diese nicht zu eigen machen, sondern lediglich auf deren Stand zum Zeitpunkt der Erstveröffentlichung verweisen.

MIX
Papier | Fördert gute Waldnutzung
FSC® C014496

Penguin Random House Verlagsgruppe FSC® N001967

1. Auflage
Originalausgabe August 2023
Copyright © 2023: Wilhelm Goldmann Verlag, München,
in der Penguin Random House Verlagsgruppe GmbH,
Neumarkter Str. 28, 81673 München
Illustrationen S. 42, 48, 226: Liane Haug
Umschlag: Uno Werbeagentur, München
Umschlagmotiv: gettyimages / David Malan; FinePic®, München
Redaktion: Antje Steinhäuser
Satz: Mediengestaltung Vornehm GmbH, München
Druck und Bindung: GGP Media GmbH, Pößneck
Printed in Germany
EB · CF
ISBN 978-3-442-31709-7

www.goldmann-verlag.de

Inhalt

Der Schatten ist die natürliche Folge davon,
dass irgendwo Licht ist.

Einleitung

Wir leben in einer zerrissenen Welt.

Die Welt um uns ist zerstritten, gespalten und in Lager zerteilt. Mobbing, Konkurrenz und Schuldzuweisungen, die »anderen« sind schuld und müssen umerzogen, zur Seite geschoben oder unterdrückt werden. Sie dürfen auf keinen Fall ans Ruder kommen. Gruppen schotten sich voneinander ab und reden nicht mehr miteinander, sondern nur noch übereinander. Man umgibt sich lediglich mit seinesgleichen. Linke sprechen kaum mit Rechtskonservativen, geschweige denn mit Rechten. Und umgekehrt. Gleichzeitig vereinsamen immer mehr Menschen. Sie sind innerlich heimatlos und ohne emotionalen Halt.

Währenddessen türmen sich die Probleme. Klimawandel, Mikroplastik in allen Organismen, Artensterben, tote Meereszonen, Umweltverschmutzung. Die Kluft zwischen Arm und Reich, zwischen dem Globalen Norden und dem Globalen Süden wird größer. Und vieles mehr. Obendrauf zu alledem kommt der Krieg in der Ukraine, der uns bis ins Mark erschüttert und unsere Gewissheiten schwinden lässt.

Als Demokratieaktivisten dachten wir immer, wir müssen unser Regierungssystem nur demokratischer machen und mehr am Gemeinwohl orientieren. Wenn wir immer mehr Menschen einbeziehen, dann kommen wir einen entscheidenden Schritt weiter. Aber selbst da, wo dies gelungen ist, hört der Streit und die Spaltung nicht auf.

Und gleichzeitig haben wir in dreißig Jahren in der Politik, in dreißig Jahren Aufbau von zivilgesellschaftlichen Organisationen oder Lebensgemeinschaften immer wieder eines erlebt: Probleme lassen sich lösen, oder zumindest können wir in einen konstruktiven Dialog miteinander treten und die Umstände ein Stück weit voranbringen und verbessern.

Manche Probleme sind wirklich schwierig zu lösen, wie zum Beispiel soziale Ungerechtigkeit. Es gibt kein Patentrezept dafür. Es gibt keine eindeutig richtigen oder falschen Antworten. Aber auch hier kommen wir mit kreativen Lösungsstrategien für komplexe Probleme weiter.

Es sei denn, es sind neben den Sachfragen ungeklärte emotionale Themen im Spiel. Angst, Neid, Gier, Egoismus, Eitelkeit, Sturheit, Geltungsdrang, ungeklärte und unter den Tisch gekehrte Konflikte. Das Problem ist, dass diese Faktoren fast immer eine Rolle spielen. In fast jedem Meeting, in jeder Talkshow, in jeder Parlamentsdebatte, in jeder Kirchenratssitzung oder in jedem Lehrerzimmer. Und zwar in einem Ausmaß, das einem in der Regel nicht mehr bewusst ist, weil es so normal ist. Dies fällt den Beteiligten erst dann auf, wenn es überraschenderweise einen freien und superkreativen Lauf gibt. Alle tragen bei, die Ideen sprudeln, die Moderation unterstützt den Prozess an der richtigen Stelle und lässt die Energie auch mal laufen. Wenn wir in einer geklärten und psychologisch sicheren Umgebung in einem Team an der Sache arbeiten. Dann werden in kürzester Zeit kreative oder einfach nur alltagstaugliche, kluge Lösungen gefunden. Die Dinge fallen wie von selbst an ihren Platz.

Viel zu oft findet das nicht statt. In manchen Unternehmen oder in der großen Politik fast nie. Je mehr Krise, desto enger wird es. Es gibt kaum mehr langfristiges Denken. Obwohl sich doch alle bemühen und das Beste wollen. Oft bricht die Kommunikation, es wird gelogen und übervorteilt, und jede:r versucht, das Beste rauszuholen. Aber nicht, weil die Menschen schlecht sind. In anderen Zusammenhängen sind dieselben Menschen liebevolle Mütter und Väter, gute empathische Freunde oder kümmern sich aufopfernd um die Umwelt oder Menschen in Not.

Wir kennen es ja selbst, wir nehmen uns vor, anders zu agieren und tappen immer wieder in die gleichen Muster und alte Verhaltensweisen.

Wir folgen einigen Grundannahmen, denen Sie sich nicht gleich anschließen müssen. Wir glauben, dass der Mensch im Grunde gut, willens und in der Lage ist, sich zu verändern. Nahezu alle Menschen streben nach Glück oder Zufriedenheit und wollen auch, dass es anderen gut geht. Das bezieht sich auch auf unsere Umwelt und die ganze Welt. Und alle Menschen brauchen eine Grundstabilität, einen Platz, an dem sie zu Hause und sicher sind, an dem sie anerkannt sind und gesehen werden.

Wenn wir – mit wir ist sowohl jede:r Einzelne als auch wir als Gesellschaft gemeint – uns nun verändern wollen, aber es nur schwer schaffen, muss es dafür Gründe geben. Einer der wichtigsten Gründe sind die unbewältigten Schatten der Vergangenheit, die uns immer wieder einholen. An diesen können wir arbeiten. Das ist die eigentliche Aufgabe und das Schicksal unseres Lebens. Wir gehen also davon aus, dass wir nicht einfach nur so sind, wie wir sind und unveränderbare Charaktere haben, sondern jede:r kann sich an dem Platz, an dem er oder sie gerade steht, ein wenig dem Licht zuwenden. Nach dem Wahren, Guten und Schönen streben. Wäre dies nicht so, wären wir wahrscheinlich gar nicht mehr da.

Eine weitere Annahme, von der wir ausgehen, ist: Hinter allen fixierten Problemen und schlechten Eigenschaften oder Mustern, in denen wir uns befinden und die wir kaum selbst gelöst kriegen, die sich nicht verändern lassen oder immer wiederkehren, liegen meistens Traumata. Alte und unbewusste Wunden aus der Vergangenheit. Wir definieren Trauma breiter, verwenden also nicht nur die klassische Definition, die auf Opfer von Gewalt, Krieg oder Missbrauch zutrifft. Sehr viele Menschen haben ein Entwicklungs- bzw. Bindungstrauma, das bereits in ganz frühen Jahren entstanden ist. Meist vergessene und verdrängte Kindheitserfahrungen können die Psyche vergiften und einem das ganze Leben im Weg stehen.

Der für uns jetzt neue Ansatz ist, dass Traumata nicht nur individuell wirken und entstehen, sondern dass auch die schlimmen Wunden der Vergangenheit, die Traumata unserer Ahnen auf uns bis in die Gene wirken. Und noch frappierender gibt es sogar gesellschaftliche oder kollektive Traumata.

Da wir uns von jeher mit Gesellschaft beschäftigen, hat dies eine hochpolitische Dimension. Denn dann hätte jedes Kollektiv, also jede Gruppeneinheit, sei es ein Unternehmen, ein Dorf, ein Land oder eine Nation, nicht nur eine Licht-, sondern auch eine Schattenseite. Nicht nur spezifische Qualitäten und Kompetenzen, sondern auch kollektive Traumata. Darauf wollen wir besonders eingehen. Denn dies hat unseren Blick auf Politik und die mögliche Veränderung von gesellschaftlichen Verhältnissen stark verändert und bereichert. So vieles ist dadurch einfacher zu verstehen.

Gehen wir noch mal einen Schritt zurück: Sie meinen, so einfach ist das nicht. Es gibt doch auch handfeste ökonomische Interessen oder den Einfluss von Macht, wenn es um Politik geht. Es macht doch keinen Sinn, die Politik so zu psychologisieren. Wir müssen jetzt die Probleme lösen, die uns zu überrollen drohen. Wir haben einfach keine Zeit für solche Luxusthemen. Ja, wir haben wenig Zeit, und das Leben wird immer schneller. Denn wir leben in einem Wirtschaftssystem, das wachsen muss, nur um den Status quo zu halten, allein dadurch beschleunigt sich die Welt.

Aus unserer Sicht braucht es nicht weniger, sondern mehr Psychologie in der Gesellschaft und in der Politik, also mehr Wissen um die Seele des Menschen (Psyche altgriechisch »Seele, Schmetterling«). In der Politik geht es fast nur um Psychologie, denn Politik wird immer von Menschen gemacht. Oder wie es Abraham Lincoln, der berühmte amerikanische Präsident, formulierte, »Demokratie ist die Regierung der Menschen, durch die Menschen und für die Menschen«. Im Original heißt es Volk statt Menschen. Doch eines der deutschen kollektiven Traumata bewirkt, dass wir dem Volk misstrauen und uns sogar physisch unwohl fühlen, wenn wir »Volk« hören, zumindest in manchen Kreisen.

Auch nicht zu stillende Gier nach Reichtum und Macht lässt sich letztlich auf unerfüllte Grundbedürfnisse des Menschen nach Sicherheit und Selbstausdruck zurückführen.

Wir glauben, dass wir eine neue Herangehensweise in unserer krisengeschüttelten Zeit brauchen, ein neues Paradigma. Wir brauchen mehr als das mechanistische Denken, wir brauchen ein fühlendes Denken. Auch in der Politik. Wir brauchen nicht nur eine Demokratie der Gewaltenteilung, sondern zusätzlich eine Demokratie der Zuneigung. Wir wollen Rationalität nicht überwinden, sondern mehr Denken, Kreativität und Innovation ermöglichen, indem wir sie um die emotionale Ebene erweitern. Dafür brauchen wir ein umfassenderes Herangehen, wir brauchen den Menschen mit allen seinen Kompetenzen. Mit seinen Gedanken, seinen Empfindungen und seinem Handeln. Und dies ist wenig überraschend, denn wir sind ja sowieso immer als vollumfänglich da, auch mit unseren Emotionen, nur blenden wir dies meistens aus.

Neue Kompetenzen, ein neues Bewusstsein, ein neuer Blick auf die Welt wird nicht einfach entstehen, nur weil wir einmal die Notwendigkeit dazu verstanden haben. Wir bekommen das nicht geschenkt, sondern das bedeutet Arbeit, Inner Work.

Wir stellen in den Raum: Politische Arbeit wird sich ohne Persönlichkeitsentwicklung nicht grundlegend weiterentwickeln. Wir können heute diese Kompetenzen ausbilden, Selbstreflexion, Empathie und Mitgefühl lassen sich lernen. Transparente Kommunikation erfordert Übung. Selbstkontakt und Selbstreflexion ist eine lebenslange Schulung. Konfliktfähigkeit auch. Wer in der heutigen Zeit dauerhaft und wirksam politisch tätig sein will, ohne auszubrennen, braucht auch ein inneres Training, um stabil zu bleiben. Eine Form der An- und Rückbindung, des inneren Rückhalts.

Viel von dem Wissen um Achtsamkeit, Beziehungskompetenzen, agile Strukturen und Transformation wird in modernen Unternehmen und kulturellen Gruppen seit vielen Jahren entwickelt. Wir wollen davon mehr in der ganzen Gesellschaft, vor allem aber in der Politik und Verwaltung. Und wir sind sicher: Menschen sehnen sich danach!

Einschneidende Veränderungen, die mit großer Wahrscheinlichkeit auf uns zukommen, müssen von möglichst allen Bürger:innen mitgetragen werden. Dazu müssen sie beteiligt werden. Einschnitte, die wir verstanden und bewusst mitentschieden haben, werden auch gemeinsam umgesetzt. Durch die Beteiligung der Bürger:innen wird die Politik besser und letztlich sogar schneller.

Wir wollen konkrete Vorschläge machen, wie wir dies im Politischen ein- und umsetzen können. Wir haben Ideen, wie Bürgerräte weiterentwickelt werden oder wie Gemeinderäte besser zusammenarbeiten können. Wie verfeindete Gruppen miteinander in Kontakt kommen können. Oder Menschen miteinander in Beziehung gehen, die einander nie begegnen würden. Wir wollen weiter daran forschen, wie mit kollektiven Traumata gesellschaftlich und politisch praktisch umgegangen werden kann.

Wir können uns eine zerrissene Gesellschaft nicht leisten, in der einzelne Menschen oder ganze Gruppen sich abspalten oder verloren gehen. Wir können auf die Kraft aller nicht verzichten. Wir brauchen die Bürgerschaft, die Verwaltung, die Politik, die Wirtschaft.

Es geht uns um die Stabilisierung der Gesellschaft und um die Voraussetzungen, überhaupt demokratisch agieren und politische Entscheidungen treffen zu können. Und dabei stoßen wir offensichtlich an ganz menschliche Grenzen, und diese wollen wir nicht verdrängen oder negieren, sondern bewusst einbeziehen.

Wir Autor:innen sind Politaktivist:innen, kommen aus der Zivilgesellschaft und haben mit unserer Organisation Mehr Demokratie an über vierzig Verfassungs- und Gesetzesreformen mitgewirkt. Wir haben Gesetze initiiert oder Vorschläge dafür erarbeitet. Wir haben mit mehreren Hundert Politikern bis in die höchsten Ämter gesprochen oder zusammengearbeitet, Verfassungsbeschwerden eingereicht und für den Bundestag die ersten bundesweiten, gelosten Bürgerräte organisiert. Und wir haben mehrere erfolgreiche Volksbegehren durchgeführt für die Erleichterung demokratischer Teilhabe durch Volks- und Bürgerentscheide. Wir haben viele Kampagnen in großen Bündnissen im Schulterschluss mit demokratischen Parteien durchgeführt. Das heißt, wir sind mit dem politischen Betrieb vertraut, von innen und außen, seit über dreißig Jahren.

Aber heute erkennen wir die Grenzen unseres Handelns – und die Grenzen des politischen Systems. Heute fragen wir in Anbetracht der zerrissenen Gesellschaft und der politischen Herausforderungen: Was brauchen wir eigentlich wirklich? Woran scheitert dringend notwendiges Handeln? Warum sind Bürger:innen *und* Politiker:innen verdrossen?

Wir sind der Überzeugung: Wir brauchen eine Demokratie der Zuneigung! Dafür brauchen wir ein umfassenderes Bewusstsein im Umgang sozialer Prozesse.

Die Demokratie braucht Streit und Auseinandersetzung. Ja, natürlich. Aber der derzeit vorherrschende Konkurrenz- und Machtkampf ist nicht das einzige und wichtigste Lebensprinzip. Wir brauchen mehr Kooperation. Wir brauchen eine erhöhte soziale Fähigkeit, zu besseren Lösungen zu kommen, die von vielen Menschen getragen werden.

Und wir sind selbst auf der Suche nach Antworten und Lösungen. Wir erarbeiten Modelle und bringen sie ein. Wenn sie sich bewähren, werden sie sich etablieren, wie zum Beispiel die gelosten Bürgerräte. Einige der Perspektiven, die wir Ihnen vorstellen, mögen neu und ungewohnt sein. Viele stammen nicht aus der traditionellen Politikwissenschaft, sondern eher aus der Soziologie oder Psychologie. Manche – wie die Wirkung von kollektiven Traumata – beginnen die Wissenschaft erst zu erforschen.

Die Welt wird noch komplexer, dies erfordert Mut und Bereitschaft, alles, auch sich selbst, infrage zu stellen. Die eigenen Meinungen und Lebensweisheiten zu entlarven. Wir beschreiben einen aus unserer Sicht unverzichtbaren Ansatz. Er wird vielleicht nicht genügen, aber ohne ihn werden wir es sicher nicht schaffen, aus dieser fragilen Weltenlage, in der wir uns befinden, herauszukommen, die eingangs genannten Probleme – und viele mehr – zu bewältigen. In die Situation, in der sich die Welt gerade befindet, hat sich die Menschheit selbst hineinmanövriert. Jetzt stehen wir vor der notwendigen Aufgabe, diese Entwicklungen zu wenden, um neue, lebenswertere Perspektiven zu ermöglichen.

Jede:r von uns kann dazu beitragen und trägt ungeahntes Potenzial in sich. Wie kreieren wir eine global fairere Gesellschaft in Verbindung mit einer gesunden Umwelt? Vielleicht nennen wir sie auch Mitwelt, denn sie umgibt uns nicht nur. Wir sind nicht getrennt von der Welt, in der wir leben, sondern sind Teil von ihr.

Nach Jahrhunderten von Zerstörung und Ausbeutung stellen wir uns nun auf viele Jahre der Wiederherstellung ein. Wir werden dies nicht nur mit Aktivitäten in der Welt da draußen erledigen können, sondern müssen auch bei uns selbst in unserem Inneren beginnen. Die anderen für unsere Probleme verantwortlich zu machen, ist ein Teil des Problems, weil wir uns damit aus der Verantwortung ziehen.

Wir müssen unsere eigenen Unzulänglichkeiten annehmen und in unserem Inneren die Lösungen suchen. Wie kann im Äußeren Frieden und Zusammenhalt entstehen, wenn wir in unserem Inneren Konflikte schüren und Zwietracht säen? Wie können wir zur Welt eine Beziehung und Mitgefühl entwickeln, wenn wir uns selbst nicht fühlen? Wie können wir äußerlich Moral fordern, wenn wir im Inneren unsere Werte verlieren? Die innere Auseinandersetzung mit den äußeren Herausforderungen muss politisch und von öffentlichem Interesse werden!

Das Phänomen der Polarisierung, die Zerrissenheit bis hin zum Zerfall der Gesellschaften ist der Anlass, nicht aber die Ursache für unsere bedrohten Demokratien. Offensichtlich befinden wir uns bereits mitten in einem neuen Krisenzeitalter. Doch Krisen sehen wir hier auch als Chance für positive Veränderung.

Wie viele Krisen können wir aushalten, und wann bricht eine Gesellschaft einfach auseinander? Vor wenigen Jahren hat die Flüchtlingsfrage die Gesellschaft herausgefordert und gespalten. Dann kam die Pandemie. Angst, Krankheit, Tod und unbekannte Einschränkungen unseres Lebens. Kaum tauchen wir daraus auf, folgt der Krieg in der Ukraine und damit verbunden die Bedrohung unserer Weltordnung. Und die eigentliche Krise des Klimawandels steht uns noch bevor.

Mit jeder Krise scheint der Stress, der uns belastet, die Konflikte, die damit einhergehen, größer zu werden. Wie viel Puffer haben wir noch? Wie gefestigt ist unsere Gesellschaft? Und wie stabil ist unser demokratisches System?

Sich immer weniger in der Meinung der anderen wiederzufinden, sie als fremd zu erleben, ist der Preis einer zunehmend sich individualisierenden Gesellschaft. Jeder von uns muss irgendwann schmerzlich feststellen: Du bist nicht ich!

Unsere Gesellschaft scheint sich schneller zu entwickeln als wir, und dabei bleiben unsere Werte auf der Strecke. Jede:r kennt jemanden, die plötzlich Dinge sagt, die einen befremden. Doch wie gehen wir damit um? Sich auseinanderzudividieren, in Freunde und Feinde zu teilen, geht schneller, als Freunde zu finden und Bündnisse zu schließen. Doch was ist, wenn der gesellschaftliche Kitt, das gesellschaftliche Immunsystem selbst in die Brüche geht?

Dieses Buch soll helfen, Krisen anzunehmen. Es soll uns einen anderen Umgang mit den Herausforderungen ermöglichen und unsere Sichtweisen erweitern. Und es soll helfen, Ressourcen zu mobilisieren, die die Gesellschaft dringend braucht, um ihre

Zerrissenheit zu überwinden. Wer für die anstehenden Herausforderungen gerüstet sein will, sollte beginnen, sich auf den Weg zu machen, Kulturkompetenzen zu entwickeln. Es geht nicht darum, weniger Probleme zu haben, sondern darum, anders mit ihnen umgehen zu können.

Alle werden ihren Beitrag leisten müssen, die Politik, die Zivilgesellschaft, die Wirtschaft, aber auch jede:r Einzelne von uns. Es ist ein Plädoyer für die Hoffnung und die Perspektive, dass jede:r von uns Einfluss auf eine friedlichere, die Umwelt schützende und erhaltende Welt hat.

KAPITEL 1:
Der Zerfall des Zusammenhalts

»Jede Spaltung in den Meinungen schwächt eine Kraft, die bisher als eine einzige gewirkt hat.«

JOHANN FRIEDRICH HERBART

Der Rückzug in die eigene Meinungsblase wirkt heute wie das Leben auf einer Insel der noch einzig Normalen. Verzweiflung, Empörung und Fassungslosigkeit greifen um sich. Die Welt um einen scheint sich in Konflikte zu zerlegen, das persönliche soziale Netzwerk ist gefährdet oder bereits zerbröselt. Und gesellschaftlich stehen immer mehr Bevölkerungsgruppen am Rand oder haben sich bereits isoliert und vom großen Teil der Gesellschaft abgemeldet. Die einen ziehen sich still zurück, andere wandern aus, und wieder andere radikalisieren sich. Wie jüngste Umfragen[1] offenbaren, wächst der Anteil jener dramatisch, die glauben, nur noch in einer Scheindemokratie zu leben.

Bei vielen Themen sind wir gefordert, uns auf die eine oder andere Seite zu stellen. Schnell kommt es darauf an, die »richtige« von der »falschen« Seite zu unterscheiden und sich für eine zu entscheiden. Natürlich für die richtige. Das Problem: Auch auf der richtigen Seite sind wir immer noch auf einer Seite. Warum verspüren wir den Drang, uns eindeutig positionieren zu müssen? In unserer Erfahrung bedeutet sich zu positionieren, sich Sicherheit zu verschaffen. Solange unsere Meinung noch nicht gebildet ist, müssen wir uns mit der Sache auseinandersetzen, unterschiedliche Informationen »auswählen« und »prüfen« und die Spannung aushalten – das ist anstrengend! Hinzu kommt der gesellschaftliche Druck, sich positionieren zu *müssen.* »*Wie, du hast dazu keine Meinung? Hast du nicht die Nachrichten gesehen?*« Unser Umfeld fordert unsere Positionierung regelrecht heraus, nicht zuletzt aus einem Solidarisierungsbedürfnis. Nach dem Motto: »*Ah, schön, dass wir einer Meinung sind.*« Und damit sind wir nicht mehr allein.

Die einen behaupten, die anderen dementieren, dass es überhaupt Zerrissenheit gebe. Zerrissenheit entsteht immer dann, wenn Themen besonders emotionalisieren, mit Ängsten aller Art aufgeladen sind und Teile der Gesellschaft sich abspalten oder abgespaltet werden. Zerrissenheit bedeutet nicht in erster Linie eine quantifizierte Größe, nach dem Motto, wenn 80 Prozent einer Meinung sind und 20 Prozent anderer Meinung, dann gäbe es keine Spaltung, weil die Mehrheit weiß, was sie will. Nein, mit Spaltung sind jene qualitativen Erlebnisse gemeint, wenn sich Menschen nicht mehr zugehörig, sondern ausgestoßen, verachtet, verdrängt, missachtet, moralisch abgewertet fühlen, egal ob sie einer kleiner Minderheit oder einer großen Mehrheit angehören. Und zwar *bevor* sich jemand radikalisiert oder antidemokratisch wird!

Viele fühlen sich mit Aufteilungen in Freund-Feind-Lager zunehmend unwohl. Manche machen die Erfahrung, bevor sie sich eine Meinung gebildet haben, nach einer unbedachten Frage oder Äußerung sofort ausgegrenzt zu werden. Zwischen Befürworter- und Gegnerschaft von strengen Coronamaßnahmen, beispielsweise, war die Polarisierung so stark, dass eine der jeweils anderen Seite Bosheit oder Dummheit vorwarf. Man empfindet die eigene Meinungsgruppe, die eigene »Bubble« als rational, aufrecht und solidarisch und die andere Meinungsgruppe als irrational, gefährlich und egoistisch. Auffallend war, dass beispielsweise heftige Impfskeptiker:innen und Impfbefürworter:innen ähnlich abwertend übereinander sprachen. Sie unterstellten sich oft gegenseitig »falsch« informiert zu sein, »unwissenschaftlich« zu argumentieren oder »manipuliert« und »angstgesteuert« zu sein.

Die Demokratie hat es hier mit soziologischen und psychologischen Einflüssen und Auswirkungen zu tun, die die Gesellschaft belasten. Nämlich dann, wenn diese Lagerbildung den demokratischen Rahmen verlässt. Wenn die jeweils andere Gruppe so abgewertet oder verstoßen wird, dass man sich mit ihr nicht mehr auf den gemeinsamen demokratischen Boden begeben will, sondern ihr das Recht abspricht, sich im demokratischen Rahmen zu befinden, wird es eng. Wenn Impfbefürworter:innen und Impfgegner:innen einander für solche »Idioten« halten, dass man mit den jeweils anderen nicht mehr gemeinsam Teil der Gesellschaft sein will, drängen sich die jeweiligen Lager an den Rand. Sie gehen sich so aus dem Weg, dass sie auch für andere politische Themen mögliche Gemeinsamkeiten kategorisch ausschließen. Nach dem Motto: »Mit Impfbefürwortenden/Impfgegner:innen können wir weder gemeinsame Gesundheitspolitik machen, noch werden wir uns mit ihnen in der Schulpolitik einigen können, weil sie einfach Deppen sind. Mit denen setzen wir uns erst gar nicht an den Tisch.«

Die Ausschließlichkeit macht einen Teil des Problems aus. Junge Menschen, die sich in der Genderpolitik engagieren, halten es für nutzlos, mit alten weißen, nicht gendernden Männern gemeinsame Klimapolitik zu machen, und umgekehrt übrigens auch. Diese apodiktischen Haltungen sind problematisch, und wir Autor:innen sprechen uns davon auch nicht frei, solche ebenso einzunehmen, ohne es zu bemerken.

Demokratie lebt durch eine Gesellschaft, die voraussetzt, dass sie unterschiedliche Meinungen und Interessen in sich birgt und gerade die Demokratie jene Wiese ist, auf der die jeweiligen Interessenkonflikte ausgehandelt werden. Wenn aber die Verhandlungspartner einander die Kompetenz zum Verhandeln absprechen, nützt auch die schönste demokratische Wiese nichts. Diese Haltung läuft am Ende auf Spaltung hinaus, jede:r baut sich dann seine eigene demokratische Wiese und bestimmt, wer sie betreten und mitspielen darf.

Menschen, die sich nicht mehr mit dem Staat, in dem sie leben, und mit den öffentlichen Institutionen und der Demokratie identifizieren wollen oder können, fühlen sich zwangsläufig verloren in der Demokratie. Sie haben den Eindruck, nichts beeinflussen zu können, chronisch überstimmt zu werden, und fühlen sich abgewertet. Sich als Demokrat in einer Demokratie nicht demokratisch zu fühlen, ist ein Problem.

Jede Polarisierung ist so lange verkraftbar, wie sie sich in einem gemeinsamen Rahmen abspielt, der beide Seiten umfasst. Ein handfester Ehestreit am Küchentisch ist aushaltbar, solange die Ehe selbst nicht in Frage gestellt wird. Erst wenn diese selbst Teil des Konflikts wird, droht die Scheidung. Ähnlich ist es gesellschaftlich. Die Demokratie ist der Rahmen für kontroverse Debatten und Auseinandersetzung. Wird jedoch die Auseinandersetzung und damit die Polarisierung so groß, dass die Demokratie selbst angezweifelt wird, droht der gesellschaftliche Zusammenhalt auseinanderzubrechen. Ein Diskurs ist so lange fruchtbar, wie er einer höheren, allgemein umfassenderen Ordnung dient. Ein Ehestreit über den zukünftigen Wohnort dient der höheren Gemeinsamkeit und wird so lange diskutiert, bis er ausgehandelt ist. Wenn gesellschaftlich ein Aushandeln der Positionen der politischen Stabilität dient, stärkt es die Demokratie. Gelingt dies nicht, kann es zum gesellschaftlichen Bruch und damit zum Schaden der Demokratie kommen. Was im Kleinen das persönliche Konfliktpotenzial ist, ist im Großen der Kampf von Nationen um das bessere Lebenskonzept oder der Systemwettbewerb zwischen Demokratien gegenüber Autokratien.

Warum ist Streiten, Trennen und die Konzentration auf das Unversöhnliche scheinbar erfolgreicher als das Verbindende? Welche Macht des Unverrückbaren geben wir unseren Positionen?

Innen und Außen – ein Grundmuster von Konflikten

Aus unserer Beobachtung im Umgang mit gesellschaftlichen Konflikten stellen wir fest, wer innerlich nicht ausgeglichen, sondern reizbar und wenig belastbar ist, wird auch zur Belastung für sein Umfeld. Uns selbst eingeschlossen, können wir immer wieder erleben, wie die innere Verfassung, ob bewusst oder unbewusst, auch das äußere Umfeld prägt. Kommt einer von uns mit inneren oder persönlichen Problemen in ein Meeting, wirkt sich das natürlich auf die Sitzungskultur aus. Auch in größeren Veranstaltungen können wir bemerken, dass eine einzelne Person im Raum durch ihre innere Verfasstheit – im Positiven wie im Negativen – die Atmosphäre der gesamten Versammlung beeinflussen kann. Um es zugespitzt zu sagen, eine Person kann eine ganze Veranstaltung kippen, wenn man damit nicht bewusst umgehen kann. Ähnliches können wir auch gesellschaftlich beobachten: Einige wenige können das ganze gesellschaftliche Gefüge beeinflussen. Wie zum Beispiel der Youtuber Rezo 2019 mit seinem Video zur Diskreditierung der CDU.[2]

Es ist nicht egal, in welcher inneren Verfassung die Einzelnen in der Gesellschaft sind, weil sich diese innere Verfassung auch auf das jeweilige Umfeld auswirkt. Das mag eine selbstverständliche Tatsache sein, aber gerade weil sie so selbstverständlich ist, wird sie oft viel zu wenig berücksichtigt, auch im Gesellschaftspolitischen.

Kommt es zu Konflikten, können wir beobachten, dass es im Äußeren schwierig ist, weil es eine innere Entsprechung dafür gibt. Wir würden sogar sagen, es kracht sozial im äußeren Umfeld immer dann, wenn die inneren Räume nicht geklärt, sondern belastet sind. So unsere Erfahrung in politischen Kontexten. Wenn eine Person im Inneren einen starken Konflikt mit »Neuem« und »Fremden« hat, wirkt sich das nach unserer Beobachtung sowohl auf ihr berufliches Feld als auch auf ihr gesellschaftliches Feld aus. Immer wenn etwas »Neues« in ihr Leben tritt und sie konfrontiert, entsteht automatisch eine ablehnende Haltung, unabhängig davon, ob neue Arbeitskolleg:innen eingestellt werden, neue Bewohner:innen in die Nachbarschaft ziehen oder unbekannte Menschen in das Land kommen. Je fremder, desto heftiger ist die Ablehnung unter Umständen. Ob das immer so ist, mag dahingestellt sein, aber wichtig für uns ist die These, dass es einen unmittelbaren Zusammenhang zwischen äußeren Konflikten und inneren Abläufen gibt.

Es scheint ein persönliches, ein gesellschaftliches und auch ein politisches Verhältnis zwischen inneren Räumen und äußeren Umfeldern zu geben. Gibt es Konflikte, gibt es immer auch eine Diskrepanz zwischen innerem Zustand und äußerer Interaktion. Wenn das Innere im ausgeglichenen Zustand ist, gelingt die Interaktion mit dem Äußeren problemloser. Der Transfer fließt von innen und außen kaum merklich hin und her, und alles scheint stabil. Das ist der Normalzustand. Tauchen aber emotionale Reizungen auf, können sie zu Konflikten führen und damit zur Abspaltung vom äußeren Umfeld.

In der Regel wird die Ursache und die Lösung für die Konflikte im Äußeren gesucht, nicht im Inneren. Im Zweifel – um im Beispiel von oben zu bleiben – wird versucht, die Konfrontation mit allem »Ungewohnten«, mit allem »Fremden« zu vermeiden. Politisch kann sich das in einer weniger einwanderungsfreundlichen Haltung ausdrücken bis hin zur Fremdenfeindlichkeit. Zwei Lösungsansätze kommen in Betracht: Entweder jegliche äußere Konfrontation mit »Fremden« wird vermieden oder die innere »Belastbarkeit«, sich mit Fremden auseinandersetzen zu *können,* wird gefördert.

Um in der politischen Arbeit voranzukommen, müssen wir aus unserer Sicht auch den inneren Ursachen auf die Spur kommen und Antworten finden, wie wir diese inneren Ursachen gesellschaftlich einbeziehen können, damit wir politischen Herausforderungen angemessener begegnen können und innerlich belastbarer werden.

Gibt es keinen gesunden Flow zwischen innerer Befindlichkeit und äußerer Anforderung, sondern ein chronisches Reiz-Reaktions-Muster, kann dies bis zur Spaltung der Gesellschaft führen. Irgendwann ist es dann egal, um welche politischen Themen es sich handelt, die Konfliktmuster sind so eingefahren, dass es nur noch um das Konflikthafte an sich geht. Ist es erst einmal so weit gekommen, ist alles gerechtfertigt, um die eigene innere Bastion zu verteidigen. Das Außen – das andere – ist im Unrecht, das Innere – ich – bin im Recht. Im Grunde ist die Verbindung zwischen beiden verloren. Der Diskurs dient dann nicht mehr der Demokratie, sondern beginnt, sie zu zerstören. Weil die Abgrenzung sich auch auf den Raum bezieht, in dem die Auseinandersetzung stattfindet. Wer sich allem, was ihn umgibt, entziehen will, der fällt auch als Gestalter des gemeinsamen Ganzen aus.

Besonders anstrengend wird es, wenn die eigene Position nicht nur als richtig und die andere als falsch betrachtet wird. Sondern wenn die eigene Sicht als »moralisch gut« überhöht und die des Gegners als »böse« bezeichnet wird. Dann wird die Moral benutzt, um die eigene Position aufzuwerten. Im nächsten Schritt wird auch der Gegner als Mensch verteufelt. Jedenfalls gibt einem das die Rechtfertigung, nicht mehr mit ihm sprechen zu müssen, sich nicht mehr austauschen zu müssen. Und Bösem muss Einhalt geboten werden, das muss man stoppen, und man darf es ausschließen und »canceln«. Es mag auch Situationen geben, wo es gerechtfertigt ist, klare Grenzen zu setzen, zum Beispiel in der Auseinandersetzung mit Neonazis und Holocaustleugnern. Aber bei Fragen um gendersensible Sprache oder die eigene sexuelle Identität geht so ein Verhalten zu weit und führt selbst zu Spaltung. Wenn ich recht habe und gut bin und die anderen nicht nur falschliegen, sondern auch böse sind, wird die Auseinandersetzung überflüssig. Die politische Gegnerschaft muss also immer »wählbar« bleiben.

Was vielen negativen Konfliktsituationen zugrunde liegt, im Großen wie im Kleinen, ist oft das Erleben einer Bedrohungssituation, einer existenziellen Gefahrenlage, die einen regelrechten Reaktionszwang aktiviert. Wer sich an einen handfesten Streit erinnert, wird vielleicht Ähnliches beobachten können. Sind wir in einen richtigen Streit verwickelt, haben wir schnell unseren Handlungsspielraum verloren. Impulskontrolle wird schwierig. Wir *müssen* jetzt so handeln, wir *können* gar nicht mehr anders. Reflexhaft bestimmen *flight, fight* oder *freeze*, also Flucht, Angriff oder Erstarrung – unser Urreaktionsverhalten bei Gefahr – die weiteren Handlungsmuster. Gerade wenn wir streiten. Es gibt in der zwischenmenschlichen Interaktion unzählige Einflüsse, die uns ruhig oder kaltlassen, aber wie aus dem Nichts gibt es plötzlich *einen* Treffer, der uns anders agieren lässt als normal. Warum?

Aus unserer gesellschaftspolitischen Erfahrung passieren negative Konflikte – der Zerfall eines harmonischen Zustandes –, Spaltung und Polarisierung nicht einfach so, sie beginnen immer im Inneren. Obwohl genau das Gegenteil erlebt oder behauptet wird. Nein, sie beginnen nicht im Außen. Das Außen liefert nur den Anlass, den Reiz. Es hängt aber von unseren persönlichen und unseren gesellschaftlichen Innenräumen ab, wie wir auf diese Reize reagieren, unsere Reaktion und unsere Fähigkeit, angemessen zu reagieren, hängt davon ab, wie gelassen wir sind. Eine krisenfeste Gesellschaft weiß um ihre Sollbruchstellen und ist in der Lage, Kompetenzen zu entwickeln, um den Krisen und Belastungen bewusst begegnen zu können. So haben wir als Gesellschaft aus den Erfahrungen im Umgang mit der Flüchtlingswelle von 2015/16 vielleicht auch gelernt. Damals polarisierte die Aufnahme von 1.187.000 Geflüchteten die Gesellschaft heftig und wurde zum schier unlösbaren Konflikt. Heute (Stand März 2023) mit 1.205.730 Geflüchteten[3] ist der gesellschaftliche Umfang reifer. Manche erheben den Vorwurf, dass sich hierin auch ein latenter Rassismus ausdrücke, da die Geflüchteten aus der Ukraine aus einem uns ähnlicheren, christlichen Kulturkreis kämen. Selbst wenn dies in mancherlei Hinsicht auch stimmen mag, hat sich die Integrationskraft in Deutschland vertieft. Gesellschaft und auch die Politik gehen anders damit um, und darauf kommt es an! Wir werden nicht verhindern können, dass Krisen uns schütteln, aber wir können Verantwortung dafür übernehmen, wie wir mit ihnen umgehen.

Als Fazit können wir festhalten: Inhaltliche Konflikte sind fruchtbar, solange der innere Zustand und die äußere Anforderung auf eine Weise im Flow sind, dass Lösungen möglich sind.

Sind die inneren Befindlichkeiten aber so gestresst, dass der Flow Anspannung weicht und die Bewegung einfriert, stagniert auch die Lösungsfindung. Wir haben es politisch mit zwei Problemen zu tun: Entweder scheitert die Lösungsfindung an sachlichen Hindernissen oder an inneren Hindernissen. Meistens gibt es eine Vermischung von beidem. Neu wäre, das eine vom anderen unterscheiden zu können und für die Lösung innerer Hindernisse ein Bewusstsein und Handlungsoptionen zu entwickeln.

Spaltung der Gesellschaft – andere zum anderen machen

In Deutschland erleben wir eine andere Art von gesellschaftlicher Spaltung und Zerrissenheit, als es in den USA oder in England der Fall ist. Das liegt vor allem an deren Mehrheitswahlsystem. Es hat zur Folge, dass der Gewinner eines Wahlkreises alle Stimmen bekommt. Deswegen bilden sich zwei große Lagerparteien heraus, weil kleine Parteien in der Regel keine Chance mehr haben, einen Wahlkreis zu gewinnen. In den USA sind das die Demokraten und die Republikaner, in England Labour und Tories. Durch solche Wahlsysteme ist eine Spaltung der Gesellschaft schon in der Verfassung angelegt, sie gehört sozusagen zur DNA des Landes. In Ländern wie Deutschland wird nach dem Verhältnisprinzip gewählt, also jede Partei bekommt so viele Sitze, wie sie Stimmen bekommt. Damit haben auch kleinere Parteien eine Chance. Das System ist von vornherein auf mehr Vielfalt und Pluralismus angelegt. Das ist ein besonderer Wert unserer Kultur.

In den 1960er- und 70er-Jahren gab es in Deutschland vielleicht sogar heftigere Debatten und schärfere politische Auseinandersetzungen als heute. Neu ist aber, dass durch die Sozialen

Medien »gefühlte« Verzerrungen und Wahrnehmungen darüber erzeugt werden, was »Mehrheiten« sind. Sowohl die Anzahl der Nutzer:innen der Sozialen Medien sind gesellschaftlich eine Minderheit als auch viele der dort geteilten Meinungen. Hinzu kommt, dass durch die weitgehend anonymisierten Interaktionen in relativ kurzer Zeit distanzlose Debatten entstehen können, die jegliche Reflexion und Impulskontrolle erschweren. Kein Mensch würde so im realen Leben agieren. Es gibt hier eine Kluft zwischen tatsächlicher und bloß wahrgenommener Spaltung. Und nicht alles ist so zugespitzt, wie wir glauben. Ein Podcast des DLF widmet sich der Frage »Die polarisierte Gesellschaft – eine herbeigeredete Debatte?[4]«.

Vielleicht empfinden wir Spaltung heute stärker, weil wir alle an einem Tisch sitzen und die Unterschiede deutlicher wahrnehmen. Debatten sind Voraussetzungen der Demokratie, und Gesetze sind immer Freiheitseinschränkungen, die begründungspflichtig sind, heißt es weiter. Doch entscheidend ist, *wie* die Debatte geführt wird. Heute wird es immer schwieriger, die Argumente der anderen mal stehen zu lassen, sie einfach mal auszuhalten.

Es macht einen Unterschied, wenn ich anderer Meinung bin als die Mehrheit der Gesellschaft und dafür dennoch als verantwortliche:r Bürger:in respektiert werde. Oder ob ich das Gefühl habe, meine Berechtigung an der Teilhabe verloren zu haben, und den Eindruck gewinne, ich bin »falsch«, ich habe hier in diesem Staat mit dieser Meinung nichts verloren. Diese Wahrnehmung erleben zum Beispiel ältere Generationen in der Genderdebatte, religiöse Menschen bei der gleichgeschlechtlichen Ehe, Impfskeptiker:innen mit der Impfpflicht, Pazifist:innen im Krieg, Fleischesser:innen gegenüber Veganern, Autofahrer:innen gegenüber Radfahrer:innen, konventionelle Landwirte gegenüber den Biobäuerinnen, usw., usw.

Die Zahl der Menschen, die während der Pandemie das Vertrauen in den Staat und die politischen Institutionen verloren haben, ist hoch und vor allem nicht oder nur selten rückholbar. Menschen, die sich einmal abgewendet haben, wollen oder können oft nicht mehr zurück. Diese Tendenzen schwächen unseren Staat, unsere Gesellschaft und unser Land.

Die anderen zu anderen machen und sich darauf auszuruhen, darf nicht Methode werden. Wir dürfen den Respekt vor der Würde des (anderen) Menschen nicht aufgeben. Niemand sollte sich berechtigt fühlen, Menschen die Würde abzusprechen, weil sie in seinen Augen die »falsche« Meinung haben.

Gibt es eine Krise hinter der Krise?

Stapeln sich heute die Krisen zu einem Paket aus mehreren sich bedingenden und sich verstärkenden Krisen? Artensterben, Klimawandel, Krieg, Hunger, Massenflucht, fragile, globale Lieferketten, Polarisierung innerhalb und unter Gesellschaften … Wie kommen wir in einer zunehmend multipolaren Welt zurecht, die sich in einem ökonomischen Wettlauf befindet, während wir uns den ökologischen Grenzen des Wachstums nähern – in einer Welt, die über immer katastrophalere Waffen verfügt und in der immer effektivere Desinformation eingesetzt wird?

Im Laufe der Geschichte sind bereits viele Zivilisationen zusammengebrochen, aber bisher gab es noch keine vollständig globalisierte Zivilisation. Führen unsere Wirtschaftssysteme und Lebensverhältnisse, die auf Konkurrenz und Gier basieren, mit in diese Mega-Krise und sind dafür mitverantwortlich? Oder sind das alles Symptome einer tiefer liegenden Bewusstseinskrise?

Ein unseliges Mantra entstammt unserer christlichen Sozialisierung: *»Seid fruchtbar und mehret euch, füllt die Erde und unterwerft sie und waltet über die Fische des Meeres, über die Vögel des Himmels und über alle Tiere, die auf der Erde kriechen.« (1. Mose 1,28)* Die Idee, dass die Erde und die Natur etwas von uns Getrenntes ist, das man sich untertan machen und beherrschen kann, beschreibt in Kurzform die ganze Misere unserer Zeit. Sowie die Idee, dass die Natur und die Erde letztlich eine Art Maschine sei und wir sie nach unseren Vorstellungen gestalten dürfen und können. Die Grundhaltung, wir Menschen können die Erde reparieren, ist immer noch der zentrale Konsens unserer Gesellschaft. Oft wird es nicht so simpel ausgedrückt, aber es beschreibt immer noch die handlungsleitende Wirklichkeit vieler Akteur:innen.

Der Impuls, die aus den Fugen geratene Welt wieder in Ordnung zu bringen, ist gut und richtig. Nur werden wir selbst Teil dieses Heilungsprozesses sein.

Wenn wir wirklich fühlen würden, welches Leid wir Milliarden von Menschen in anderen Teilen der Welt und noch mehr Tieren zufügen, könnten wir nicht mehr so weiterleben wie bisher. Wenn unsere Mega-Krise auch auf unser fehlendes Mitgefühl mit allen leidensfähigen Geschöpfen zurückzuführen ist, müssen wir uns doch fragen, was uns am Mitfühlen hindert. Wieso koppelt sich die Menschheit immer mehr ab von den Lebensbezügen, die sie selbst hervorgebracht hat?

Antworten auf diese Fragen finden wir nicht in den klassischen Sinnzusammenhängen. Probleme werden wir nicht mit denselben Mitteln lösen können, durch die sie entstanden sind. Deshalb müssen wir Schritte aus dem bekannten Rahmen wagen, um neu draufschauen zu können. Es nützt auch nichts, nach dem *einen* Problem, nach dem *einen* schadhaften Teil zu suchen. Anstelle nur die eine zerbrochene Schraube zu ersetzen, geht es darum zu erkunden, welche grundlegenden Umstände dazu geführt haben, dass der Fehler passieren konnte. Um im Bild zu bleiben, selbst wenn die kaputte Schraube gefunden und ersetzt wird, würde sich nichts ändern. Man übersähe zum Beispiel, auf welche Weise die Börse das Unternehmen belohnt, das die Wartungskosten für die Schraube eingespart hat. Dann hätte man die eigentliche Ursache bzw. die strukturellen Voraussetzungen der Krise übersehen. Und die Katastrophe wird sich wiederholen.

Die Beobachtung des Zerfalls des Zusammenhalts führt uns aber noch zu tieferen Fragen: Gibt es ein Spaltungsprinzip, eine DNA der Spaltung, die allen Spaltungen zugrunde liegt? Könnte es gar sein, dass das Auseinanderdividieren, Analysieren, Teilen und Zerlegen, Konfrontieren und Polarisieren ein Teil unseres Zeitgeists, unserer Kultur und unseres Selbst ist?

Könnte es sein, dass die Tatsache unserer gegenwärtigen Probleme unter anderem darauf zurückzuführen ist, dass wir in erster Linie alles, was uns begegnet, erst einmal zerlegen und analysieren *müssen,* um es dann zu verstehen? Sind wir heute in unserem Denken so geschult oder sozialisiert, dass wir nur dann zu objektiven Ergebnissen kommen, wenn wir Zusammenhänge in seine Einzelteile zerlegen, um sie erklären zu können?

Wenn wir die Natur und ihre Schöpfungsprinzipien beobachten, stellen wir fest, dass die Natur als Einheit agiert. Sie ist auf Kooperation und Ausgleichsprinzipien aufgebaut und nur darauf bedacht, sich selbst hervorzubringen, zu erhalten, anzupassen und weiter zu entfalten. Die Natur ist ein in sich geradezu geniales System, welches umso besser funktioniert, je weniger es durch äußere Einflüsse gestört wird. Die Evolution entfaltet und entwickelt sich immer fort.

Wie steht jetzt der Mensch in dieser Entwicklung? Ist er Teil dieses Schöpfungsprinzips? Entwickelt sich die Menschheit in dem Maße mit, wie sich die Natur weiterentwickelt? Sind

Menschheit und Natur zwei voneinander unabhängig bestehende Systeme? Stehen Natur und Kultur einander gegenüber?

Die Menschheit ging in ihrer Evolutionsgeschichte aus der Natur hervor, bis sie in der Lage war, sich ihr gegenüberzustellen und sagen zu können: Ich und Welt. Mensch und Natur. Innen und Außen. Hier und da. Ist die Trennung, Abspaltung also ein dem Menschen innewohnender Impuls?

Seit wann hat die Menschheit dieses Bewusstsein von sich selbst, dass sie »ich« gegenüber der Welt sagen kann? Die biblische Religionsgeschichte spricht hier vom Sündenfall: Der Mensch, der sich ursprünglich mit der Schöpfung als Einheit erlebte, fiel aus dem Paradies und erlebte sich das erste Mal als »Selbst«, als etwas, das getrennt von seiner bisherigen Umgebung ist. Dieses biblische Bild umschreibt die Entstehung unseres Bewusstseins und unserer Erkenntnisfähigkeit im Laufe der Evolution und Menschheitsgeschichte. Markiert es den Zerfall der Einheit in Mensch und Welt? Ist uns die Sehnsucht nach der Einheit, der Zugehörigkeit zum Ganzen, nach Eingebettetsein in etwas Größerem seitdem immanent?

Das ist natürlich eine philosophische Frage. Aber auch ein anregender Gedanke. Oder eine faszinierende Spur, um sich Wahnsinn und Lösung unserer Zeit anzunähern. Es kann ja sein, dass es völlig natürlich ist und unserer Evolution entspricht, dass wir, um unser Bewusstsein zu entwickeln und Erkenntnisgewinne zu ermöglichen, erst die Dinge in ihre Einzelheiten zerlegen müssen, um sie durch eigene Erkenntnis zu einem höheren Zusammenhang oder Ganzen zu fassen.

Was wäre, wenn 0 und 1, das digitale Prinzip unserer Zeit, nicht nur eine geniale Erfindung der Technik, sondern vor allem eine logische Erfindung unseres Denkens und heutigen Seins ist?

Stagnieren wir heute in unserer Entwicklung immer dann,

wenn es uns gerade nicht gelingt, aus der Spaltung den höheren Zusammenhang zu erkennen und die Einheit wiederherzustellen? Wäre es denkbar, dass wir gerade deshalb einem Klimawandel ohnmächtig gegenüberstehen, weil wir – abgespalten, wie wir uns als Menschen von der Natur empfinden – den eigenen Bezug zum Ganzen und seinen Folgen verloren haben? Können wir deshalb Erde und Tier ausbeuten, weil wir den Bezug und die Erkenntnis verloren haben, dass wir Teil von ihnen sind? Ist Fremdenfeindlichkeit nur so lange ein Problem, solange wir im Fremdeln verharren und im »Du-bist-anders-als-ich« bleiben? Was wäre, wenn die 195 Staaten dieser Welt sich nicht als Einzelteile dieser Erde erleben würden, sondern als eine vielfältige Weltgemeinschaft?

Nach unserer persönlichen Erfahrung entstehen Krisen immer dann, wenn wir uns von etwas distanzieren, abstoßen und nicht wieder in einer neuen und höheren Ordnung zusammenfinden. Krisen entstehen, wenn ein nächster Entwicklungsschritt ansteht, aber nicht vollzogen wird.

Wenn wir diesen Gedanken folgen, bekommt »Spaltung« einen ganz anderen Klang, eine andere Bedeutung. Wenn unüberwindbare Spaltung unser menschheitliches Fortkommen hindert, müssen wir herausfinden, wann und wie Spaltung unüberwindbar ist. Auf der Suche danach, was uns daran hindert, sich im Einklang mit der Schöpfung fortzuentwickeln, stoßen wir auf Blockaden und Barrieren, die Beziehungslosigkeit, Fragmentierung und die Unfähigkeit, Trennendes zu überwinden, manifestieren.

Wir wurden in unserer politischen Arbeit auf der Suche nach diesen Barrieren hellhörig, als wir das erste Mal von der Wirkmacht kollektiver Traumata hörten. Wir stutzten. Können gesellschaftliche, emotionale Blockaden, alte unverarbeitete persönliche und geschichtliche Erfahrungen uns kollektiv daran hindern, empathisch zu handeln? Ja! Nach allem, was wir bis jetzt zusammengetragen haben und was unsere politischen Erfahrungen zeigen, müssen wir davon ausgehen, dass auch unsere inneren Schatten unsere Evolution verhindern oder zumindest in einem erheblichen Ausmaß beeinträchtigen.

Deshalb reißen wir in diesem Buch viele Aspekte an, um uns diesen Schatten anzunähern und ihrer bewusst zu werden, bevor wir dann Vorschläge und Elemente einbringen, wie wir mit ihnen umgehen können.

Krise der Demokratien?

Wie sieht es in unserem eigenen Arbeits- und Wirkungsfeld, der Demokratie, aus? Innerhalb unserer Organisation Mehr Demokratie lebten wir Autor:innen dieses Buches viele Jahre in dem Selbstverständnis, dass wir mit unserem Engagement für den Ausbau der Demokratie einfach nur weitermachen und lange genug durchhalten müssen, dann würde sich die Welt schon immer mehr demokratisieren, und alles würde besser werden. Die Demokratie wird sich durchsetzen und alle anderen Regierungsformen überwinden. Ebene für Ebene, Land für Land, Staat für Staat. Wir wussten auch, dass unser deutsches Grundgesetz für viele andere Staaten eine Vorbildfunktion hat. Wenn wir hier in unserem Land mehr Demokratie durch mehr Bürgerbeteiligung und direkte Demokratie erreichen, wird es auch auf andere Länder abfärben. Die Kommune, das Land, die EU. Das war unser Lebensgefühl. Diese Überzeugung gab Kraft und machte Mut, nicht nur uns. Wir waren Teil einer größeren Bewegung. Weltweit wurden immer mehr Staaten zu Demokratien, und wir hatten das Gefühl, die Welt ist auf dem Weg zum Besseren.

Wir haben geglaubt – wie der Stockholmer Professor Hans Rosling, der für seine Expertise für Internationale Gesundheit[5] bekannt war –, dass die Welt früher »schlechter« war und die Lebensverhältnisse der Menschheit noch nie so gut wie heute waren. Denn die durchschnittliche Lebenserwartung lag für die Menschen vor 200 Jahren noch bei 30 Jahren. Damals starben noch 45 Prozent der Kinder, bevor sie 5 Jahre alt wurden. Heute liegt die Lebenserwartung weltweit bei 70 Jahren, und es sterben nur noch 5 Prozent der Kinder. Die globale Armut hat sich in den letzten 100 Jahren weltweit verringert, und es gibt heute prozentual weniger Gewalt, Morde, Hinrichtungen, Vergewaltigungen. Ein Großteil der Menschen auf der ganzen Welt hat heute Zugang zu medizinischer Grundversorgung und zur Schulbildung. Vieles ist also besser geworden im Vergleich zu früher.

Natürlich gibt es bis heute unsägliche Ungerechtigkeit in der Welt. Über eine Milliarde Menschen auf der Welt leben in extremer Armut, also von weniger als 1,25 Dollar pro Tag. Das ist ein Siebtel der Weltbevölkerung. Aber vor 50 Jahren waren es noch zwei Drittel der globalen Bevölkerung. Der Trend stimmte also.

Aber: Viele dieser Fortschritte basieren auf Wirtschaftswachstum, das heißt, sie werden auf Kosten der Natur erbeutet. Seit einiger Zeit beschleicht uns das Gefühl, dass die guten Zeiten erst einmal vorbei sind. Der Positivtrend bröckelt. Krieg vor der eigenen Haustür, der Klimawandel, die Trockenheit, die Inflation, das Artensterben, die wachsende Schere zwischen Arm und Reich und so weiter, die Liste ist schier endlos.

Und die Demokratie hat das nicht verhindern können! Und: Für die Demokratien selbst geht es weltweit abwärts. Der Glaubenssatz: »Liberale Demokratien setzen sich durch. Weltweit.« hat sich nicht bewahrheitet.

Was für eine Fehleinschätzung war das also! Denn Demokratie und soziale Marktwirtschaft, Freiheit und Wohlstand sind scheinbar doch nicht so attraktiv, dass alle Staaten und alle Menschen dieser Erde sie erstreben wollen. Das westliche, genauer gesagt, das vermeintlich sozialere europäische Modell, setzt sich nicht einfach durch. Auch das riesige China macht keine, wie erhofft, Anstalten, sich – nach einer wirtschaftlichen Aufholjagd im Turbogang – demokratischen Werten zu öffnen.

Stattdessen sinkt seit knapp zehn Jahren die Zahl der Demokratien weltweit.

Was für uns anfangs nur wie eine Stagnation oder Delle aussah, ist jetzt eine massive Trendumkehr geworden. Der im Jahr 2022 veröffentlichte Demokratiereport V-Dem spricht eine eindeutige Sprache. Lebte noch fast die Hälfte der Weltbevölkerung im Jahr 2011 in einer Demokratie, lebten im Jahr 2021, also zehn Jahre später, nur noch 30 Prozent der Weltbevölkerung in einer Demokratie. Unter anderem Staaten wie Brasilien, Ungarn, Indien, Serbien, Tunesien oder die Türkei gehören zu den Ländern mit massivem Demokratieabbau. Das heißt, heute leben mehr als 70 Prozent der Menschen in einer Autokratie. Das ist frappierend!

Die Statistik[6] fasst den Trend zusammen:

2011 lebten 49 Prozent der Weltbevölkerung (damals ca. 7 Milliarden Menschen) in Autokratien, das sind 3.430.000.000 Menschen. 2021 lebten 70 Prozent der Weltbevölkerung (knapp 8 Milliarden Menschen) in Autokratien, das sind ca. 5.400.000.000 Menschen. Das heißt ca. 2.000.000.000 Menschen mehr. Das ist eine Tragödie.

Anteil der Weltbevölkerung, die in Autokratien lebt

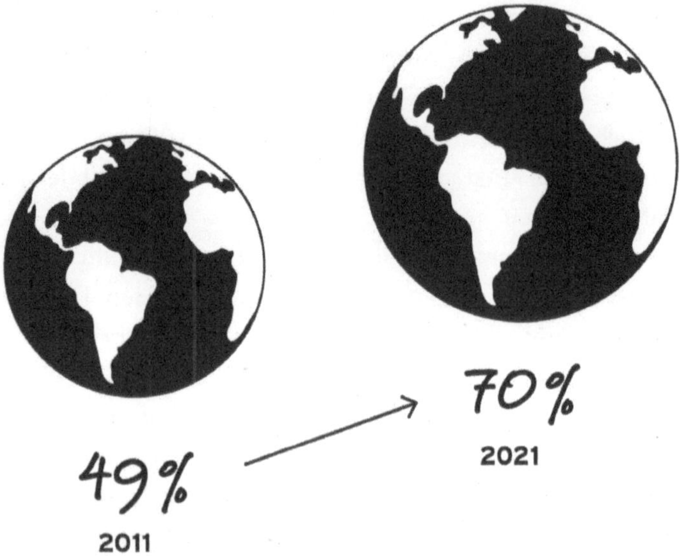

Das zeigt, wie empfindlich Demokratien sind. Sie setzen sich nicht einfach durch wie Smartphones, weil jeder sie haben will. Und sie lösen nicht alle Probleme, nur weil sie Demokratien sind. Stattdessen müssen Demokratien errungen, erhalten und ausgebaut werden. Es ist keineswegs sicher, dass es in 150 Jahren noch Demokratien geben wird. Es ist nicht mehr allgemein gültig, dass die Demokratie die bessere Antwort ist. Gerade jüngere Generationen bezweifeln, ob man demokratisch den Reformstau noch bewältigen kann oder ob nicht eine starke Führungsmacht wie in China schnellere und effektivere Entscheidungen treffen kann. Dafür wird auch der Verlust von Freiheit und Menschenrechten in Kauf genommen.

Seit über 40 Jahren ist bekannt, dass die Welt vor einem massiven Klimawandel steht, vor einer radikalen Spaltung von Arm und Reich, einer Überalterung der Gesellschaft oder vor einer künstlichen Intelligenz, die alles zunichtemachen kann. Und dennoch haben Demokratien nicht entscheidend zum erfolgreichen Umgang mit diesen Herausforderungen beigetragen. Gewählte haben nicht verhindern können, was jetzt auf die Menschheit zukommt.

US-Präsident Joe Biden hat den Angriff Russlands auf die Ukraine in seiner Rede in Warschau am 22. März 2022 als Kampf um die Demokratie definiert und erklärt, durch die russische Aggression seien *»die Demokratien der Welt stärker, nicht schwächer geworden«*.

Das mag für den inneren Zusammenhalt des westlichen Bündnisses stimmen, aber leider nicht für die globale Bilanz. Im vergangenen Jahrzehnt haben die Prinzipien der liberalen Demokratie wie Meinungsfreiheit und friedlicher Machtwechsel auf allen Kontinenten an Boden verloren. Liberale Demokratien sind illiberal geworden, und illiberale Demokratien haben sich in Autokratien verwandelt.

Zwar hat eine große Mehrheit in der UN-Vollversammlung den russischen Angriff auf die Ukraine verurteilt, aber zwei Drittel der Menschheit leben in Staaten, die dagegen gestimmt oder sich enthalten haben – und damit die russische Aggression billigen oder zumindest nicht verurteilen wollen. Das lässt sich auch mit der Skepsis im globalen Süden gegenüber allem erklären, was nach westlicher Moral und Scheinheiligkeit klingt. In vielen Teilen der Welt sind die völkerrechtswidrigen Kriege, die von den USA und dem Westen begonnen oder unterstützt wurden, nicht vergessen. Man denke nur an den Irak-Krieg mit 500.000 bis 1.000.000 Toten.

Für uns Autor:innen, die wir beide seit Jahren für die Organisation Mehr Demokratie arbeiten und uns für den Ausbau der Demokratie und Bürgerbeteiligung in Deutschland einsetzen, sind das schlimme Nachrichten. Auch die Tatsache, dass selbst in unserem Land inzwischen jeder zweite Mensch die Demokratie anzweifelt,[7] lässt uns nachdenken und innehalten. Machen wir jetzt einfach weiter und strengen uns noch ein bisschen mehr an? Nein, das wird nicht funktionieren. Das wäre, als würde man alles beim Alten belassen und auf Veränderung hoffen.

Wir brauchen eine andere Art von Demokratie. Eine andere Qualität von Demokratie. Uns ist in den letzten Jahren auch klar geworden, dass neue, demokratische Instrumente alleine nicht die Welt verändern. Wir haben in den letzten 30 Jahren viel Kraft und Hoffnung in den Ausbau der Demokratie gesteckt. Wir dachten, wenn die Menschen erst einmal mehr mitreden und mitentscheiden können, zum Beispiel durch Bürgerentscheide in den Gemeinden und Städten oder durch Volksbegehren in den Bundesländern, dann werden die Menschen ihre Kreativität schon einbringen und Dinge auf den Weg bringen, die die Welt voranbringen. Wir dachten, durch solche Elemente der Beteiligung wird die Welt besser, schöner, wahrhaftiger und klüger. Doch das hat eben nur bedingt funktioniert. Wenn wir uns die Zahlen und Fakten anschauen, stellen wir fest, dass die Menschen diese Instrumente mehr nutzen, um der Politik zu widersprechen, und weniger, um sie zu gestalten. Es gibt zahlreiche Lichtblicke wie zum Beispiel beim Bienen-Volksbegehren zum Artenschutz in Bayern oder beim Rad-Entscheid in Berlin. Doch die Menschen bringen weniger neue Ideen auf die Agenda, als wir erwartet hätten. Stattdessen erheben sie viel lieber Einspruch, gehen in den Widerstand und verhindern von der Gemeinde beschlossene Vorhaben. Das ist völlig legitim und gehört zur Demokratie. Die Instrumente der Bürgerbeteiligung müssen unbedingt weiter ausgebaut werden. Aber die demokratische Kultur, der Respekt und die gegenseitige Akzeptanz haben dadurch noch nicht zugenommen. Die Kompetenz und Bereitschaft, Konflikte zu lösen, ist nicht gestiegen. Die Lust auf demokratische Prozesse hat nicht zugenommen, im Gegenteil.

In dem Buch »*Die Demokratie braucht uns!*«, 2022, habe ich, Claudine Nierth, beschrieben, dass ich mein halbes Leben und viele Stunden auf der Straße beim Sammeln von Unterschriften für Volksabstimmungen verbracht habe. Ich habe mich mit keinem politischen Thema so auseinandergesetzt wie mit der Demokratie: Wer bestimmt wie, was alle betrifft? Ich habe die Demokratie kennen, lieben und feiern gelernt, und ich habe begriffen, dass mündig in einer Sache zu werden, ein nie endender Prozess ist. So nähere ich mich der Demokratie mit jedem Tag ein bisschen mehr.

Nach meinem heutigen Erkenntnisstand gehört dazu, den Blick auch vor den eigenen Schattenseiten nicht zu verschließen und die Richtigkeit des eigenen Vorgehens zu hinterfragen. Nur so kann sich die bedingungslose Liebe zu einer Sache wirklich vertiefen. Heute muss ich ernüchtert feststellen, dass Volksabstimmungen allein nicht das erhoffte Ziel einer veränderten Welt mit sich bringen. Die Möglichkeiten allein, Volksinitiative, Volksbegehren und Volksabstimmung nutzen zu können, verändern noch nicht die demokratische Kultur der Menschen, die mit ihr umgehen. Die bestehende direkte Demokratie hat weder die Politik noch die Gesellschaft in dem Maße demokratisiert, wie ich es mir in meinem Idealismus erhofft hatte. Stattdessen aber haben uns diese Instrumente viel tiefer in die Problematik politischer Systeme gebracht. Der Einzelne meint es immer besser zu wissen als alle anderen. Darauf baut das ganze System auf, der ganze politische Wettbewerb, die Machtkämpfe um die Durchsetzungskraft des Einzelnen, einiger weniger oder einzelner Parteien. Wir kennen es nicht anders, als ständig zu hören: »Ich weiß es besser, ich bin der Beste, wähle mich, und ich sage dann allen, wo es langgeht, und alles wird gut!« Aus unserer Sicht ist das das alte Narrativ von gestern. Das neue Narrativ ist die Umstülpung des alten. Die Zukunft gehört jenen, die wissen, dass Führen ohne die anderen nicht mehr geht. Nicht die Intelligenz des Einzelnen, sondern der Gruppe, das Wissen der vielen, wird komplexe Herausforderungen bewältigen können. Wir brauchen nicht die Klügsten der Gesellschaft an der Spitze des Staates, sondern die organisierte Vielfalt in Teams bis in die höchsten Ämter hinein. Es ist nicht mehr die Regierungsmacht Einzelner an der Spitze, die das Vertrauen aller genießt, sondern jene Formate und Elemente, die alle beteiligt und alle in der Gesellschaft lebenden Positionen miteinbezieht. Gelingt dieser Wandel, werden wir in einer Demokratie leben, in der jede:r eine Stimme hat, aber auch in einer Demokratie des Gehörtwerdens. Zuhören, was andere sagen, ist dann wertvoller, als anderen zu sagen, was wir denken. Das Gehörte, das andere in Bezug zu dem Eigenen zu setzen, ist dann eine demokratische Qualität, welche es ermöglicht, wirkliche Gemeinsamkeiten aus den vielfältigen gesellschaftlichen Positionen herauszuarbeiten. Und das ist es, was eine zukünftige Demokratie und eine Gesellschaft stark macht: Gemeinsamkeiten herausbilden. Nicht das Trennende.

Heute sehen wir uns mit Mehr Demokratie in der Verantwortung, die Demokratisierung der gesamten Demokratie anzustoßen, und das geht weit über ergänzende Elemente der Beteiligung hinaus. Heute haben wir den Wunsch, angesichts jahrzehntelang ungelöster Probleme, unser ganzes politisches System gemeinsam auf den Prüfstand zu stellen und uns zu trauen zu fragen: Bei allem, was gut läuft – aber was läuft hier eigentlich schief? Wie muss sich die Demokratie und unser politisches System weiterentwickeln, damit sie tatsächlich der größtmöglichen Zufriedenheit aller Menschen entsprechen?

Aus unserer politischen Arbeit wissen wir, verdrossen sind nicht nur die Bürger:innen, sondern auch die Politiker:innen, die nicht annähernd das umsetzen können, wofür sie sich haben wählen lassen.

Es ist unsere Überzeugung, dass wir die Prozesse, die zu politischen Entscheidungen führen, neu greifen müssen, und zwar nicht nur strukturell, sondern auch kulturell. Daher rufen wir dazu auf, nicht mit fertigen Lösungen die Welt zu bekehren, sondern sich mit anderen auf offene Fragen einzulassen, um gemeinsam Lösungen zu erarbeiten. Heute brauchen wir verschiedene Prototypen, wie zum Beispiel Gesetze anders erarbeitet werden können, oder neue Elemente der Beteiligung wie zum Beispiel Bürgerräte. Gelungene Prototypen werden überzeugen und sich etablieren. Die besten werden sich durchsetzen, einfach weil sie gut sind. Unsere Demokratie braucht ein Update, vielleicht sogar ein neues Betriebssystem.

Kultur und Struktur

Für uns ist das eine der wichtigsten Erkenntnisse der letzten Jahre. Bei allen Gestaltungsprozessen gibt es eine Abfolge von wirkenden Prinzipien, eine Hierarchie im Gestaltungsablauf wie eine unbedingte Ordnung, eine Reihenfolge der Wichtigkeit.

Zu Beginn steht eine Intention. Dieser folgt ein bestimmter Impuls, eine Energie, um diese Intention umzusetzen. Die Energie drückt sich in einer Form aus. So folgt in jedem Gestaltungsvorgang ein Impuls einer Idee, die sich dann zum Ausdruck bringt.

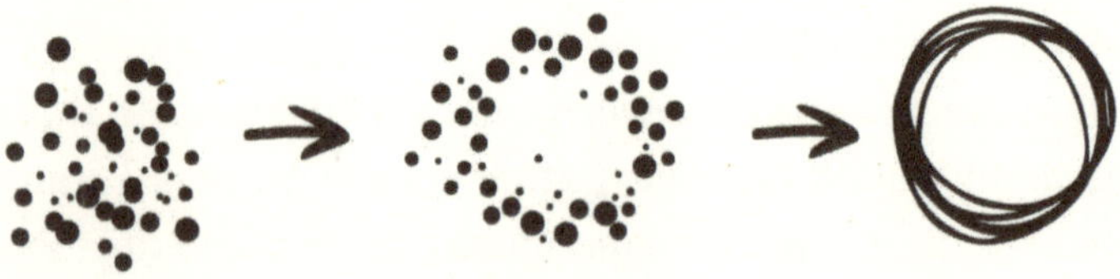

Bei Künstlern ist das leicht nachvollziehbar. Zuerst haben sie eine Intention, etwas hervorzubringen, etwas zu schaffen. Dann beginnt der Schaffensprozess, der das Werk hervorbringt. Ein anderes Beispiel sind unsere Biografien oder unsere Berufswahl. Am Anfang haben wir eine Intention oder zumindest eine Ahnung, in welche Richtung sich unser Leben entwickeln soll. Diese Intention drückt sich in der Berufswahl aus. Im Laufe der Jahre drückt sich diese Intention mehr und mehr in den Lebensstrukturen aus. Die Haltung und die Art, wie wir unser Leben leben, die Lebenskultur, bestimmt die Form, in der wir leben.

Die Intention ist die Quelle, der Ausgangspunkt, auf den es ankommt. Die Absicht bestimmt alles, was folgt. Auch und gerade, wenn die Intention nicht geklärt oder widersprüchlich ist, hat dies immer auch bestimmte Auswirkungen auf den Prozess. Die Intention bestimmt den Fortlauf, die Bewegung, die sich schließlich in einer bestimmten Struktur manifestiert.

Unsere politischen Strukturen sind Ausdruck der Intentionen der Väter und Mütter des Grundgesetzes. Auf dieser Struktur basiert unser Rechtsstaat, die Gewaltenteilung, die gesamte

Organisation unserer Rechtsstruktur. Wie wir wählen, wie sich unser Parlament zusammensetzt, wer die Gesetze einbringt, beschließt, umsetzt und kontrolliert. Alles die Folge einer großen Intention.

Wir waren bei Mehr Demokratie immer der Meinung, dass Kultur und Struktur in etwa gleichrangig sind und sich gegenseitig beeinflussen. Deswegen waren uns auch die Ergänzung und der Ausbau der realen Strukturen und Rechte für die Bürger:innen so wichtig. Also die Einführung von Volksentscheiden oder Bürgerräten, von Transparenzrechten und faireren Wahlrechten und vieles mehr.

Wir waren überzeugt, dass sich mit den demokratischen Mitteln auch zwangsläufig die politische Kultur ändern würde. Vor allem dachten wir, je leichter die demokratische Beteiligung wird, desto mehr Menschen werden sich beteiligen. Das stimmt in Teilen, aber nicht in dem Maße, wie wir uns dies erhofft haben. Kurzum, mit all den demokratischen Formen und Instrumenten wurde die Gesellschaft nicht in dem Maße demokratischer, wie wir uns das erträumt haben. Die Demokratie wird für die Menschen nicht unbedingt wertvoller, hilfreicher und vielversprechender.

Was wäre, wenn die Strukturen unverändert blieben und nur die Kultur, die politischen Umgangsformen sich ändern würden, hin zu einer grundlegend wertschätzenden, integrierenden und gewaltfreien Kommunikation? Was wäre anders, wenn politische Debatten nicht mehr auf Polarisierung und Herabsetzung, sondern auf Kooperation und Mitgefühl setzen würden? Alles!

Parlamentsdebatten ohne Fraktionsdisziplin wären zum Beispiel ein Schritt in die Richtung, feste Lagerpositionen aufzubrechen. Wie fruchtbar das sein kann, hat die Diskussion und Abstimmung zur Einführung der gleichgeschlechtlichen Ehe im Bundestag 2017 gezeigt. Die offene Diskussionskultur, das

Loslösen von der Fraktionsdisziplin, war die Voraussetzung für eine der spannendsten Parlamentsdebatten und die Chance, ein solch innovatives Gesetz über die Fraktions- und Parteigrenzen hinweg zu beschließen. Es wurden Gemeinsamkeiten über die Fraktionen hinaus gesucht und daraus Bündnisse des Gelingens gebildet. Handlungsbündnisse in der Sache jenseits aller Feindesetiketten sind hilfreicher als Machtbündnisse. Und das ist eine Kulturfrage.

Die meisten von uns sind in einer Kultur aufgewachsen, in der es üblich ist, in erster Linie über jene herzuziehen, deren Meinung nicht die eigene ist. Uns betont von den anderen abzusetzen, gehört fast zu jedem Small Talk. In meiner, Claudine Nierths, Jugend gehörte es zur Normalität, sich nicht mit »Konservativen« zu umgeben, sogenannte Spießer auszugrenzen und die staatliche Obrigkeit per se zu hinterfragen. Alles sehr pauschal, wenig differenziert, aber äußerten wir uns in »unseren« Kreisen dementsprechend, gehörten wir zur »richtigen« Clique. Bis heute gehört es zum guten Ton, sich möglichst deutlich von anderen abzusetzen, um sich selbst ins rechte Licht zu setzen. Oder etwa nicht? Einen Kioskbesitzer bei uns an der Elbe habe ich mal gefragt, warum Krabbenbrötchen so teuer geworden sind. Die Antwort, die ich bekam, war ein einziges Schuld-von-sich-Weisen, mehrfach betonte er, »er habe die da oben nicht gewählt«, dass die »Falschen« an der Regierung wären, läge garantiert nicht an ihm. Alles klar, jetzt wusste ich zwar immer noch nicht, wieso der Krabbenpreis so in die Höhe geschnellt war, dafür jetzt aber mehr über den Kioskbesitzer und dass »er« auf jeden Fall zu den »Guten« gehörte, die es besser wüssten. Ob Begegnungen mit dem Taxifahrer, der Postbotin, der Krankenschwester, der Zahnärztin oder dem Steuerberater, innerhalb kürzester Wortwechsel befindet sich das Gespräch oftmals in einer versucht solidarischen Anklage gegen alles, was einem Probleme bereitet, eben meist gegen »die da oben«. Sich abzugrenzen, zu distanzieren und es besser zu wissen, ist jedenfalls mehr unser Alltagsgut als die Fähigkeit, sich darüber auszutauschen, was ich beitrage, um die Welt zu einer besseren zu machen.

Mehr politische Bildung und alles wird gut?

Wir müssen die Menschen nur genügend bilden, dann wird alles gut?

In jeder Rede des Bundespräsidenten, in allen Schulbüchern, von allen Zentralen für politische Bildung wird darauf hingewiesen, dass wir unsere größten politischen Auseinandersetzungen, die schlimmsten politischen Verwirrungen lösen können durch mehr politische Bildung, durch wissenschaftlich fundierte und gut aufbereitete Information und einen rationalen Dialog darüber. Stimmt das wirklich? Müssten alle nur besser informiert sein, und die Gesellschaft wäre weniger gespalten und einiger?

Immer wieder hören wir, dass das, woran der öffentliche Diskurs heute leide, nur auf Missverständnissen beruhen würde, auf Fehlinformation und Ungebildetheit. Das »falsche« Denken über den Krieg, die Pandemie, den Klimawandel, könne kuriert werden, wenn die Bürger:innen besser informiert und gebildeter wären. Dem liegt die Einschätzung zugrunde, dass es auf alle wesentlichen Fragen unseres täglichen Lebens »richtige« Antworten gäbe. Sowie dass die meisten Menschen nur durch zu wenig oder falsche Information verführt seien und dass noch so viel Bildung nicht vor absurden Meinungen schützt. Wir glauben nur mittlerweile, dass diese Theorie zu kurz greift und wir Unsummen von Geldern aufgrund einer falschen Annahme für politische Bildung ausgeben. Unsere Erfahrung ist, dass Bildung kein Schutz vor Dummheit ist und umgekehrt gebildete Menschen kein Garant für Klugheit sind. Gebildete Menschen wissen zwar mehr, treffen deswegen aber noch lange nicht »bessere« Entscheidungen oder wählen die »Guten«. Auch sind klügere Menschen nicht weniger in die Zerrissenheit der Gesellschaft involviert. In allen politischen Lagern finden sich heute Hochgebildete. Wäre es so einfach, dass alle nur ausreichend gebildet und »richtig« informiert sein müssten, um gesellschaftliche Spaltungen zu verhindern, könnten wir unsere Geschicke einfach Expert:innen überlassen.

Schauen wir uns im nächsten Kapitel also einmal genauer an, warum auch die klügsten politischen Entscheider:innen nicht immer richtigliegen.

KAPITEL 2:

Politische Macht der Emotionen

»Das älteste und stärkste Gefühl der Menschheit ist die Angst, und die älteste und stärkste Art der Angst ist die Angst vor dem Unbekannten.«

Howard Phillips Lovecraft, US-amerikanischer Schriftsteller

Es ist im Politischen nicht üblich, die Zusammenhänge von Rationalität und Emotionen, von Gedanken und Gefühlen zu berücksichtigen. Und wenn doch, dann gehen wir von einer Behinderung der Ratio durch Emotionen aus und versuchen diese von der Rationalität abzuspalten. Uns Autor:innen kommt es darauf an zu beobachten, inwieweit Emotionen auf unser Handeln Einfluss nehmen. Und dabei unterscheiden wir zwischen Emotionen, die unser Handeln unbewusst beeinflussen, und einem bewussten (Mit-)Fühlen, das unser Denken qualitativ bereichert. Wir unterscheiden »negativ« emotional motivierte Handlungen und »positiv« emotional motivierte Handlungen. Was wir heute in der Politik brauchen, ist die Kenntnis von beiden. Und wir müssen unsere Gefühle nicht von den Gedanken abspalten oder fernhalten, sondern sie bewusst miteinbeziehen.

Verhalten sich die Klügsten am dümmsten?

Die Auffassung, dass die Klügeren die besseren Entscheidungen treffen, ist weit verbreitet. Schon Plato forderte, Philosophenkönige sollten die Regentschaft übernehmen. Wollen wir die Klugheit der Klügsten wirklich anzweifeln?

Ja, wollen wir: Auch wenn wir das folgende Experiment erst gar nicht glauben konnten. Der Jura- und Psychologieprofessor Dan Kahan von der Yale University ging 2013 zusammen mit seinem Team der Frage nach, warum verlässliche, wissenschaftlich belegbare Daten nicht stärker zur Lösung politischer Probleme beitragen. Warum kann zum Beispiel die überwältigende Zahl an Beweisen dafür, dass der Klimawandel existiert, mit immenser Geschwindigkeit voranschreitet und unumkehrbar wird, nicht mehr skeptische Menschen davon überzeugen? Denn in anderen wissenschaftlichen Disziplinen wie der Meeresforschung oder der Krebsforschung werden die Ergebnisse ja auch nicht angezweifelt.

Warum fließen wissenschaftliche Erkenntnisse so wenig in unsere politischen Entscheidungen ein? Dies ist für die Zukunft der Menschheit eine entscheidende Frage. Welche Einflüsse bestimmen unser Handeln, wenn nicht nur die reinen Fakten?

Das Forschungsteam von Dan Kahan legte in einer Studie 1000 Amerikaner:innen einen Standardtest vor, um deren mathematische Kompetenzen einzuschätzen. In einem weiteren Test wurden ihre politischen Positionen eingeordnet. Dann bekamen alle Teilnehmenden die eigentliche Testaufgabe: eine Rechenaufgabe. Im Zusammenhang mit den Wirkungen einer Hautcreme sollte etwas berechnet werden. Erwartungsgemäß lösten die Teilnehmenden die Aufgabe umso korrekter, je besser sie in Mathematik waren. In der nächsten Stufe des Experiments wurde denselben Teilnehmenden eine politisierte Variante der gleichen Mathematikaufgabe gestellt. Diesmal sollten sie nicht die harmlose Wirkung einer Hautcreme berechnen, sondern die Auswirkungen des Mitführens von verdeckten Waffen auf die Kriminalitätsrate. In den USA ein hochbrisantes Thema. Wie gesagt, die Struktur der Rechenaufgabe war die gleiche wie bei der Hautcreme. Doch was kam diesmal heraus? Das Ergebnis ist verblüffend.

Wenn die Aufgabenstellung von den Studienleiter:innen so konzipiert war, dass ein gesetzliches Waffenverbot die Kriminalitätsrate senkte, schnitten die politisch Liberalen beim Test gut ab. Das Ergebnis entsprach ihrer politischen Position. Andersherum kam bei dem Ergebnis heraus, dass ein Waffenverbot erfolglos für die Senkung der Kriminalitätsrate sei, schnitten die Konservativen gut ab. Sie verrechneten sich weniger, während die Liberalen sich jetzt häufiger verrechneten. Das heißt, bei der Rechenaufgabe mit politisch-emotionalem Inhalt entschied nicht die mathematische Kompetenz über die Richtigkeit der Ergebnisse, sondern die politische Einstellung der Teilnehmenden. Es war sogar noch spannender. Je besser die Teilnehmenden in Mathematik waren, desto mehr stieg die Wahrscheinlichkeit, die Rechenaufgabe falsch zu lösen, um das Ergebnis unbewusst der eigenen politischen Überzeugung anzupassen.

Eine bemerkenswerte Studie, ein bemerkenswertes Ergebnis. Das Fazit gibt uns wirklich zu denken. Menschen mit höheren Mathematikfähigkeiten nutzen diese nicht, um die Aufgabe korrekt zu lösen, sondern um die eigene politische Überzeugung herbeizurechnen. In diesem Versuch führte höhere Intelligenz nicht zu richtigeren Ergebnissen, wenn der Versuchsinhalt einen Kernbereich der eigenen politischen Überzeugung angriff. Ja, vielmehr führte diese höhere Fähigkeit dazu, den Prozess nach den eigenen Positionen zu beeinflussen. Je schlauer ein Mensch ist, umso mehr versucht er – unbewusst – emotionalisierende Prozesse zu manipulieren.

Vielleicht haben Sie, liebe Leser:innen, schon einmal die Ausführungen von eingefleischten Klimawandelskeptiker:innen gelesen und ahnen, worauf wir hinauswollen. Die Texte extremer Skeptiker:innen quellen über vor Zahlen, Tabellen und Studien etc. Alles sehr komplizierte und komplexe Materie, es bedarf schon einer gewissen Bildung und Wissens, um den Inhalten und Gedankengängen folgen zu können. Dennoch führen deren Rückschlüsse nicht notwendigerweise zu richtigen Ergebnissen wie zum Beispiel zu der Erhöhung globaler Erwärmung um mehrere Gradzahlen. Ein höherer Bildungsgrad und eine höhere Intelligenz führen nicht zwangsläufig zu richtigen Ergebnissen.

Apropos Klimawandel:
Unsere Position zum Klimawandel orientiert sich an der geltenden Gesetzeslage in Deutschland. Der Deutsche Bundestag hat am 22.09.2016 die Unterzeichnung des Pariser Klimaschutzabkommens beschlossen. Mit diesem Beschluss, der einstimmig von allen im Bundestag vertretenen Parteien gefasst wurde, wird die von Menschen verursachte Klimaänderung und die daraus erfolgende weltweite Gefährdung unserer natürlichen Lebensgrundlagen bestätigt. Deutschland hat sich vertraglich verpflichtet, Maßnahmen zu ergreifen, um die Erderwärmung deutlich unter 2 °C und möglichst auf 1,5 °C gegenüber dem vorindustriellen Niveau zu halten. Das Bundesverfassungsgericht hat dies in seinem Beschluss vom 24.03.2021 anerkannt und festgestellt, dass der Staat zum Klimaschutz verpflichtet ist, auch mit Blick auf die künftigen Generationen.

Bei stark emotionalisierten Themen spielt die Rationalität eine geringere Rolle, und Menschen kommen systematisch zu falschen Ergebnissen. Bleibt nur die Frage, wann jemand emotionalisiert ist und wann nicht. Wann haben Sie das letzte Mal erregt um ein Thema gerungen und bewusst oder unbewusst alle fünf gerade sein lassen, um Ihre Argumente besser zu rechtfertigen?

Je klüger und informierter Menschen sind, desto mehr sind sie in der Lage, sich politische Fakten und Anschauungen so zurechtzulegen, dass sie ihren politischen Identitäten entsprechen. Politische Überzeugungen können Fakten und Vernunft k. o. schlagen. Diese Erfahrung kann den Glauben an die Demokratie durchaus erschüttern.[8] Es sei denn, diese Erkenntnisse werden aktiv mit einbezogen und berücksichtigt.

Die meisten Menschen können sich von guten Fakten und Beweisen überzeugen lassen, wenn es sich um für sie harmlose, nicht emotionalisierte Themen geht. Darüber hinaus kennt die politische Psychologie eine ganze Reihe von sogenannten Verzerrungen. Also Kräfte, die uns in dem Prozess des Gewinnens von Erkenntnissen ablenken. Etwas mechanistisch gesprochen: Sie verfälschen das Ergebnis wie ein Fehler in der Rechenmaschine.

Bestätigungsfehler

Am bekanntesten dürfte der sogenannte »Bestätigungsfehler« *(confirmation bias)* sein. Also das Phänomen, dass wir Menschen jene Informationen herausfiltern, die am ehesten unsere Meinungen und Positionen bestärken, und jene, die sie infrage stellen, lehnen wir ab oder nehmen wir erst gar nicht auf. Oder das Phänomen, dass wir Expert:innen, die die eigene Meinung bestätigen, höher werten als jene, die der eigenen Meinung widersprechen. Beobachten Sie sich gerne selbst und schauen Sie, ob sich diese These bestätigt.

Das Verzwickte am Bestätigungsfehler ist, dass wir es trotzdem tun, auch wenn wir es wissen. Jede einzelne, auch der weiteren beschriebenen Verzerrungen ist bestens erforscht und durch Empirie bestätigt. Sie treffen auf alle Menschen zu. Auch wenn wir von uns glauben, dass es auf uns nicht zuträfe. Das ist im Übrigen die »Besser-als-der-Durchschnitt-Verzerrung«. Menschen sind meist davon überzeugt, Dinge besser zu beherrschen als andere. Wir fahren besser Auto als andere, fühlen uns schlauer als der Rest der Welt und spielen auf dem Sofa besser Fußball als jeder Profispieler. Im Zweifel wissen wir es besser. Natürlich wissen wir es auch besser als die Politiker:innen. Diese Haltung ist vertraut, oder?

Ein interessantes Selbsterforschungsfeld dazu war für uns der Beginn der Coronapandemie, die Monate von Februar bis zum Sommer 2020. Ein neues Phänomen kam auf uns und die Menschheit zu. Es konnte einem kaum egal sein, und es war komplex und gefährlich. Wir kannten weder das Virus, noch wussten wir genau, was eine Pandemie eigentlich ist und in der heutigen Zeit mit uns macht. Wir wussten nichts und waren unsicher, Bürger:innen, Journalist:innen, Politiker:innen, ja sogar die meisten Wissenschaftler:innen. Ein einmaliger gesellschaftlicher Lernvorgang begann. Aus diesem komplexen Prozess wollen wir jetzt nur herausgreifen, wie wir ganz persönlich dabei vorgegangen sind. Wie haben wir selbst uns eigentlich eine Meinung gebildet? Ab welchem Zeitpunkt wurden die Meinungen und Positionen gefestigt? Ab welchem Punkt entstanden dann schon »Meinungs-Lager«? Haben wir uns in diese Lager verortet? Und in welches? Und ab wann wurde es unangenehm, mit der jeweils »anderen Seite« zu sprechen? Auch wenn sich inzwischen vieles wieder entspannt hat, gibt es doch bis heute dazu eine beobachtbare Spaltung in der Gesellschaft. In unserem Umfeld war die ganze Bandbreite vorhanden, überspitzt formuliert, von »Wir müssen alles tun, was die Regierung uns sagt, sonst werden wir alle sterben« bis zu »Wenn wir das tun, was die Regierung uns sagt, werden wir alle sterben«. Die Gesellschaft zersplitterte vor unser aller Augen in nur wenigen Monaten.

Erinnern wir uns, wie heftig, aber zu Beginn auch erregend und intensiv dieser Meinungsbildungsprozess war. Vieles war noch nicht bekannt. Es gab verschiedene Pole: Wir müssen das Virus ausrotten (Zero Covid) – und auf der anderen Seite der Plan, Herdenimmunität zu erzielen, also das mehr oder weniger (un-)kontrollierte Durchseuchen der Gesellschaft. Es setzte sich dann *»flatten the curve«* durch. Also alle Anstrengungen zu unternehmen, um die Verbreitung des Virus zu verlangsamen, um die Krankenhaus-Infrastrukturen nicht zu überlasten. Ungefähr bis Juli 2020 war der Debattenraum offen, doch in etwa ab den ersten großen Demonstrationen in Berlin entstanden zwei Lager. Seitdem hat nach unserer Beobachtung kaum einer mehr »sein« Lager innerhalb der Debatte verlassen, unabhängig davon, was zwischenzeitlich an neuen Fakten aufgetaucht ist. Bis heute sind natürlich beide Lager der Ansicht, recht zu haben und auf dem Boden der Wissenschaft zu stehen. Beide tun sich schwer damit, Fehler einzugestehen.

Uns Autor:innen hat vor allem fasziniert, wie stark der Bestätigungsfehler bei uns selbst gewirkt hat. Auch noch nachdem wir uns den Bestätigungsfehler bewusst gemacht haben. Wir konnten uns manchmal wie in Zeitlupe beobachten, wie wir eine uns missfallende neue Studie sofort akribisch zerlegt haben, den Autor auf Glaubwürdigkeit und Lagerzugehörigkeit untersucht haben. Wir konnten wahrnehmen, wie wir solche »unbequemen« Studien und ihre Aussagen weniger an uns heranließen und wegdrückten, emotional abwerteten, egal wie gut die Argumente waren. Umgekehrt das Gleiche. Wir übernahmen bestimmte Argumente viel leichter und wiederholten sie in Diskussionen. Und wir überprüften sie lange nicht so genau auf ihre Validität und Seriosität. Nach einiger Zeit mussten wir unsere Informationen nicht mehr selbst zusammensuchen, das haben Faktenchecker, Bloggerinnen und Portale von beiden Seiten für uns übernommen. Und irgendwann war es leicht, sich nur noch in Informationskanälen und Echokammern aufzuhalten, in denen wir die andere Seite gar nicht mehr seriös wahrgenommen haben. Wir lagen damit weit hinter unseren eigenen Ansprüchen an ausgewogener Information und Debatte. Zugegeben: Politisch nicht sonderlich reif! Aber so passiert. Seitdem fällt uns der Hang zur Selbstbestätigung fast überall auf.

In der Politik ist die Bestätigungstendenz in manchen Verfahren fast institutionalisiert, wie zum Beispiel bei Sachverständigenanhörungen im Bundestag zu bestimmten Gesetzesentwürfen. Jede Partei hat das Recht, Expert:innen einzuladen. Im Ergebnis werden jeweils nur Spezialisten aus dem eigenen Lager benannt, die in der Regel zu hundert Prozent die eigene Parteiposition bestätigen. Fragen werden auch nur den »eigenen« Expert:innen gestellt. Und den anderen wird oft nicht einmal zugehört. Auch wir wurden bereits viele Male eingeladen, zu Demokratiethemen Stellung zu nehmen. Der ritualisierte Ablauf und die offensichtliche Wirkungslosigkeit der einzelnen Beiträge sind meist frustrierend. Das Format lässt nur wenig Kreativität und Austausch zu, obwohl im Raum oft der geballte Sachverstand des ganzen Landes zum behandelten Thema anwesend ist. Im Grunde eine Verschwendung von Ressourcen. Ausnahmen bestätigen die Regel, auch die gibt es.

Die Bestätigungstendenz hat übrigens nichts mit Intelligenz oder Bildung zu tun. Im Gegenteil, intelligentere Menschen haben sogar noch eine stärkere Tendenz zu Bestätigungsfehlern.[9]

Sie haben vermutlich mehr Möglichkeiten, ihre Argumente zu sortieren und überzeugend aufzubauen. Denn es ist wichtig und hilfreich, andere für sich einnehmen zu können, um einen höheren Status in der Gruppe zu erreichen. Dies dürfte evolutionär wichtiger gewesen sein als der Wahrheitsgehalt von bestimmten Zusammenhängen.

Die und Wir

Interessant zu beobachten war auch, dass es nach einer gewissen Zeit immer schwieriger wurde, mit abweichenden Meinungen in der eigenen Blase durchzudringen. Meistens wurde recht einseitig argumentiert und der Gruppen-Mainstream wiederholt. Wird anderes angesprochen, will es keine:r hören, im Gegenteil, die Leute sind zunehmend genervt. Wir hatten irgendwann das Gefühl, dass die Seiten geklärt sind, es keine offenen Fragen mehr gibt und niemand bereit war, seine Position zu hinterfragen. Die Zersplitterung hatte sich etabliert und festgesetzt.

Dieses Phänomen greift unabhängig davon, wo jemand in Bezug auf Corona steht. Schlimm genug war, dass eine Zeit lang der Impfstatus Menschen klassifiziert hat. Scheinbar gibt es in uns allen einen tiefsitzenden Instinkt, die »eigenen« Leute wohlwollend und die »anderen« feindselig zu behandeln. Und zwar unabhängig davon, ob wir mit der gegnerischen Gruppe im Streit liegen oder nicht. Diese Theorie der sozialen Identität wurde von den Sozialpsychologen Henri Tajfel und John Turner entwickelt.

Tajfel hatte als Pole jüdischer Herkunft in der französischen Armee im Zweiten Weltkrieg gekämpft und kam in Gefangenschaft. Er gab sich als Franzose aus und überlebte auf diese Weise ab 1940 fünf Jahre in deutschen Kriegsgefangenenlagern. Hätten die deutschen Behörden herausgefunden, dass er ein polnischer

Jude war, wäre er umgebracht worden. Er überlebte nur aufgrund seiner neuen Identität als Franzose. So widmete er diesen Themen sein ganzes späteres Forscherleben.

Wir sind Mitglieder vieler sozialer Gruppen. Wir sind Europäerin, Deutsche, Hamburger oder Münchnerin, HSV- oder FC-Bayern-Fan. Wir gehören zu verschiedenen Abteilungen in unseren Unternehmen oder sind einer gewissen religiösen Konfession zugeordnet. Es gibt fast überall Die und Wir. Die Sympathien sind in der Regel klar verteilt. Tatsächlich nehmen wir bereits den Begriff »Wir« positiver wahr als den Begriff »Die anderen«.[10] Im Vergleich zu unseren eigenen Gruppen sehen wir fremde Gruppen oft weniger positiv. Das kann gefährlich werden.

Tajfel fand unter anderem heraus: Wir sind so darauf geeicht, die Welt in »wir« und »die« zu sortieren, dass wir es bereits aus den geringsten Anlässen tun. Und weiter: Haben wir die Welt erst einmal in »wir« und »die« sortiert, agieren wir zum Vorteil der Eigengruppe und diskriminieren die Fremdgruppe, und zwar sogar dann, wenn überhaupt kein äußerer Grund dafür vorliegt. Das mag evolutionär gut begründet sein; es war wichtig, dass die eigene Kleingruppe überlebte. Doch heute treibt es manchmal seltsame Blüten. Für mich, Roman Huber, ist Fußball so ein markantes Beispiel. In der Regel interessiere ich mich nicht besonders dafür, aber wenn ich ein FC-Bayern-Spiel anschaue, werden meine tieferen Instinkte wach. Es gibt kaum Spielraum für eine neutrale und übergeordnete Sicht der Dinge. Die Verhältnisse und Sympathien sind für mich völlig eindeutig. Und ich genieße es, einfach nur parteiisch zu sein und mitzufiebern. Ist das Spiel vorbei, schüttle ich mich, wundere mich ein wenig über mich selbst, und das Leben geht weiter.

Viele Konflikte entstehen zwischen sozialen Gruppen durch die Bevorzugung der Eigengruppe. Wir kommen darauf später noch einmal zurück. Denn das bedeutet, dass das Wahrnehmen der eigenen Gruppenzugehörigkeitsgefühle mit entsprechender Voreingenommenheit durch Selbstkritik sowie das Hinterfragen der eigenen (Vor-)Urteile unnötige Konflikte verringern könnte.

Um in »unserer« Gemeinschaft zu sein und zu bleiben, tun wir vieles. Wir beugen uns auch dem Gruppendruck wider besseren Wissens. Manchmal schneller, als uns dies angenehm ist. Eines der klassischen psychologischen Experimente zu Konformität ist schon seit 1951 bekannt.

Unsere Meinung und der Gruppendruck

Wie wirkt sich Gruppendruck auf unsere Meinung aus? Sind Menschen in der Lage, dem Druck der Gruppe standzuhalten? Der Psychologe Solomon Asch hat dazu eines der ältesten Experimente entwickelt. Er ging in den 1950er-Jahren der Frage nach, ob wir unser selbstständiges Denken in Gruppen aufrechterhalten. Die Teilnehmenden des Versuchs bekamen verschiedene Linien unterschiedlicher Länge nebeneinander gezeigt und schauten sich gemeinsam die Linien an, sie sollten die gleich langen Linien bestimmen. Ein sehr einfacher Test. Die Fehlerquote lag bei weniger als einem Prozent. Im zweiten Schritt aber saßen fünf bis sieben Schauspieler in der Teilnehmerrunde, die ohne das Wissen der anderen immer wieder gemeinsame Falschantworten gaben und damit die anderen verunsicherten. Sie bezeichneten Linien als gleich lang, obwohl klar zu sehen war, dass das nicht stimmen konnte. Da aber eben mehrere das Gleiche behaupteten, gerieten die anderen in Zweifel und verwarfen ihre eigene richtige Wahrnehmung. Die Fehlerquote stieg auf unglaubliche 37 Prozent. Als die Teilnehmenden im Anschluss über diese Fake-Manipulation informiert wurden, war die Betroffenheit groß. Das Experiment wurde hundertfach wiederholt.

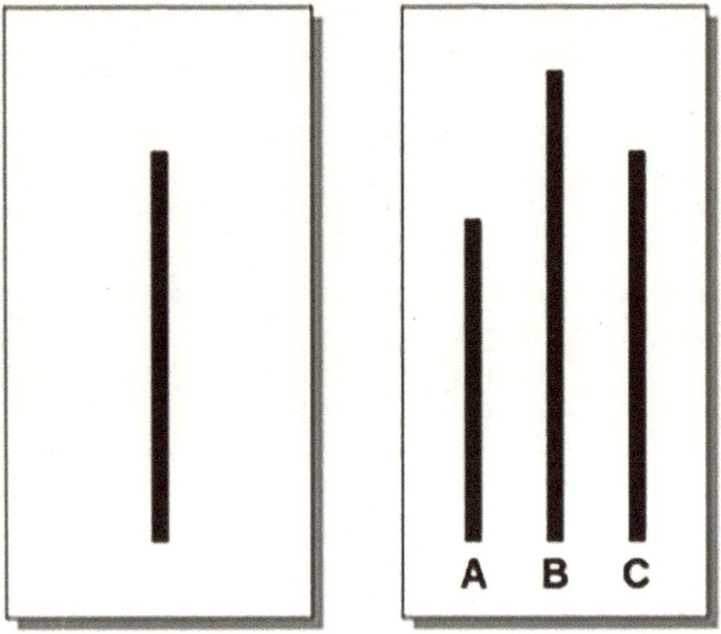

Referenzlinie Vergleichslinien

Das Fazit der Versuche: Je größer die Gruppe war und je isolierter die Proband:innen wurden, desto konformer antworteten sie. Umgekehrt galt das Gleiche: Wenn die »Abweichler:innen« zu den Falschaussagen mehr wurden, sank die Fehlerquote deutlich.

Allein daran können wir sehen, wie wichtig es ist, auch »abweichende« Meinungen und das ganze Meinungsspektrum zuzulassen, weil Menschen dann mutiger werden und sich trauen, ihre wirkliche Meinung zu sagen.

Können Sie sich an einen Moment erinnern, in dem Sie Ähnliches erlebt haben? Die Forschung belegt, wie sehr eine Gruppe die Meinung Einzelner beeinflussen kann. Gruppendruck, Konformität, selbst gewählte Gleichschaltung finden dabei schon unter ganz einfachen Bedingungen statt. Das zu wissen hilft.

Wenn jedes Mitglied einer Gruppe davon weiß, kann auch jede:r darauf hinweisen.

Die eigene Gruppe zu schützen ist wichtiger

Wenn wir uns einer politischen Identität zugehörig fühlen und inhaltlich Anschluss und Rückhalt bei »unseresgleichen« finden, laufen wir auch Gefahr, bestimmtes Wissen, das dieser Position widerspricht, zu meiden. Zum Beispiel hat die »Black-Lives-Matter-Bewegung« in den USA, die 2020 die Polizeigewalt gegen Schwarze thematisiert hat, vorhandene Studien ignoriert, die darauf hindeuten, dass amerikanische Polizisten gerade nicht mehr Schwarze als Weiße bei ihren Polizeieinsätzen töten. Unliebsames Wissen, welches die eigene Position schwächt, wird außen vor gelassen.

Aus der Brille der Evolutionsbiologie ist es, wie bereits erwähnt, sogar ein vernünftiger Vorgang, missliebige Informationen, die die eigene Gruppe bedrohen, aus dem Weg zu räumen. Was ich persönlich über den Klimawandel glaube oder nicht, wird den Klimawandel wenig beeinflussen. Ich bin aber extrem davon abhängig, was meine Freund:innen und Kolleg:innen oder mein weiteres Umfeld über mich denken. Evolutionsbiologisch bedeutete der Ausstoß aus der Gruppe den Tod. Auch heute kann dies den sozialen Tod bedeuten. Deswegen lehnen wir gerne Sachinformationen, die unsere Gruppenzugehörigkeit bedrohen, unbewusst ab. Psychologe Kahan formuliert es noch zugespitzter: »Was wir über die Fakten glauben, sagt uns, wer wir sind.« Das Wichtigste für die Menschen ist ihr Bild von sich selbst und ihre Beziehungen zu den Menschen, denen sie vertrauen, die sie lieben und schützen.

Das gilt sicher für uns alle, aber ganz besonders für Menschen des öffentlichen Lebens, in der Politik, den verschiedenen Lagern, den Parteien, den Parteistiftungen, den Fraktionen im

Bundestag usw. Die eigene Gruppe bedeutet hier noch viel mehr: Einfluss, Macht, Gestaltung, Erfolg, Status, Ansehen, Sinn und Lebenszweck. Bei einem Verlust steht die persönliche Existenz und ökonomische Zukunft auf dem Spiel. Allein deswegen ist es nicht leicht, hier aus der Reihe zu tanzen.

Alice Weidel von der AfD könnte es sich nicht leisten, auf einmal für die Einhaltung des 1,5-Grad-Zieles einzutreten. Aber auch Luisa Neubauer von Fridays for Future kann sich nur schwer für die Verlängerung der Laufzeiten von Atomkraftwerken oder gar für eine etwas klimaskeptischere Haltung einsetzen. Genauso wenig wie Christian Lindner von der FDP nicht auf einmal für ein Tempolimit eintreten könnte. Sie würden Gefahr laufen, ihre Follower:innen- und Anhänger:innen zu verlieren. Sie würden vermutlich als Verräter:innen gebrandmarkt werden, ihre Positionen und ihr Wirkungsfeld verlieren. Ja mehr noch, Glaubwürdigkeit, Beziehungen und persönliche Freundschaften stünden auf dem Spiel. Entfremdung, Spott oder, noch schlimmer, Zustimmung von der Gegenseite. Es wäre zu schmerzhaft. So einen Positions- und damit Identitätswandel kann sich im politischen Raum kaum jemand leisten und gleichzeitig politisch überleben.

Wenn eine Position oder Meinung Teil der eigenen Identität geworden ist, wird sie kaum mehr geändert. Das ist zu gefährlich und zu schmerzhaft.

Wie oft halten wir uns mit der Äußerung eines Gedanken, einer Meinung in einer Gruppe zurück, nur weil wir nicht anecken wollen? Alle paar Monate oder eher einmal pro Woche? Wenn wir uns selbst beobachten, kommt es häufiger vor als gedacht.

Und wer es dennoch wagt, erfährt meistens unmittelbar die Konsequenzen, und zwar von den eigenen Leuten, von den Kolleg:innen, den Freund:innen, den Familienangehörigen. Egal ob in Gruppen im realen Leben oder in den Medien, in Blogs, in Zeitschriften oder auf Twitter, Facebook und Co. Wenn wir anecken, wird auf Abstand gegangen. Distanzierung ist angesagt, laut oder leise, heftig oder subtil, Hauptsache, das »andere« wird isoliert. Manchmal nur für Momente, manchmal für immer. Eine andere unter anderen hat es schwer. Ein Schweinsbratenesser in Lederhose auf einer veganen Hafermilchparty fordert heraus. Eine Corona-Ungeimpfte unter lauter Geimpften wird sich nach den Erfahrungen der letzten Jahre ungern zu erkennen geben. Ein Geimpfter unter lauter Ungeimpften auch nicht. Auch Pazifist:innen und Befürworter:innen von Waffenlieferungen haben es schwer miteinander und umgehen lieber die Auseinandersetzung.

Das Bedenkliche dabei ist, dass wir dieses Faktenverschlucken zugunsten der Gruppenzugehörigkeit alle mehr oder weniger machen und es in der Regel nicht bemerken. Im Freundeskreis, unter Kolleg:innen oder gesellschaftlich. Es fühlt sich rational und vernünftig an. Diese Art Gruppenbildung kann aber zur Belastungsprobe für die Demokratie werden. Gleichzeitig setzen die, die sich am lautesten für Minderheitenschutz einsetzen, wiederum andere an den Rand. Am Ende geht es nur darum, wer die Deutungshoheit hat. Es ist wichtig, dass wir uns darin üben, diese Mechanismen zu durchschauen. Denn wir brauchen mehr Zusammenhalt, müssen neue Formen des Zusammenhaltes entwickeln und erproben in einer sich immer weiter differenzierenden Gesellschaft.

Der Psychologieprofessor Jonathan Haidt an der New York University beschreibt sinngemäß,[11] wenn man in einer Auseinandersetzung an den Punkt kommt, auf dem die Loyalität zur eigenen Gruppe auf dem Spiel steht, ist es vorbei mit der vernünftigen Deliberation. »Denken ist zumeist nur Rationalisierung, die Suche nach Beweisen, welche die eigenen Überzeugungen untermauern.«

Wie oft findet dies in Talkshows, in Podiumsgesprächen oder in den Plenumsdebatten im Bundestag statt? Deswegen wird diese Art der Kommunikation auch Darstellungskommunikation genannt. Es geht nicht um echten Austausch. Wir können, nüchtern gesagt, all diese Gesprächsformate beiseitelassen, wenn es um echte Offenheit, Kreativität, Kooperation und Weiterentwicklung gehen soll.

Wir könnten es ja einmal umdrehen, zwei Kontrahent:innen werden eingeladen, und sie dürfen alles kritisieren, aber nur die eigene Position und das eigene Lager. Es wäre spannender, die Schwächen der eigenen Argumentation, die eigenen Zweifel und Unsicherheiten zu offenbaren. Das würde sicher manche verunsichern, aber auch Vertrauen aufbauen.

Gruppenidentität und Soziale Medien

Die Gruppenidentität wird über die Sozialen Medien noch verstärkt. Durch das Teilen von Inhalten, Liken, Folgen und Abonnieren auf Plattformen im Internet können Menschen zeigen, dass sie Teil einer Gruppe sind. Je mehr sie sich zeigen und beteiligen, desto tiefer wird die Loyalität zur eigenen Gruppe, umso schwieriger wird es, die zugrunde liegenden Ansichten zu ändern oder gar zu verlassen und sich Fakten beziehungsweise anderen Meinungen zu öffnen. In den USA wurde dazu im Jahr 2017 ein Versuch mit über tausend Twitternutzer:innen gemacht. Die Teilnehmenden waren bekennende Demokrat:innen oder Republikaner:innen. Beide Gruppen erklärten sich bereit, einige Monate sachliche Informationen von der jeweils anderen Seite zu empfangen. Ziel des Versuchs war es, herauszufinden, ob es möglich ist, die Gruppen von der jeweils anderen Position über Monate zu überzeugen. Wurden die beiden politischen Lager der jeweils anderen gegenüber toleranter? Wurden sie verständnisvoller oder öffneten sich anderen Positionen?

Nein, leider nicht! Unterm Strich wurden die Republikaner:innen sogar noch republikanischer, also konservativer, aber auch die Demokrat:innen blieben bei ihren Positionen und änderten sich nicht. Ein Fazit des Versuchs ist, dass Menschen sich nicht überzeugen lassen von Menschen, die dem anderen Lager angehören und die sie emotional ablehnen und nicht leiden können.

Forschungsergebnisse zeigen, dass wir auf politische Kommentare und Informationen, die wir ablehnen, sogar körperlich reagieren. Der Atem geht schneller, die Pupillen verengen sich, und das Herz schlägt schneller. Wir sind erregt. Und je erregter wir sind, desto besser, zumindest für die Sozialen Medien selbst. Politik wird bewusst mit Emotionen gemacht und gesteuert. Jeder Klick eine Aufmerksamkeit. Je mehr, desto besser. Je erregter, umso mehr Klicks. Je empörter, desto mehr wird geteilt und so weiter. Das ist uns allen bekannt, und dennoch ist es gut, uns das immer wieder bewusst zu machen. Wer er- und aufregen kann, führt bei der Einschaltquote, den Klickzahlen oder bei den Abozahlen. Das ist das Erfolgsrezept der *BILD*-Zeitung. Heute sind es die Programmierer:innen der Algorithmen von Google, Facebook, Tiktok, Instagram und Co, die uns am Nasenring durch die Manege ziehen. Deren Ziel ist es, immer wieder neue Identitätsgruppen ausfindig zu machen oder zu definieren. Jeder Klick wird erfasst, analysiert, ausgewertet und zugeordnet. Denn Gruppen sind leichter zu berechnen, mit Werbung zu bespielen, zu beeinflussen und in den Bedürfnissen leichter steuerbar. Ob wir wollen oder nicht, wir können uns diesen Mechanismen nur schwer entziehen.

Hinzu kommt, dass Thesen für wahrscheinlicher gehalten werden, wenn sie immer wieder vorgebracht werden. Überzeugung entsteht auch durch Wiederholung, nicht durch wissenschaftliche Evidenz. Das macht Filterblasen und Echokammern in Sozialen Medien so problematisch, in denen nur noch Menschen mit ähnlicher Meinung miteinander kommunizieren. Filterblasen sind kollektive Netzwerke derselben Identifikation. Der wiederholte Austausch der immer gleichen Ansichten allein lässt diese als wahrer erscheinen, auch wenn keine weiteren Fakten vorgelegt werden. Beispiel: Je öfter wir hörten, dass die Intensivbetten während der Coronapandemie an ihre Kapazitätsgrenzen kommen, desto mehr haben wir es geglaubt. Tatsächlich war während der gesamten drei Pandemiejahre[12] die Kapazität der Intensivbetten deutschlandweit nie höher als mit 24,16 Prozent an Coronapatienten ausgelastet.

Sich einer Gruppe anzuschließen und dazugehören ist eines der Urbedürfnisse unseres menschlichen Seins. Die Gruppe ist ein Teil unseres Seins, der unser Überleben sichert. Wer sich einer Gruppe zugehörig fühlt – ganz gleich, ob es eine interessenbezogene Zugehörigkeit ist, weil wir den gleichen Studiengang durchlaufen haben, oder eine emotionale, weil wir dieselbe Schule besucht haben oder denselben Ferienort lieben –, setzt eine gewisse »Gleichheit« voraus, die zur gemeinsamen Identität führt. Wir fühlen uns sicher in der Gruppe, weil die anderen ähnlich sind wie wir, weil wir ähnliche Werte und Erfahrungen teilen. Wir fühlen uns dann unterstützt und geborgen und wenig allein. Innerhalb der Gesellschaft gibt es deshalb viele Gruppen, denen wir angehören.

Eine solche Gruppenzugehörigkeit führt zwar zum Zusammenhalt der Mitglieder untereinander, manchmal jedoch zur Zerrissenheit im Verhältnis zu anderen.

Wenn Gruppen aufgrund ethischer Werte beginnen, ihre Identität von der Identität anderer Gruppen und deren ethischer Werte abzugrenzen und diese als feindlich oder gar bedrohlich für die eigene Identität erleben, beginnt die Abspaltung. Angst und Vorurteile emotionalisieren die Abgrenzung, und dies kann dazu führen, dass die Gruppen einander abwerten und beginnen, sich gegenseitig zu diskriminieren.

Je bedrohlicher die andere Gruppe für die eigene Gruppe ist, desto mehr muss die andere bekämpft werden. Das gilt unter Fußballfans genauso wie für politische Bereiche. War das nicht früher auch schon so? Oder erscheint uns die Zerrissenheit heute härter als früher? Wir haben darauf keine abschließende Antwort, beobachten aber, dass wir heute gesamtgesellschaftlich unter höherem Druck stehen und weniger resilient sind. Das Leben hat sich beschleunigt und die hereinprasselnde Informationsflut sich vervielfacht. Jede:r Einzelne hat weniger Puffer und ist so vielen Reizen mehr ausgesetzt als noch vor Jahrzehnten. Nervlich sind viele einer chronischen Überreizung ausgesetzt und schneller am Limit.

Wann wird Gruppendenken gefährlich?

Viele Leute, auch Expert:innen, gehen davon aus, dass Gruppen eher gemäßigtere Entscheidungen treffen als Einzelpersonen. Dies beruht auf der Annahme, dass Gruppen sich vor allem auf eine Durchschnittsmeinung einigen. Bei der Mittelposition kann die Mehrheit der Mitglieder einer Gruppe mitgehen, und so werden extreme Außenseiterpositionen ausnivelliert. Eine Gruppe entscheidet sich eher für den Status quo als für radikale Reformen.

Studien zeigen, dass Gruppen unter bestimmten Bedingungen aber sehr wohl radikalere Entscheidungen treffen können als Einzelpersonen.[13] In den frühen 1970er-Jahren erforschte Irving Janis von der Universität Yale Bedingungen, die dazu führen, dass in Gruppen eine gefährliche Illusion von Konsens das Kommando übernimmt. Voraussetzungen dafür sind gleich gesinnte, eng miteinander verbundene Mitglieder, eine Führungsperson oder ein -team, das seine Position zu erkennen gibt, sowie die Abkapselung der Gruppe von anderen Einflüssen und Meinungen. In isolierten Gruppen von Gleichgesinnten können abweichende Meinungen ignoriert und wirklich schlimme Fehlentscheidungen getroffen werden. Janis machte fatales Gruppendenken für die katastrophalen Entscheidungen verantwortlich, die zur Invasion kubanischer Exilanten in der Schweinebucht auf Kuba oder das Versagen der Vereinigten Staaten, Japans Angriff auf Pearl Harbor vorauszusehen, führten.

Seit Irving Janis' bahnbrechender Arbeit und seinen Erkenntnissen wurde »Gruppendenken« bei vielen Katastrophen beobachtet. So soll etwa die Challenger-Katastrophe 1986, bei der der Space Shuttle mit sieben Menschen an Bord kurz nach dem Start auseinanderbrach, darauf zurückzuführen sein, dass die Mehrheit der Ingenieure die technische Warnung eines Technikers überstimmte. Er warnte vor dem Start, dass die Materialbelastung durch Frost und Hitze zu groß sei. Er wurde von den Kollegen trotz mehrstündiger Beratungen überstimmt. Am Ende bewahrheiteten sich seine Befürchtungen. Auch der Irrglaube der Geheimdienste vor dem Irak-Krieg, dass Saddam Hussein über Vorräte an chemischen und biologischen Massenvernichtungswaffen verfüge, soll auf solch ein Gruppendenken zurückzuführen sein. Nach dem Einmarsch der USA in den Irak konnten diese Waffen aber nie gefunden werden, es gab sie nicht. US-Außenminister Powell bedauerte Jahre später diese falsche Tatsachenbehauptung.[14]

Der Klimaaktivist Sven Hillenkamp bringt es in seinem Essay »Alle Lager liegen falsch«[15] so auf den Punkt: »Das erste Axiom politischer Praxis sollte lauten: Jedes Lager liegt in wesentlichen Punkten falsch. Jede Bewegung. Jede Partei. Linke, Liberale, Konservative, Verschwörungsgläubige, bekennende Wissenschaftsfreunde, Aktivist:innen und politisch Enthaltsame.

Jedes Lager tut sich mit anderen Themen schwer. Vor allem, wenn es um den eigenen Markenkern oder den Kern der eigenen Philosophie und Überzeugung geht. Für Liberale sind Eingriffe in die individuelle Freiheit oder den Markt Teufelswerk. Sie wollen gar nicht wissen, wo der Markt nicht funktioniert. Ökos wollen keine Moralapostel sein, Sozialdemokrat:innen nicht sehen, dass der Staat nicht alles für die Menschen regeln kann. Konservative sehen nicht ein, dass es grundsätzliche Veränderungen braucht. Kein:e Immobilienbesitzer:in setzt sich für Mietpreisdeckelungen ein, und wer gerade die Regierungsmacht hat, möchte möglichst wenig durch Bürgerbeteiligung gestört werden. Man könnte lange so weitermachen. Traue niemandem, der oder die nicht auch sich selbst oder das eigene Lager kritisiert!

Nimmt man diese ganze Forschung ernst, rüttelt sie am politischen System, am Mediensystem, an unserem ganz persönlichen, individuellen Rationalitätsanspruch. Heute basiert alles darauf, dass schwierige Probleme gelöst werden, indem Informationen und Fakten zusammengetragen werden und im Austausch darüber vernünftige Lösungen entstehen. Das ist die Grundannahme, zu einer besseren Welt zu gelangen.

Was erlebst du, wenn du entscheidest?

Jede politische Entscheidung, jedes politische Handeln ist auch von Emotionen und den tiefer liegenden Schichten der Akteure geprägt oder motiviert. Unsere Art und Weise zu denken, Schlüsse zu ziehen, ist durch unsere kulturelle Prägung und unsere Erfahrungen der Vergangenheit beeinflusst. Aber viel zu oft bestimmt die Vergangenheit, die gespeicherten Emotionen unsere Zukunft, ohne dass wir uns dessen bewusst sind. Das betrifft die persönlichen Entscheidungen im Privaten, in der politischen Teilhabe der Bürger:innen sowie der Mandatsträger:innen in der Politik.

Da wir den Blick auf Gesellschaft und Politik nicht nur auf die rationale Ebene beschränken wollen, regen wir an, wenn Sie dieses Buch lesen, nicht nur Ihren Gedanken zu folgen, sondern auch Ihre Gefühle dabei zu beobachten. Gedanken und Sinneseindrücke von außen lösen in uns Reaktionen aus, deren wir nicht immer gewahr sind. Diese Reaktionen nehmen aber unmittelbar Einfluss auf uns. Auch wenn Sie dieses Buch lesen. Manche Gedanken werden Sie anregen, manche aufregen, andere langweilen, und einige werden Sie einfach ablehnen. Wenn gar nichts passiert, legen Sie das Buch vermutlich wieder aus der Hand.

In unserer politischen Arbeit versuchen wir immer wieder, bewusst auf unsere Emotionen zu achten, ohne sie zu bewerten. Jeder Eindruck löst gewisse Emotionen in uns aus, manchmal nur ganz feine.

In der Psychologie wird von gewissen Basisemotionen gesprochen. Ähnlich wie die drei Grundfarben Rot, Blau und Gelb gibt es auch Grundgefühle wie zum Beispiel Freude, Trauer, Wut und Angst. Manche zählen auch Scham, Ekel und andere dazu. Darüber hinaus könnte man die Gefühle auch in ein Spektrum von »angenehm« bis »unangenehm« aufteilen. Mal öffnen und weiten wir uns, mal ziehen wir uns zusammen.

Der größere Anteil unserer Kommunikation läuft über die emotionale Ebene. Die Kommunikationsforscher Albert Mehrabian, Paul Watzlawick oder Schulz von Thun stützen ihre Theorien auf diese Erkenntnis. In vielen wissenschaftlichen Untersuchungen wurde festgestellt, dass wir andere Menschen zu unterschiedlichen Anteilen wahrnehmen. Mindestens drei Viertel der Kommunikation werden emotional über Gestik, Mimik, Körperhaltung und Ausstrahlung vermittelt. Nur der geringste

Anteil verbleibt für die rationale Aufnahme von Inhalten, manchmal nicht mehr als 10 Prozent. Laut Hirnforschung entscheidet die emotionale Verarbeitungstiefe darüber, was hängen bleibt und wieder erinnert wird.

Mit diesem Buch wollen wir Autor:innen auch vermitteln, wie wir unbewusst die politische Welt durch unsere Emotionen beeinflussen. Und wenn wir verstehen, wie wir die Welt begreifen, können wir anders miteinander kommunizieren. Wer bereitet ein Gespräch schon zu zwei Dritteln auf der emotionalen und zu einem Drittel auf der inhaltlichen Ebene vor?

Zwischenmenschliche Missverständnisse führen alltäglich zu Konflikten. Wie oft meinen wir zu wissen, weshalb jemand gerade so oder so agiert? Ziehen wir die richtigen Schlüsse? Nach unserer Beobachtung, gerade auch im politischen Raum, meinen die Leute viel zu oft zu erkennen, was bei den »anderen« los ist, ohne wirkliche Gewissheit zu haben, was wirklich los ist. Gerade in kleinen Dorfgemeinden, wo jede:r jede:n zu kennen glaubt, stoßen wir auf dieses Phänomen und müssen feststellen, dass aufgrund zahlreicher falscher Annahmen Konflikte endlos entstehen.

Wir sind es nicht gewohnt, uns angemessen emotional mitzuteilen, stattdessen reagieren wir eher emotional, ohne verbal zu kommunizieren. Eine Studienkollegin, die heute Musiklehrerin ist, hatte sich zum Beispiel wochenlang Sorgen gemacht, weil ein Kollege sie morgens auf dem Schulhof weder begrüßt noch angeschaut hat. Wochenlang hat sie das beschäftigt. Sie ging immer wieder ihr Verhalten durch und suchte nach ihrem Fehlverhalten, um den Grund zu finden. Von Tag zu Tag schraubte sie sich regelrecht in alle möglichen Szenarien hinein. Sie sprach ihren Kollegen jedoch nicht darauf an. Nach einigen Wochen teilte er dem Kollegium mit, dass er sich nach langen Auseinandersetzungen mit seiner Frau entschieden hätte, die Scheidung einzureichen. Es täte ihm leid, wenn er in den letzten Wochen etwas abwesend oder schroff gewesen sei, er sei innerlich sehr beschäftigt gewesen. Die Kollegin war erleichtert, die wahren Gründe zu hören. Wie oft lösen sich aber die Gründe unserer Annahmen nicht auf?

Bis heute wissen wir etwa nicht wirklich, was sich emotional im Hintergrund bei den Jamaika-Sondierungsverhandlungen 2017 abspielte. Wir wissen nur, dass Christian Lindner mit der FDP plötzlich das Handtuch warf und den Verhandlungstisch verließ. Und dass es in der Sache sehr emotional hoch herging. War es das »Trauma der FDP«, die bei der vorigen Wahl 2013 aus dem Bundestag flog? Obwohl sie gerade vier Jahre, von 2009 bis 2013, zusammen mit der Union regiert hatte? Lagen die Nerven einfach nur blank? Trauten sie sich eine neue Regierungsbeteiligung nicht zu? Wodurch fühlten sie sich so unter Druck gesetzt, dass sie die bis dahin vielversprechenden Sondierungsgespräche platzen ließen? Die *Süddeutsche Zeitung*[16] schrieb: »Der Grüne Reinhard Bütikofer etwa warf der Partei […] ›Angst zu regieren‹ vor. Die FDP sei während der Verhandlungen durch die frühere Regierungsbeteiligung von 2009 bis 2013 ›schwer traumatisiert‹ gewesen«, sagte auch der Grüne Jürgen Trittin im Deutschlandfunk. Das hätten die Liberalen auf keinen Fall wiederholen wollen. ›Am Ende hat die Angst vor dem Selbstmord überwogen.‹«

Was auch immer geschah, aus unserer Sicht hätte ein erfahrenes Moderationsteam rechtzeitig Emotionen aufdecken, einbeziehen und das Platzen der Sondierungsverhandlungen verhindern können. Wenn es gelingen kann, die zwischenmenschlichen Interaktionen und die Motive unseres Handelns besser zu verstehen, kann auch differenzierter mit ihnen umgegangen werden.

Wenn wir Menschen bei Konflikten in der Gemeindepolitik bei der Frage beraten, ob sie ein Bürgerbegehren starten sollen oder nicht, dann regen wir oft zum Innehalten an, um sich bewusst zu werden, was *eigentlich* los ist. Nicht *meinen*, was ist, sondern *fühlen*, was ist. Es ist geradezu typisch für die Politik in kleineren Gemeinden, dass persönliche Interessenkonflikte einander gegenüberstehen, entweder im Gemeinderat *oder* in Bürgerbegehren. Da stehen sich oft die Landwirte, der Bauunternehmer, der Investor und die Naturschützerin gegenüber, und nicht immer steht das Gemeinwohl im Zentrum. Wenn dann noch alte, über Generationen hinweg bestehende Feindseligkeiten unterschwellig mitspielen, haben wir alle Zutaten, um Spaltungen in Gemeinden zu manifestieren. Sicher, Bürgerentscheide liefern hier den geordneten Rahmen für eine rechtsverbindliche Lösung. Aber eigentlich müssen auch die tieferen Schichten hinter den Konflikten gelöst werden.

Wie Emotionen unsere Entscheidungen prägen

Emotionen spielen selbstverständlich auch in der Politik eine Rolle. Ein Beispiel ist die Asyl- und Flüchtlingspolitik. Sie zählen zu den am intensivsten emotionalisierten Politikfeldern. Auf der einen Seite werden bestehende Probleme mit Migration regelrecht rassistisch aufgeladen. Auf der anderen Seite – wie nach den Übergriffen in der Silvesternacht 2015 – wird fast geleugnet, dass es einen Zusammenhang zu Migration gibt. Man darf dies dann nicht benennen, aus Angst, dass die Gegenseite es instrumentalisiert. Auch dass ukrainische Geflüchtete offener als Menschen aus Afghanistan oder aus Afrika aufgenommen werden, vielleicht auch Christen lieber als Muslime, ist ein Hinweis auf emotionale Barrieren. Fremdenfeindlichkeit – so legt die

Psychologie nahe – ist angeboren. Sie existierte zu allen Zeiten. Und es braucht erhebliche Anstrengungen, sie zu kontrollieren bzw. sie zu überwinden. Das, was uns näher erscheint, lehnen wir weniger ab als das, was uns ferner liegt – und zwar in allen Lebensbereichen.

Auch die Angst der Politik vor der Einführung eines Tempolimits auf deutschen Autobahnen spricht Bände. Es wäre vielleicht eine der am einfachsten umzusetzenden Klimaschutzmaßnahmen überhaupt, mit unmittelbarer Wirkung und hohem Symbolwert. Zudem stürben pro Jahr in etwa hundert Menschen weniger.[17] Obwohl von der Wählerschaft politisch lange erwartet, kam das Tempolimit mit den Grünen in der Regierung nicht. Sind es nun sachliche oder emotionale Gründe, die ein Tempolimit von der Tagesordnung nahmen? Könnte es sein, dass die Angst vor dem ADAC oder dem freiheitsliebenden Wutbürger oder die Angst vor dem kleinen Koalitionspartner FDP hier die Entscheidungen beeinflusste?

Offensichtlich entwickeln wir unsere Weltsicht nicht methodisch und leiten sie rational her. Viel häufiger bestimmen Emotionen statt wissenschaftliche Erkenntnisse unsere Werte, entscheiden, welche Gesundheits- oder Außenpolitik wir für richtig erachten und welche für falsch.

Angst und Vertrauen

Einer unserer inneren größten Gegenspieler im Leben ist die Angst. Keine Wahl, keine politische Entscheidung, kein Medienbericht, wo nicht in irgendeiner Weise die Ängste in uns Menschen angesprochen, einbezogen, getriggert, geschürt oder missbraucht werden. Angst ist *das* Gestaltungsmittel schlechthin. Leider. Wir stellen uns nur mal vor, was sich ändern würde, wenn es das Gefühl Angst auf der Welt nicht gäbe, wenn Angst nicht existieren würde. Abgesehen davon, dass Furcht ein wichtiger evolutionärer Schutzmechanismus ist, wie würden wir uns verhalten, wenn wir absolut furchtlos wären? Wie hätten wir die Pandemie durchlebt? Wie würden wir auf Kriege reagieren? Wie würden wir Veränderungen entgegensehen? Wie würden wir in die Zukunft schauen? Wie würde sich der Blick in die nächsten Jahre unseres Lebens anfühlen? Wie würden wir auf Beruf und Familie blicken, wenn wir keine Ängste hätten?

Kaum ein Gefühl hat so eine unglaublich große Auswirkung auf unser Leben wie die Angst. In dem Maße, wie wir mit unseren Ängsten leben und umgehen können, gehen wir auf das Leben, auf die Welt zu oder ziehen uns von ihr zurück. Wer in Angst und von Angst bestimmt sein Leben lebt, wird es einschränken und durch Verzicht auf manche Erfahrung zu schützen versuchen. Wer furchtlos ist, wird wenig meiden und sein Leben im Vertrauen erweitern.

Keine:r von uns ist frei von Angst, aber keine:r ist auch frei von Vertrauen. »Verlasse die Angst – es ist eine Entscheidung!« ist zumindest ein Hinweis, dass wir auch eine Wahl haben. Wenn wir die Ursachen für die zerrissene Gesellschaft zurückverfolgen, ist ein Gefühl aber ursächlich verantwortlich: Angst! Hinter jeder Spaltung, hinter jeder Aggression, hinter den meisten Konflikten steht irgendeine Furcht. Die Angst, bedroht zu sein, ausgegrenzt zu werden, erdrückt oder übergangen zu werden, nicht gesehen oder nicht berücksichtigt zu werden, nicht teilhaben zu können, nicht gut genug zu sein, nicht stark genug zu sein, nicht mächtig zu sein … und so weiter.

Möge sich jeder selbst fragen, wie hoch der Einfluss der Angst ist, bei der Berufs- oder Partnerwahl, bei der Wahl des Wohnorts. Wie viel Angst da ist vor Versagen, Existenzangst, Angst, nicht anerkannt zu sein, Angst, erfolglos zu sein, nicht gesund zu sein, Angst, nicht attraktiv zu sein, nicht intelligent zu sein. Angst. Angst. Angst. Angst, nicht geliebt zu werden. Wie sähe unser Leben aus, wenn wir frei oder zumindest freier von diesen Ängsten wären?

Wir wissen, keiner wird ohne Angst leben können. Aber worauf es uns ankommt, ist, zu erkennen und einen Sensor dafür zu entwickeln, wann wir aus Angst agieren und wann aus Vertrauen. Das ist gerade für politisches Handeln ein wesentlicher Faktor. Wie viele der Gesetze entspringen dem Ziel, irgendeine Angst zu bedienen, und welche Gesetzgebung entspringt dem Vertrauen? Bedient unser Gesundheitswesen die Angst, krank zu werden, oder die Zuversicht, gesund zu bleiben? Dient unser Bildungswesen der Angst, erfolglos durchs Leben zu gehen, oder dem Vertrauen, das Leben meistern zu können? Auch wenn es nur Gedankenspiele sind, steckt mehr dahinter, als uns bewusst ist.

Wir brauchen für diese Muster mehr Bewusstsein, gesellschaftlich wie politisch. Wir müssen zumindest erkennen, wann sie Einfluss nehmen, um anders mit ihnen umzugehen. Woran wollen wir uns orientieren? Folgen wir der Angst vor dem Krieg, brauchen wir mehr Waffen. Folgen wir dem Vertrauen auf Friedensverhandlungen, tragen wir bei, diese vorzubereiten. Haben wir Angst vor dem Klimawandel, bringen wir uns in Sicherheit. Haben wir Vertrauen in die Lösung, erfinden wir diese. Ernähren wir uns gesund, weil wir damit die Natur unterstützen oder uns vor Krankheiten schützen wollen? Genau! Die Wahrheit liegt dazwischen, und sie ist nie schwarz oder weiß. Was hier vereinfacht und plakativ von uns dargestellt ist, soll ein Hinweis darauf sein, sich selbst zu ergründen: Was motiviert unser Handeln? Und welcher Haltung entspringen die Gesetze, die unser Leben bestimmen. Furcht oder Vertrauen?

Unabhängig davon ist Vertrauen *die* Lebensressource! Wie würde sich unser Leben verändern, wenn unser Grundgefühl weniger von Angst und mehr von Vertrauen durchzogen wäre?

Was wäre, wenn wir statt drei Mal in der Woche zum Sport, einmal davon zum Vertrauenstraining gingen?

Angst korreliert auch mit politischen Vorlieben. Das zeigt sich sogar in der Gehirnstruktur, es ist neurologisch nachgewiesen,[18] dass Konservative die Welt für bedrohlicher halten als progressive Menschen.

Die Psychologie geht heute von fünf Hauptmerkmalen[19] aus, mit denen die Persönlichkeit, der Charakter eines Menschen beschrieben werden kann: Offenheit für Erfahrungen, Gewissenhaftigkeit, Extrovertiertheit, Verträglichkeit (Kooperationsbereitschaft, Mitgefühl) und Neurotizismus (emotionale Stabilität, Verletzlichkeit). Diese Merkmale können bereits in der Kindheit gemessen werden, und sie verändern sich ab dem 30. Lebensjahr nicht mehr wesentlich. Sie beeinflussen, was wir lieben, wo und wie wir leben und auch unsere politischen Einstellungen. In einer Langzeitstudie,[20] die 1969 in den USA begann, wurden Vorschulkinder beschrieben und dies mit ihrem späteren Wahlverhalten verglichen. Wurden die Kinder damals von ihren Betreuern als aufgeschlossen und wenig konformistisch beschrieben, waren sie später häufig progressiv eingestellt. Wurden sie hingegen als ängstlich, ruhig oder konventionell charakterisiert, wählten sie später eher konservativ. Besonders die Persönlichkeitsmerkmale Offenheit und Gewissenhaftigkeit fielen ins Gewicht und wiesen auf spätere Wahlentscheidungen hin. Wenn man also Persönlichkeitstypen einschätzen kann, kann man mit einer gewissen Wahrscheinlichkeit deren Wahlentscheidungen vorhersehen.

Unser politischer Kompass wird also von unserem Charakter und Emotionen wie Angst, Trauer, Zorn, aber auch Gefühlen wie Ekel und Scham bestimmt. Und Emotionen sind automatische Verhaltensmuster. Man kann sie nicht ohne Weiteres willentlich abstellen. Für unsere Betrachtungen, wie wir zukünftig Gesellschaft neu kreieren wollen, sind neben der Angst zwei weitere Gefühle wichtig. Scham und Ekel. Beginnen wir mit Letzterem.

Ekel ist konservativ?

Je stärker sich Menschen ekeln, desto traditioneller und konservativer sind sie.[21] Kurzer Selbstcheck: Vor was ekeln Sie sich? Vor Erbrochenem, Schleim, dem Geruch von Fäulnis, vor Hautausschlag oder eher vor Maden und Ratten? Egal wovor, sie haben alle etwas gemeinsam: Sie sind potenziell ansteckend oder giftig. Unsere Ausscheidungen können schädliche Parasiten, Viren und Bakterien enthalten, Gleiches gilt für Kleintiere, die viele Krankheiten übertragen. Und Fäulnisgeruch warnt uns vor verdorbenem Essen. Ekel erfüllt also eine wichtige evolutionäre Aufgabe und schützt uns vor Kontakt mit gefährlichen Sachen. Ekel ist wie die Angst, ein instinktiver Schutzmechanismus. Ekel ist angeboren. Wir ekeln uns wesentlich häufiger, als es nötig ist, denn oft besteht gar keine Gefahr. Aus evolutionärer Sicht war dies sinnvoll: lieber zu vorsichtig als zu risikofreudig. Ekel ist auch moralisch. Er bewertet eine Handlung als unnatürlich oder unrein. Je stärker die Ekelneigung bei Menschen ausgeprägt ist, desto mehr lehnen sie zum Beispiel Prostitution oder Homosexualität ab. Die Kenntnisse und Zuordnung dieser Emotionen spielt auch politisch eine Rolle: Anhand der persönlichen Ekelneigung lassen sich Wahlentscheidungen zuverlässiger vorhersagen als mit klassischen Merkmalen wie der Auffassung von Steuerpolitik. Wer sich schnell und viel ekelt, ist konservativer und begegnet Neuem mit mehr Misstrauen.[22]

Scham – der soziale Druck

Jede:r kennt das brennende Gefühl von Scham, wenn das Blut ins Gesicht schießt und einem siedend heiß wird. Niemand möchte bloßgestellt werden oder sich schämen müssen. Mobbing und soziale Kontrolle basieren auf Scham und Schuld. Das Androhen von schambesetzten Situationen erzeugt sozial erwünschtes, richtiges Verhalten. Wer eine:n andere:n beschämen kann, hat Macht über sie oder ihn. Das heißt, auch über Scham können wir manipulieren oder manipuliert werden. Scham kann auch positiv verwendet werden. Der Staat Kalifornien gibt zum Beispiel zweimal pro Jahr eine Liste mit den 500 größten Steuersündern heraus. Diese werden vor der Veröffentlichung der Liste gewarnt und können mit einer Zahlung verhindern, dass ihr Name auf der Liste steht. So hat Kalifornien seit 2007 insgesamt 371 Millionen Dollar zusätzlich an Steuern eingenommen.

Das Androhen von Scham erzeugt also die starke Motivation, sich sozial und richtig zu verhalten. So haben bestimmte Teile der Wirtschaft das Konzept des CO_2-Fußabdrucks erfunden. Damit wird die Verantwortung für den gefährlichen Ausstoß von Kohlendioxid auf jede:n Einzelne:n übertragen. Es ist zweifellos gut, ein Bewusstsein für seinen persönlichen Konsum zu entwickeln. Aber damit werden auch die Verantwortlichkeiten umgedreht. Die Flugscham oder Scham, keine Bioprodukte zu kaufen, beschäftigt vor allem uns selbst, löst aber das Problem nicht. Wir übersehen dabei die Verursacher:innen, die Herstellenden, die mit Pestiziden das Grundwasser verseuchen und die Artenvielfalt reduzieren. Oder die Politik, die dies verbieten müsste.

US-Tierzüchtende haben durchgesetzt, dass es grundsätzlich verboten ist, Mastanlagen zu filmen, selbst von außen. Sie haben so große Angst davor, dass das schreckliche Innere dieser Anlagen an die Öffentlichkeit dringt, dass sie Millionen für ein Gesetz ausgeben, dessen einzige Aufgabe es ist, diese Unternehmen vor Beschämung zu schützen.

Schamvermeidung und Erhalt unseres Bildes von uns selbst sind mächtige Triebkräfte. Früher war Scham noch verbreiteter. In früheren dörflichen Strukturen war soziale Ächtung tödlich. Scham dient dazu, Moral durchzusetzen. Wir schämen uns immer vor anderen. Oft gehen wir dann in den Gegenangriff oder versuchen, die Beschämenden zu beschämen, und schon sind wir mittendrin in der Polarisierungsdynamik. Über das Internet, speziell die Sozialen Medien wie Facebook oder Twitter, können Fehltritte schnell einem Riesenpublikum zugänglich gemacht werden. Wenn dies dann noch von anonymen Beschimpfenden kommt, wird es psychisch für die Betroffenen sehr grausam. Shitstorms können völlig aus der Kontrolle geraten und die Reputation und oft auch den Menschen selbst zerstören.[23]

Wie können wir mit der ungesunden Scham in persönlichen Begegnungen umgehen? Abkapseln oder angreifen hilft dauerhaft nicht und eskaliert schlimmstenfalls die Situation. Letztlich hilft, unsere eigene Verletzlichkeit zu akzeptieren und uns zu öffnen. Wenn ich Verantwortung für meine Handlungen übernehme, meine Widersprüchlichkeit akzeptiere und dies auch der Gruppe zeige. Damit wird der Beschämung der Boden entzogen.

Je politisch engagierter, desto emotionaler

Zurück zum politischen Blick – was bedeuten diese psychologischen Studien mit ihren Unschärfen auf die Politik übertragen? Viel. Denn sie funktionieren sehr gut in Bezug auf Menschen, die stark an Politik interessiert sind oder professionell damit befasst sind. Je politisch engagierter, desto emotionaler, denn es geht auch um mehr. Was empfunden wird, spielt eine weitaus größere Rolle als das, was gedacht wird. Bei Wahlen sind die Gefühle, die wir gegenüber der anderen Seite hegen, fast am wichtigsten. Hier kommt die Wut ins Spiel. Sie ist eine Art negative Parteibindung. Ein bestimmter Anteil der AfD-Wählerschaft wählt die Partei nur, um dem System eins auszuwischen. Ein erheblicher Anteil der US-amerikanischen Demokraten wählen nur ihre Partei, damit nicht die Republikaner ans Ruder kommen.

Obwohl es so scheint, als würden viele verschiedene kleine Spaltungen eine Gesellschaft auseinanderreißen, stellt sich heraus, dass die Schaffung einer einzigen größeren und tieferen Spaltung – einer Megaspaltung – viel gefährlicher ist. Wenn sich alle kleineren Untergruppen in zwei Hauptlager sortieren, entsteht eine Megaspaltung. Deswegen gab es beispielsweise in Indien lange Zeit keine Megaspaltung, trotz seines Kastensystems mit Tausenden von Untergruppen. Aber eine Spaltung in Hindus und Muslime oder in den USA in Demokraten und Republikaner ist gefährlich. Je mehr Parteien oder religiöse Sekten oder gesellschaftliche Widersprüche, desto weniger bedrohlich ist jede einzelne von ihnen. Wenn aber die Linien, die die Spaltungen beschreiben, zusammenfallen und sich wechselseitig verstärken, dann bedroht diese einzelne Hauptlinie der Spaltung, an der sich alle anderen ausrichten, Länder und Gesellschaften.

Kränkung in der Politik

Seit Jahren beobachten wir im politischen Alltag ein Phänomen, das nur selten thematisiert wird: die Kränkung.

Kränkungen sind persönliche Verletzungen, die als eine Herabsetzung der eigenen Würde erlebt werden. Kränkung hat viele Gesichter. Gekränkte Persönlichkeiten fühlen sich in ihrer Ehre und ihrer Selbstachtung beschädigt und in der eigenen Integrität und Wertigkeit verletzt. Als Kränkung kann in extremen Fällen schon eine Zurückweisung oder ein nicht erwiderter Gruß empfunden werden. Was Menschen kränkt und beleidigt, gewinnt Macht über sie. Kränkungen sind emotional schmerzhafte Erfahrungen. Wir alle wissen, zu was wir fähig sind, wenn wir uns verletzt fühlen. Die Kriminalstatistiken sind voll mit kränkungsmotivierten Straftaten.

Kränkungen können nicht nur Personen, sondern auch Gruppen und Staaten betreffen. Wie oft mögen politische Handlungen durch persönliche Kränkungen motiviert sein? Wie oft waren zum Beispiel Boris Johnsons oder Donald Trumps politische Handlungen als Reaktionen auf persönliche Kränkung zurückzuführen? Aber auch der Rückzug aus der Politik von Andrea Nahles 2019 als SPD Parteichefin ist vermutlich auf persönliche Kränkung zurückzuführen.

Zu Beginn des Kriegs mit dem Einmarsch Russlands in die Ukraine wurde medial oft in Betracht gezogen, ob Putins Motiv einer persönlichen Kränkung entspringen könne oder gar die Folge einer nationalen Kränkung sei. Obama verspottete Russland einst als Regionalmacht, das seine Nachbarn bedrohe, nicht weil es stark, sondern weil es schwach sei. Öffentliche Demütigungen verfehlen ihre Wirkung nicht. An diesem Beispiel wird deutlich, wie Kränkungen einer Nation als persönliche Erniedrigung empfunden oder bewusst interpretiert werden können. Und in politische Entscheidungen einfließen können.

Auch Recep Erdoğan, dem türkischen Präsidenten, kann eine gewisse Kränkung nachgesagt werden, die durch die Ablehnung der EU-Beitrittsverhandlungen entstanden sein kann. Wer Erdoğans Reden mit denen von vor 15 Jahren und heute vergleicht, kann zumindest die Vermutung nachvollziehen. Der Türkei wurde über Jahre von der EU suggeriert, man nehme Beitrittsverhandlungen auf, doch im Grunde fühlte sich die Türke über Jahre nur hingehalten. Ist Kränkung die Antwort?

Auch Parteien kennen die Vergeltung für zugefügte Kränkungen. Oscar Lafontaine und Alexander Gauland sind mögliche Beispiele. Beide Politiker rächten sich an ihren Mutterparteien SPD und CDU, in denen sie politisch groß wurden. Sie schlossen sich Parteien am linken und rechten Rand des politischen Spektrums an und setzten so ihre ehemaligen Parteien bis heute erfolgreich unter Druck.

Innen- und außenpolitisch ist Fingerspitzengefühl mit einem gewissen Bewusstsein für Kränkungen aller Art sicher hilfreich. Wir müssen uns aber auch vor eindimensionalen psychologisch basierten Erklärungen in Acht nehmen. Politisches Verhalten ist nicht allein psychologisch zu deuten, sondern ist auch durch Interessen, ökonomische Zwänge sowie historische und kulturelle Kontexte bedingt. Abgesehen davon ist es – aus professioneller Sicht – nicht möglich, jemanden psychologisch zu analysieren, den man nicht persönlich kennt. Dennoch werden Psychogramme von Politikern und Politikerinnen in der Öffentlichkeit immer öfter thematisiert.

Doch eines der wichtigsten Probleme mit Kränkungen ist die Schwierigkeit, dass Kränkungen oft nicht beabsichtigt, aber von den Gekränkten so empfunden werden.

Das heißt für uns, dass wir auch mehr Sensibilität im politischen Raum für Verletzlichkeit und Verletztheit brauchen und es zu einer zukünftigen gesellschaftlichen Kulturkompetenz gehört, mit Verletzungen und Verletzlichkeit umgehen zu können, um Konflikten und Spaltung vorzugreifen.

Sich verantwortlich eine Meinung bilden

Wir haben gesehen, dass niemand vor den genannten emotionalen Verzerrungen (*biases)* gefeit ist. Doch wenn jede Meinung solche Verzerrungen aufweist, wem können wir dann noch vertrauen? Wie können wir überhaupt noch etwas rational bewerten? Und vor allem: Können wir dann noch behaupten, die Einschätzungen und Meinungen der anderen sind falsch, die eigenen aber nicht? Denn dann wären wir ja wieder blind für die eigenen Verzerrungen. Und auch diese Blindheit ist schon wieder eine eigene Art von Verzerrung. Nach einer gewissen Zeit der Beschäftigung damit weiß man gar nicht mehr, was man noch glauben soll und was nicht. Aber wenn eine Entscheidung gefällt werden *muss*, spätestens dann müssen wir uns festlegen oder eben enthalten – auch das ist eine legitime demokratische Position.

Wir sind es nicht gewohnt, in wesentlichen Fragen keine klare Position zu haben. Sich nicht zu positionieren, kann als Schwäche ausgelegt werden, man kann vielleicht nicht mitreden oder fühlt sich unter Umständen schlicht unsicher. Umgekehrt verlassen wir eine einmal gefasste Position auch nicht so schnell wieder. Eine Position hat man sich zu eigen gemacht, sie kann einen Teil unserer Identität ausmachen. Und eine notwendige Überprüfung der eigenen Meinung wird immer schwieriger. Übertragen auf die Gesamtgesellschaft bedeutet dies, dass der notwendige Austausch zwischen unterschiedlichen Gruppierungen immer schwieriger wird. Spaltungen sich vertiefen statt überwunden werden. Bin ich für oder gegen die Wiedereinführung der Wehrpflicht? Für oder gegen ein Tempolimit? Für oder gegen die Beibehaltung der Sommerzeit? Für oder gegen ein 9- oder 49-Euro-Ticket? Aufgrund welcher Werte beantworte ich die eine oder andere Frage, worauf beziehen wir uns? Wo sind wir noch offen und zugänglich für Argumente? Wann haben Sie Ihre Meinung mal geändert und die Seite gewechselt?

Zur Demokratie gehört es, sich zu positionieren; aber genauso gehört es dazu, seine Meinung immer wieder zu hinterfragen, zu vertiefen oder zu korrigieren. In der Politik ist das äußerst schwierig. Wer eine Partei im Parlament vertritt, scheint feste Partei-Positionen vertreten zu müssen. Genau das macht Politik auf der einen Seite stabil, auf der anderen Seite starr und unbeweglich. Die wirklich spannenden Debatten entstehen meist dann, wenn die Positionen noch offen sind, wenn die Fraktionsdisziplin aufgehoben ist und sich fraktionsübergreifend neue Gruppenzusammenhänge bilden.

Seine eigene Meinung und Gruppenzugehörigkeit zu hinterfragen, kann die Demokratie beleben: Im Juli 2015 überreichte eine religionsübergreifende Volksinitiative dem Landtag von Schleswig-Holstein 40.000 Unterschriften für die Aufnahme eines Gottesbezugs in die Präambel der Landesverfassung. Ein hochethisches Thema wurde von Christen, Juden und Muslimen gemeinsam ins Parlament getragen: Gott in die Verfassung! Sollte der Landtag dieser Aufforderung nicht nachkommen, wollte die Initiative einen Volksentscheid herbeiführen. Wenige Monate später musste über den Vorschlag im Parlament debattiert werden. Für die Aufnahme eines Gottesbezuges in die Präambel der Verfassung braucht es eine Zweidrittelmehrheit, also 46 von 69 Abgeordneten. Unter den Befürwortenden befanden sich Daniel Günther der CDU, damals noch nicht Ministerpräsident, ebenso Ralf Stegner, damals noch Fraktionschef der regierenden SPD. Gegner der Forderung war Wolfgang Kubicki von der FDP. Der Vorschlag lautete konkret: »In Achtung der Verantwortung, die sich aus dem Glauben an Gott oder aus anderen universellen Quellen gemeinsamer Werte ergibt, hat der Landtag in Vertretung der schleswig-holsteinischen Bürgerinnen und Bürger (…) diese Verfassung beschlossen.« Das Besondere war: Für die Debatte im Landtag wurde der Fraktionszwang aufgehoben. Jede:r Abgeordnete konnte frei nach seinem Gewissen unabhängig von seiner Fraktion für oder gegen einen Gottesbezug sprechen und stimmen.

Wir haben mit Mehr Demokratie die Debatte auf der Zuschauertribüne des Parlaments verfolgt. Es war eine der stärksten Debatten, die wir je erlebt haben. Wir waren so neugierig auf die Position jedes Einzelnen, weil wir sie nicht vorab einschätzen konnten. Die Beiträge waren allesamt so persönlich wie authentisch.

Jahrelang waren wir der festen Überzeugung, dass ein Gottesbezug in der Verfassung nichts zu suchen hat. Hätte man uns persönlich vor der Debatte gefragt, hätten wir uns dagegen ausgesprochen. Dann aber hörten wir so viele überzeugende Positionen, die verständlich machten, was es für eine Verfassung bedeute, sich an Werte zu binden, sich auf kulturelle Wurzeln zu beziehen und voller Demut gegenüber einer höheren Intelligenz der Schöpfung sich zu verpflichten, dass wir einfach nur baff dasaßen und zuhörten. Philosophisch sei die Existenz wie die Nichtexistenz Gottes bis heute unbeweisbar. Mehr als die Hälfte der Menschheit glaubt an Gott oder die Existenz höherer Intelligenzen. Am Ende mussten wir feststellen, dass eine klare Positionierung gar nicht einfach war. Hätten wir persönlich damals nach der Debatte mit abstimmen können, hätten wir uns vermutlich enthalten. Das war für uns ein starkes demokratisches Erlebnis! Seine Meinung in Frage zu stellen, öffnet neue Perspektiven. Aber vor allem wurden wir offener für andere Menschen und deren Bezüge zu ihren Werten.

Am Ende hat der Landtag am 22. 07. 2016 gegen die Aufnahme des Gottesbezugs gestimmt. Die notwendige Zweidrittelmehrheit zur Änderung der Verfassung wurde um eine Stimme verfehlt. Obwohl die große Mehrheit der Abgeordneten für die Aufnahme des Gottesbezugs gestimmt hatte, schaffte er es nicht in die Verfassung. Auch das ist Demokratie. Eine Volksabstimmung blieb aus.

Das Dilemma vieler Debatten heute: Es gibt nur entweder oder. Viel zu wenig sowohl als auch. Auch das fördert tendenziell Spaltungstendenzen. Dabei sind die meisten Probleme heute viel komplexer, als dass man sie nur mit hopp oder top beantworten könnte. Andererseits bedarf es immer wieder klarer Entscheidungen, um handlungsfähig sein und weitermachen zu können. Sich für die eine oder andere Seite einer Meinung zu entscheiden, hat einen schmerzlichen Aspekt. Täglich sind wir herausgefordert, uns zu entscheiden, wo wir stehen. Manch einem ist das

Tempo und der Druck zu hoch, mit dem diese Erwartung erfüllt werden soll. Nachrichten lesen und unterschiedlichste Informationen und Positionen aufnehmen bedeutet auch, sie verarbeiten zu müssen und in unser Leben zu integrieren. Das gelingt nicht jedem. Nicht in diesem Tempo, nicht bei der Flut von Informationen. Abschalten, um sich nicht befassen zu müssen, ist immer öfter die Reaktion.

Wie können wir dieses Dilemma in den Griff bekommen? Es ist wichtig, immer wieder unsere Gruppenzugehörigkeiten und die damit einhergehenden Positionen zu überprüfen und seine Positionen nicht für unumstößliche Wahrheiten zu halten oder als solche weiterzuverkaufen. Gleichzeitig ist Demokratie ohne sachliche Gruppenbildung nicht möglich. Denn niemand denkt allein. Politisches Handeln ist nur in Gruppen möglich. Und Gruppen ermöglichen schließlich auch kollektive Intelligenz.

Oft realisieren wie gar nicht mehr, wie sehr wir Teil des Systems sind, das wir kritisieren, und all das, was wir verhindern wollen, oft selbst erschaffen und reproduzieren. Wir blenden Wirklichkeiten aus, die unsere Haltungen zu sehr infrage stellen. Wir rechtfertigen unser Verhalten dabei nicht nur vor anderen, sondern auch vor uns selbst. Um diesen inneren Schmerz so weit wie möglich zu reduzieren, sind wir bereit, uns selbst zu belügen und unsere Prinzipien aufzugeben. Durch das Verschwimmen der Fakten berufen wir uns weniger auf den klaren Gedanken als auf Emotionen als Wegweiser und lehnen tendenziell den Intellekt ab. Bei der Urteilsbildung brauchen wir jedoch auch ein Denken, welches Offenheit für andere Blickwinkel beinhaltet und das eigene Fühlen und den Intellekt gleichermaßen annimmt und einschließt.

Durch künstliche Intelligenz wie ChatGPT wird es zukünftig noch schwerer werden zu wissen, was wahr ist. Und sich nicht von unterschiedlichsten Medienkanälen mit Fälschungen und

Klonen überfluten zu lassen und im informativen Treibsand zu versinken.

Wie können wir uns verantwortlich eine Meinung bilden? Ein sinnvolles Vorgehen könnte sein, sich folgende Punkte bewusst zu machen. Viele dieser Punkte gelingen leichter im Gespräch unter Freunden:

1. Eine gute Grundlage ist, sich seiner Grundwerte bewusst zu werden. Was ist der Mensch für mich? Ist er im Grunde gut, oder braucht es doch eine gewisse Kontrolle von außen? Wir haben alle Vorannahmen, die uns nicht so bewusst sind und uns so selbstverständlich sind, dass wir sie weder erwähnen noch infrage stellen. Woraus beziehe ich meine grundlegenden Werte? Religiöse Überzeugungen, humanistische Werte, die universellen Menschenrechte oder Ähnliches? Was ist mir wirklich wichtig?
2. Ich verdeutliche mir, dass ich mich bei den wenigsten Themen und Positionen wirklich gut auskenne. In fast jedem Bereich könnte ich von Spezialisten überzeugt oder verunsichert werden. Das macht nichts. Und das geht fast jedem so. Ich ehre das Nichtwissen. Es ist die Grundlage für alles Neue.
3. Oft ist es wichtiger, genauer zu überlegen, wem ich vertraue und wo ich mich informiere, als die reinen Informationen zu sammeln.
4. Dennoch ist Selbst-Denken wichtiger, als nur Informationen von anderen aufzunehmen. Lieber selbst denken und eine »falsche« Position vertreten, als fremdbestimmt das »Richtige« nachzuplappern.
5. In einem Meinungsbildungsprozess denke ich nicht nur nach, sondern versuche, mich auch beim Nachdenken zu

beobachten. Ich versuche, mir meiner eigenen Verzerrungen bewusst zu werden.

6. Ich setze nicht voraus, dass ich richtigliege. Ich versuche, meine Unsicherheit und mein Nichtwissen auszuhalten und nicht zu überspielen. Es könnte immer auch ganz anders sein.
7. Um mir selbst besser auf die Schliche zu kommen, erlaube ich anderen, mich auf meine Verzerrungen hinzuweisen.
8. Ich spreche gern auf der »anderen« Seite mit jemand, der eine Gegenposition zu mir vertritt, und lasse mich absichtlich verunsichern.
9. Ich versuche immer, interdisziplinär an die Themen heranzugehen. Ein und dieselbe Welt sieht aus unterschiedlichen Richtungen komplett anders aus.
10. Ich bin wachsam gegenüber den Social-Media-Algorithmen. Genauer gesagt, gegenüber den Programmierern der Social-Media-Algorithmen. Sie kennen und nutzen meine psychologischen Schwächen ohne Rücksicht.
11. Ich prüfe jede Position, jeden Gedanken, den ich innerlich annehme, ob er sich auch emotional bestätigt: Spüre ich ein Evidenzgefühl, ein Gefühl von Stimmigkeit? Wenn nicht, mache ich mir diese Diskrepanz bewusst und beziehe sie mit ein. Es können einige rationale Gründe *für* eine Sache (zum Beispiel die Berufswahl oder den Wohnortwechsel) sprechen, dennoch entscheide ich mich dagegen.
12. Jede einmal errungene Position muss auch wieder infrage gestellt werden können. Wir müssen miteinbeziehen, dass wir schon morgen neue Erkenntnisse gewinnen, die uns zu anderen Urteilen bringen.

Dabei ist Wissen nicht gleich Information. Wissen ist ein durch Kommunikation und emotionale Übertragung erzeugter Zusammenhang. Wissen und Bildung entstehen im Miteinander, im gemeinsamen Austausch und ehrlichen Ringen. Wir können so immer nur die im Moment für uns »richtigste« Entscheidung treffen, und zwar auf der Grundlage unserer Urteilsbildung mit den Informationen, die uns im Augenblick zur Verfügung stehen. Dem wohnt auch eine gewisse Vorläufigkeit inne. Wir bilden so eigentlich immer nur Hypothesen und Annäherungen. Oft vergessen wir dies und setzen irgendwann unsere zunächst noch unter Vorbehalt stehenden Positionen für absolut. Und stellen sie später nicht mehr infrage. Das ist fatal.

Deshalb ist es erforderlich, die besonders lieb gewonnenen Positionen, Meinungen – vieles davon ist sowieso nur Halbwissen – zu hinterfragen, ja zu dekonstruieren. Der Begriff des Dekonstruierens gefällt uns sehr gut. Es beschreibt den inneren Vorgang, wenn die inneren komplexen, verschachtelten und wagemutigen Meinungsbilder auch wieder Stück für Stück zerlegt werden können. Immer beweglich bleiben ist eine wesentliche Prämisse. Das ist auch immer wieder in Unternehmen, Parteien und zivilgesellschaftlichen Organisationen notwendig. Alle leiden unter systematischen Verzerrungen, sogar die Wissenschaft. Dennoch ist Wissenschaft der gesellschaftliche Bereich, der sich dessen am ehesten bewusst ist. Denn das wissenschaftliche Prinzip basiert auf Falsifikation, der Widerlegung durch ein Gegenbeispiel. Also, eine These gilt nur so lange, bis sie widerlegt wird. Und es wird auch ständig versucht, sie zu widerlegen. Doch prinzipiell treffen all die beschriebenen psychologischen Verzerrungen auch auf Wissenschaftler zu, und wie gesagt wirken manche dieser Bias bei intelligenten Menschen noch stärker. Wir hatten dieses so überraschende Studienergebnis ganz am Anfang im Abschnitt »Verhalten sich die Klügsten am dümmsten?« beschrieben. Je besser in Mathe, desto manipulativer.

Tatsächlich sind Meinungsbildungsprozesse auch Ausdruck der Auseinandersetzung mit unserem eigenen Weltbild und Weltverständnis. Es sind oft sehr subtile Vorgänge, die sich im Verborgenen abspielen. Als hätten wir aufgrund unseres Weltbildes eine unbewusste Werteskala, an der sich alles orientiert, misst und abwägt. Wann lassen wir es zu, diese zu hinterfragen oder zu erweitern?

Meinungsbildungsprozesse und Positionskämpfe sind vor allem dann hoch emotional, heftig und gegebenenfalls spaltend, wenn das eigene Weltbild durch andere bedroht scheint. Das ist vor allem dann der Fall, wenn uns die Positionen der anderen so »übergestülpt« werden, dass unsere eigenen Weltbilder verdrängt werden. Die Genderdebatte zum Beispiel wird dann heftig emotionalisierend, spaltend und wenig tolerant für beide Seiten, wenn die jeweils eine Seite der anderen ihre Position und das Verhalten danach aufzwingen wollen. Noch schlimmer wird es, wenn moralische Argumentationen hinzukommen. Ähnliches konnten wir bei der Diskussion um die Impfpflicht beobachten. Auch die Diskussionen um Waffenlieferungen, Klimaveränderung oder Zuwanderungen drohen immer dann die Gesellschaft zu spalten, wenn es apodiktisch oder absolut wird. Da gleichen die Diskussionen einem Überlebenskampf, der es erlauben zu scheint, den Gegner auszuschalten.

Verschwörungstheorien

Die nächste Haltungsfrage ist, wie schauen wir auf die Gesellschaft als Gesamtheit, vertrauen oder misstrauen wir prinzipiell dem Staat, den Medien oder der Wissenschaft? Viele von uns kennen Menschen, die in der Coronazeit oder auch im Hinblick auf den Krieg in der Ukraine extreme Positionen einnehmen und den Bezug zur gesellschaftlichen Mehrheit aufgegeben haben. Die Grenze zwischen legitimer Kritik und nur schwer nachvollziehbaren Positionen verläuft da fließend. Der US-amerikanische Politikwissenschaftler Michael Barkun beschreibt drei Grundannahmen, die jeder Verschwörungstheorie zugrunde liegen:

1. Nichts geschieht durch Zufall.
2. Nichts ist, wie es scheint.
3. Alles ist miteinander verbunden.

Sind Punkte dabei, die Sie auch glauben? Das bedeutet nicht automatisch, das Sie ein:e Verschwörungstheoretiker:in sind. Eine weitere Grundannahme ist, dass wenige Menschen aus dem Hintergrund die Welt, die Wirtschaft, die Politik lenken und planen können. Und dies nicht nur einmalig, sondern über Jahre und Jahrzehnte hinweg. Ja, die Geschichte an sich sei eine Abfolge von Komplotten einer oder verschiedener Gruppen. Eine Kurzdefinition von Verschwörungstheorie ist: Eine im Geheimen operierende Gruppe versucht aus niederen Beweggründen, eine Institution, ein Land oder gar die ganze Welt zu kontrollieren, zu beherrschen oder zu zerstören.[24]

Verschwörungstheorien leisten ihren Anhängern wichtige Dienste.

1. Verschwörungsmythen erklären die Welt, sie bringen Ordnung ins Chaos und geben den Menschen das Gefühl von Kontrolle und Sicherheit (wieder).
2. Außerdem weiß man etwas, was die anderen nicht wissen, das macht einen besonders überlegen.
3. Manchmal sind die Mythen gut gegen die eigene Langeweile, und es kann Freude bereiten, extra gegen den Strom

zu schwimmen, auch daraus kann jemand Kraft und Identität beziehen.

Zu Verschwörungstheorien führt auch die Tendenz, anzunehmen, dass »große« Ereignisse auch »große« Ursachen haben müssen. Das war in der Coronapandemie gut zu beobachten. Das, was geschah, wurde als so »wahnsinnig« eingestuft, dass dieser Wahnsinn Methode haben *muss*, folglich von langer Hand und wenigen Menschen *absichtlich* verursacht worden sein muss, um bestimmte Motive zu verfolgen. Verschwörungstheorien schließen den Zufall wie den Unfall aus und damit die Möglichkeit, dass Dinge auch einfach passieren können.

Ein wesentlicher Kritikpunkt wird unter Verschwörungsanhängenden in der Regel übersehen: Die Welt, das Leben, eine Gesellschaft sind unvorstellbar komplexe Gebilde. Und komplexe Systeme lassen sich nicht linear kontrollieren. Wir können nicht an Schraube A drehen und dann kommt Ergebnis B heraus. Wenn das wirklich möglich wäre, hätte die Welt nicht die Probleme, die sie hat. Das unterschätzen fast alle Verschwörungsgläubigen. Aber nicht nur sie, sondern auch viele Menschen in der Politik gehen noch immer von einem eher mechanistischen Weltbild aus und denken, dass man die Welt einfach so reparieren kann.

Wir kennen auch Menschen, die inzwischen, nach der Coronapandemie, wirklich für die Gesellschaft verloren sind. Sukzessive haben sie all jenen Institutionen das Vertrauen entzogen, die eigentlich in unserer Gesellschaft Wissen bereitstellen, insbesondere der Wissenschaft und dem Qualitätsjournalismus.

Was sollen wir dann überhaupt noch glauben? Wir alle können fast nichts aus eigener Anschauung wissen, wir müssen vertrauen, wenn wir etwas wissen wollen. Denken, Vernunft und

Wissen wird meist als individueller Akt verstanden. Das ist aber in vielen Fällen falsch. Der Hauptfehler in dem Vernunft- und Wissensbegriff besteht darin, dass wir ihn für vollständig individualistisch halten. Wissen ist ein grundsätzlich kollektives Projekt. Einfacher ausgedrückt: Wir denken häufig in Gruppen. Das geht auch aufgrund der Komplexität der Welt nicht mehr anders. Ein Kollektiv kann besser denken als der Einzelne. Vertrauen ist entscheidend dafür, dass wir etwas über die Welt wissen.

Auf der anderen Seite wird das Label Verschwörungstheorie zu leicht missbraucht, sodass nicht mehr hingehört werden muss. Kritik muss nicht mehr ernst genommen werden. Man grenzt aus. Und zwar nicht nur die Position, sondern auch die Person. Mit fatalen Folgen. Die ganzen beschriebenen Gruppenmechanismen greifen dann unerbittlich. So entstehen Kränkungen, die tief sitzen. Die Gecancelten fliegen aus ihrer »Gruppe« und suchen sich notgedrungen die nächste radikalere Gruppe. Und nicht vergessen: Es gibt auch einige Verschwörungstheorien, die sich als real entpuppt haben.[25] Zum Beispiel, dass die NSA große Teile der Bevölkerung abhört, galt lange als Verschwörungstheorie, bis Edward Snowden kam und diese Theorie mit abgehörten Inhalten widerlegte.

In der Coronazeit nahm die Diskussion manchmal fast religiöse Züge an. Und zwar auf beiden Seiten. Der Sozialpsychologe Oliver Decker belegt in seiner Autoritarismus Studie 2022, dass autoritäre Geimpfte (abzugrenzen von gemäßigten Geimpften) ähnlich antidemokratische Einstellungen aufwiesen wie Ungeimpfte auf der anderen Seite der Skala. Auch hier war zu beobachten, wie beide Seiten das jeweils »schwierige Wissen« der eigenen Seite, das Wissen, was man nicht wissen will, ausblendeten.

Was können wir aus dem Entstehen von Verschwörungsmythen lernen? Wie können wir mithelfen, dass nicht noch mehr

Menschen aussteigen? Indem wir auch ganz anders Denkende nicht mehr so schnell zu Gegner:innen machen und sie ausgrenzen. Aus Gruppenprozessen und systemischen Zusammenhängen wissen wir, dass Störungen immer auch eine tiefere Botschaft in sich tragen. Die ist oft unbequem, trägt aber ein Wachstumspotenzial in sich. So gesehen sind Menschen, die extreme Positionen vertreten, immer auch ein Geschenk an die Gesellschaft. In Gruppen gilt die Moderationsregel: »Störungen haben Vorrang«. Sie weisen auf etwas Wichtiges, oft noch nicht Sichtbares. Manche Menschen nehmen reale Missstände wahr und basteln sie dann irgendwie, oft auch auf absurde und gefährliche Weise, zusammen. Ungewöhnliche Beiträge müssen nicht sofort mit dem Argument der Verschwörungstheorie totgeschlagen werden, vielmehr sollten wir ernst nehmen, was die dahinterliegenden eigentlichen Motive und Hinweise bedeuten.

Entscheidend aber ist: Erinnern Sie sich an das Experiment von Solomon Asch mit den unterschiedlich langen Linien. Hier zeigte sich, erst wenn auch extreme Positionen genannt werden, wird auch differenziertere Kritik möglich, und es entstehen keine Schweigespiralen. So entsteht Pluralität, die Grundlage jeder modernen Demokratie. Um handlungsfähig zu bleiben, brauchen Gesellschaften die Fähigkeit, sich darauf zu verständigen, was wahr ist und was Fakten sind.

Faktenchecker

Dafür wurde eine neue Instanz geschaffen, Faktenchecker, die uns die Arbeit abnehmen. Faktenchecker prüfen Fakten, keine Meinungen. Denn Meinungen sind durch Redefreiheit im Grundgesetz geschützt. Jeder hat das Recht auf seine eigene Meinung, aber nicht auf seine eigenen Fakten. Fakten sind objektive Sachverhalte dieser Welt. Ein Faktenchecker prüft also, ob die Behauptungen eines Menschen oder einer Organisation objektiv wahr oder falsch sind. In gewissen Fällen macht dies auch Sinn. So können von Trollfabriken initiierte professionelle Desinformationskampagnen aufgedeckt werden. Aber eigentlich besorgen Faktenchecker das Geschäft des kritischen Journalismus. Sind die Qualitätsmedien mittlerweile derart unterfinanziert, dass sie diese Aufgaben nicht mehr erfüllen können? Warum sollen jetzt Faktenchecker diese Aufgabe übernehmen? Fakten sind nicht von vornherein und objektiv da, sondern sie werden, im wörtlichen Sinne (Lat. facere = tun, herstellen), hergestellt. Da beginnt schon das Problem: Alle realen Ereignisse stehen in einem Kontext. Ob eine Bombenexplosion in einer Stadt ein Terrorakt oder ein Kriegsangriff ist, ist nicht ohne weitere Informationen ersichtlich. Reine Fakten ohne jegliche Bewertung werden deswegen auch fast nie berichtet. Auch Faktenchecker ordnen Ereignisse in einen politischen Kontext ein. Nur machen sie das mit dem Odem des Unbestechlichen, des Wahren und Objektiven. Faktenchecker sind per se nicht unabhängig wie alle anderen Medienschaffenden auch nicht. Auch finanziell nicht, sie werden in der Regel staatlich oder von Stiftungen finanziert. Faktenchecker unterliegen als Individuen sowie als Gruppen und Organisationen ebenso psychologischen Verzerrungen. Aber Faktenchecker sind auch mächtig, denn wer in der medialen Öffentlichkeit definieren kann, was akzeptierte Fakten sind, hat die Diskurshoheit.

Auf seiner Website warnt der von der EU finanzierte europäische Zusammenschluss von Faktencheckern EDMO vor Falschinformationen bezüglich des Ukraine-Krieges. In einem Beitrag wird unter anderem vor folgender Aussage[26] gewarnt:

»Desinformation über das Risiko der Eskalation des Konflikts: Es ist zu erwarten, dass Desinformationen über die Risiken einer Eskalation des Konflikts verbreitet werden, wobei bekannte falsche Narrative wiederverwendet werden: 1. Der Konflikt wird sich in einen Atomkrieg verwandeln.«

Eine der größten Gefahren für die Menschheit, nämlich dass im völkerrechtswidrigen Angriffskrieg gegen die Ukraine von Russland Atomwaffen eingesetzt werden, wird von einem Faktenchecker-Portal als Desinformation gelabelt. Da muss man schon schlucken. Als ob diese Möglichkeit nicht gegeben sei. Und genau an dieser Stelle wird die Bandbreite des Dialogs eingeschränkt. Faktenchecker-Organisationen bekommen auf diese Weise im politischen Diskurs eine Macht, die ihnen nicht zusteht. Es müsste mindestens unabhängige Schiedsgerichte für Streitfälle geben, damit sich Betroffene zur Wehr setzen können. Sonst kann aus Faktencheckern ein weiteres Instrument für Spaltung und Cancel-Culture werden. Denn der Weg von »Fakt = wahr = moralisch gut« ist nicht weit.

Wir haben jetzt vielfältig auf die Macht der Emotionen im politischen Raum geschaut. Jetzt wollen wir tiefer auf die Ursachen bestimmter emotionaler Muster schauen. Welchen Einfluss haben Traumata auf unser politisches Handeln? Bereiten sie den Weg zu einer zerrissenen Gesellschaft?

KAPITEL 3:
Im Labyrinth der Schatten

»Wer der Zukunft nachrennt, weil er in der Vergangenheit festhängt, kann die Gegenwart nicht erleben.«

ANONYM

In unserer politischen Arbeit werden bestimmte Hindernisse, die unser Fortkommen bremsen, immer deutlicher. Es sind die Schatten unverarbeiteter Vergangenheit. Und zwar die jeder einzelnen Person, ihrer Vorfahren und jener, die in das kollektive unbewusste Gedächtnis verdrängt wurden. Es sind Traumata, die kleinen und großen seelischen Verletzungen, welche – solange sie unverarbeitet sind – einen Filter vor die Realität legen und das Leben hindern, sich zu entfalten. Traumata betreffen alle. Das war auch für uns neu. Sie beeinflussen Gesellschaft wie Politik und sind ein grundlegender Teil des Problems.

Die Grünen und der Volksentscheid

Ein Paradebeispiel, wie sehr Psychologie auf politische Entscheidungen Einfluss nehmen kann, haben wir schmerzhaft am eigenen Leib erlebt. Wir stolperten dabei über Robert Habeck und Jürgen Trittin.

Es war mitten im Lockdown, im nassen November 2020. Seit Jahren kämpfen wir mit Mehr Demokratie für die Einführung bundesweiter Volksentscheide. Deutschland ist immer noch das einzige Land in der EU ohne diese Möglichkeit. Alle Fakten und Argumente sind längst auf dem Tisch, Gegenargumente – wie etwa die schlechte Informiertheit der Bevölkerung, deren mögliche Manipulation bei der Meinungsbildung wie beim Brexit geschehen – sind bekannt und lösbar. Die positiven Wirkungen von Volksentscheiden in Deutschland sind seit über 30 Jahren in der Praxis bestätigt und empirisch belegt. Mit Mehr Demokratie haben wir in unterschiedlichen Bündnissen für Volks- und Bürgerentscheide gekämpft, unter anderem mit der SPD, mit der CSU, der Linken, der FDP und mit Bündnis90/Die Grünen. Hauptgegnerin war und ist die CDU. Am stärksten waren die Bündnisse mit den Grünen. Seit ihrer Parteigründung waren Volksabstimmungen eines ihrer Ziele und die direkte Demokratie fester Bestandteil ihrer Wahl- und Grundsatzprogramme, sie waren Teil ihrer DNA. Seit Jahren agierten wir gemeinsam in Kampagnen. Schulter an Schulter.

Dann kam der 22.11.2020, der Bundesparteitag der Grünen. Pandemiebedingt diesmal online.[27] Aufgerufen war der Tagesordnungspunkt Volksentscheide. Unter anderem lag der Antrag der Bundesvorstände Annalena Baerbock und Robert Habeck vor, Volksentscheide aus dem Grundsatzprogramm und damit auch aus den Wahlprogrammen zu streichen. Wohlgemerkt eines der Gründungsziele der Grünen. Robert Habeck persönlich äußerte sich gegen die Volksentscheide. Auch wenn er auf Wahlkampfreden einst anderes versprach, setzte er sich als gerade frisch gewählter Parteivorsitzender für die Streichung von Volksentscheiden auf Bundesebene aus dem Grundsatzprogramm ein. Begründung? Heute sei eine andere Zeit als damals, als die Grünen 2002 mit der SPD selbst ein Gesetz zur Einführung von Volksentscheiden im Bundestag zur Abstimmung stellten. Es erreichte damals eine deutliche Mehrheit, verfehlte aber die notwendige Zweidrittelmehrheit für eine Grundgesetzänderung. »Heute tragen Volksentscheide nur zur Polarisierung und zum Populismus bei«, so Habeck. »Wir brauchen die richtigen Instrumente zur richtigen Zeit.« So spricht unseres Erachtens die Angst vor der Bevölkerung! Aber Wahlen werden nicht in Frage gestellt, wenn sie Populisten ins Parlament befördern?

Unterstützung holte sich Habeck von Jürgen Trittin, dem wichtigsten Vertreter des linken Flügels der Grünen. Trittin holte bedrohlicher und emotionaler aus, mit geschwollenem Hals und wütender Stimme. Er warnte vor der Macht von Volksentscheiden, die in Konkurrenz zum Parlament stünden und deren Befürworter nur den »Wechsel des Betriebssystems« im Sinn hätten. Von Furcht ergriffen, beschwor er alte Zeiten der Weimarer Republik herauf, die durch die Direktwahl des Reichspräsidenten und die anschließende Ermächtigung Hitlers durch das Parlament beendet wurde. Letztendlich müsse man heute die Lehre aus der Geschichte ziehen, denn die »Diktatur der Mehrheit« wie bei Viktor Orbán wäre heute keine Demokratie der Gewaltenteilung mehr. Er warnte vor der Spaltung vor den Nationalisten und Populisten im Volk. Wortgewaltige Rede. Angst. Angst vor den Bürger:innen, Angst vor einer alten Zeit. Dann Stille. Zwei Gegenreden. Die Mehrheit der Versammlung folgte Habeck und Trittin in der Abstimmung. Volksentscheide wurden aus der grünen DNA gestrichen. Nach 40 Jahren. Ende, aus, vorbei.

Wer die geschichtlichen Hintergründe kennt, weiß, dass der Untergang der Weimarer Zeit nicht an den zwei Volksabstimmungen lag, die es damals gab. Und die Direktwahl einzelner Personen steht nicht zur Debatte, die will keine:r. Das Ermächtigungsgesetz, das die Machtergreifung Hitlers erst ermöglichte, wurde vom Parlament beschlossen. Das ist die Geschichte von gestern. Seit dem Kriegsende 1945 blicken wir auf eine friedliche und konstruktive Geschichte, auch mit den Erfahrungen von über 9000 Bürgerbegehren in den deutschen Städten und Gemeinden sowie über 400 Volksbegehren in den Bundesländern. Bei keinem dieser Begehren wurden unser Grundgesetz oder die Menschenrechte verletzt, im Gegenteil, die Menschen griffen fürsorglich Bereiche auf, die die Politik vernachlässigte, wie zum Beispiel die Begehren für den Artenschutz durch das Bienenvolksbegehren in Bayern, gegen die Massentierhaltung in Brandenburg oder für eine fahrradfreundliche Stadt in Berlin oder die Wiedereinführung des Buß- und Bettages in Schleswig-Holstein oder ein anderes Wahlrecht in Hamburg und Bremen.

Dennoch, Trittins Furcht vor dem Machtverlust der Parlamente saß tief, und er hörte nicht auf, mit zunehmender Aggression die Gefahren einer unkontrollierbaren Bürgerschaft heraufzubeschwören.

Wir von Mehr Demokratie verfolgten diese Rede online am Bildschirm mit zunehmender Irritation. Natürlich gibt es auch sachliche Argumente gegen Volksabstimmungen. Doch das war einer der Augenblicke, in denen uns klar wurde, dass Politik nicht nur durch die besseren Argumente beeinflusst wird, sondern durch die Macht der Emotionen, die dahinterliegen. Vieles, was wir bisher bereits beschrieben haben, konnten wir live beobachten. Rein kognitiv kann eine Menge für eine bestimmte Position sprechen, und doch verwerfen wir sie, weil darunter eine ganz andere Ebene die Entscheidung beeinflusst: die Emotion, in diesem Fall die Angst. Der Feind und die Bedrohung gingen in diesem Fall von dem Souverän, den Bürger:innen, selbst aus.

Setzten sich hier Sachverstand und politischer Weitblick durch oder die unverarbeitete Vergangenheit, das kollektive Trauma? Folgte der Parteitag gar einer Traumabeschwörung?

Mit diesem Erlebnis eröffnete sich für uns ein neuer Blick auf Entscheidungsprozesse aller Art. Ähnliche Erlebnisse folgten. Wir beobachteten und sammelten sie.

Dass die Qualität einer Entscheidung von der Qualität des Prozesses abhängt, der zur Entscheidung führt, ist eine der politischen Überzeugungen bei Mehr Demokratie. Deshalb setzen wir uns für die Verbesserung von Entscheidungsprozessen ein. Deshalb entwickeln wir neue Formate wie zum Beispiel die ersten beiden bundesweit ausgelosten Bürgerräte, die wir für den Bundestag unter der Schirmherrschaft des Bundestagspräsidenten Wolfgang Schäuble durchgeführt haben.[28]

Doch was passiert, wenn Entscheidungsprozesse entgleisen? Wenn die Emotionen die Ratio dominieren und Argumente übertrumpfen?

Trauma, die emotionale Wunde

Trauma ist: »Zu viel, zu schnell, zu plötzlich.«, sagt der US-amerikanische Traumatologe Peter Levine. Bevor wir auf die kollektiven Traumata im Zusammenhang mit einer krisenbelasteten Gesellschaft eingehen, wollen wir kurz den Begriff »Trauma« klären. Trauma kommt aus dem Griechischen und bedeutet »Wunde«. Trauma ist eine seelische Verletzung, die von einem Ereignis, von einer Erfahrung herrührt, die einen Menschen überwältigt hat. Normalerweise verarbeiten wir alle Ereignisse und Erfahrungen in unserem Leben so, dass sie zu uns gehören und ein Teil von uns werden. Wir ordnen sie ein, geben ihnen einen Platz in unserer Erlebniswelt und integrieren sie in unseren Erfahrungsschatz als Zugewinn unseres Selbst. Im Grunde befinden wir uns tagtäglich in einem ständigen psychischen Verdauungsprozess, der Dinge aufnimmt, verarbeitet und integriert. An diesem Prozess sind unsere Sinne, unser Gehirn, unser zentrales Nervensystem, unsere körperlichen Abläufe genauso beteiligt wie unsere Gefühle und Gedanken.

Trauma entsteht, wenn eine Erfahrung gemacht wird, die für den normalen Verarbeitungsprozess »zu viel« ist und unser Nervensystem überfordert ist. Unser Körper aktiviert den Überlebensmodus und sorgt dafür, dass wir aus der überwältigenden Situation aussteigen. Im Erfahrungsprozess entsteht ein »Riss«, sodass das Erlebte nicht wie üblich verarbeitet und verdaut, sondern abgespalten wird. Der Schreck bleibt jedoch im Körper gespeichert. In der Seele verblasst das Ereignis mit der Zeit, das Erlebte kann verdrängt oder sogar vergessen werden, der Körper aber vergisst es nicht.

Trauma

Bei traumatischen und lebensbedrohlichen Ereignissen reagiert unser Gehirn seit Urzeiten nach einem bestimmten Schema, das in unserem Stammhirn fest verankert ist. Die Traumatherapeutin Dami Charf beschreibt: »Traumata nehmen im Gehirn eine besondere Stellung ein. Sie sind tief im Stammhirn gespeichert, und jede Erinnerung an ein altes Trauma löst den Überlebensreflex aus. Dadurch wird die Vernunft quasi ausgehebelt. Traumatische Erlebnisse sind sehr prägende Lernerfahrungen, da sie mit großer Angst gekoppelt sind. Das Gehirn setzt deshalb alles daran, sich dieses Erlebnis zu merken und wie wir es über-

lebt haben. Das führt später zu vielen Fehlschlüssen im Gehirn und damit zu frustrierenden und schmerzlichen Erfahrungen.«[29]
Stellen wir uns vor, wir würden plötzlich vor einem Säbelzahntiger stehen, der wie aus dem Nichts auf uns zukommt. Wir wären augenblicklich in einer lebensbedrohlichen Gefahrensituation. Wir würden erschrecken, und unser Gehirn würde in den Überlebensmodus schalten. Mit dem Schreck setzt die Fokussierung ein, das heißt, wir konzentrieren uns mit dem »Tunnelblick« auf die Gefahr, die vor uns liegt, und blenden alles andere aus. Unser Wille ist wie stillgelegt, und das Stammhirn diktiert unser Handeln.
Der normale Gleichgewichtszustand – ruhiger Puls und Atmung – wird verlassen, und der Körper geht in eine Stressreaktion über. Vereinfacht können wir folgende Zustände definieren, aufsteigend nach relativer Gefährlichkeit:

1. Flucht vor der Bedrohung
2. Kampf gegen die Bedrohung
3. Erstarren gegenüber der Bedrohung (Totstellreflex).

Der Überlebensmodus ist eine intelligente Reaktion, die uns in realen Gefahrensituationen schützt und unser Überleben sichern kann. Wir laufen, so schnell es geht, davon. Oder wir greifen mit Wucht die Gefahr an. Wenn in der Gefahrensituation Flucht oder Angriff zwecklos erscheinen, greift die Erstarrung, ein Einfrieren, bei dem unser Körper noch alle Energie zusammenhält, um gegebenenfalls zu fliehen. Dauert die Überwältigung jedoch an, kollabieren wir innerhalb der Erstarrung. Der Muskeltonus erschlafft, der Blick wird starr, Puls und Atmung fahren herunter.
In diesen lebensbedrohlichen Ausnahmezuständen fallen normalerweise zusammenhängende Bereiche unserer Psyche wie Denken, Fühlen und Handeln auseinander. Betrof-

fene beschreiben diesen Zustand so, als wäre ihr Kopf oder das Bewusstsein vom Rest des Körpers abgelöst, sie haben kein Schmerz- oder Körperempfinden mehr, und der Körper fühlt sich an, als wäre er nicht vorhanden. Die Raumwahrnehmung verändert sich, und die zeitlichen Abläufe dehnen sich aus und verlangsamen.
Wenn die Bedrohung vorüber ist, kehrt das Nervensystem idealerweise in sein Gleichgewicht zurück, und das Erlebte wird ohne große Nachwirkungen in die Erfahrungskette eingereiht. Ist jedoch das Erlebte oder der Schock zu groß, wird das Nervensystem überfordert. Der Körper speichert den Schreck. Die körpereigene Regulation kann das Erlebte nicht verdauen, weil die Reize zu stark waren oder zu oft wiederholt wurden. So entsteht das Trauma als eine unverarbeitete Erfahrung, aus der sich Traumafolgestörungen entwickeln können wie die Posttraumatische Belastungsstörung (PTBS).

Entwicklungstrauma

Neben diesem klassischen Schock-Trauma gibt es Entwicklungstraumata, die viel subtiler wirken und wesentlich verbreiteter sind. Ein Entwicklungstrauma entsteht, wenn Kinder nicht das bekommen, was sie für eine gesunde Entwicklung brauchen, zum Beispiel Sicherheit und eine dauerhafte emotionale Verbundenheit. Der niederländische Traumaexperte Bessel van der Kolk beschrieb dies im *SPIEGEL* unlängst so: »Ein Trauma ist ein Ereignis, das die eigene Fähigkeit, es zu bewältigen, übersteigt und bei dem man niemanden hat, der einen beschützt. Kinder sind ständig überfordert, aber dann heben ihre Eltern sie hoch, trösten sie, kümmern sich. Wenn man jedoch allein ist und ein tiefes Gefühl des Schreckens und der Hilflosigkeit erlebt, besteht die Gefahr, dass man darin stecken bleibt. Wenn so ein

Trauma das zentrale Nervensystem überwältigt, dann wird es zur endlosen Episode, dann reagiert der Betroffene körperlich und mit seinem hormonalen Stresssystem weiterhin so, als ob das Trauma immer noch stattfindet.«[30]

Entwicklungstraumata entstehen durch einfache oder dauerhafte Stresseinwirkungen auf die Psyche, meist im frühkindlichen Alter. Sie werden in der Regel nicht erinnert.

Normalerweise entwickeln wir uns alle im Schutz unserer Eltern und erwachsenen Bezugspersonen. Wenn wir heranwachsen, wissen wir, dass wir mit zunehmendem Radius die Welt um uns herum immer weiter erkunden. Um dann wieder zurück in den sicheren elterlichen Hafen zu kommen, um das zu verdauen, was wir »draußen« erlebt haben. So wachsen wir auf, und unser Selbst lernt, immer mehr aufzunehmen und zu verarbeiten, bis wir mehr und mehr ohne elterlichen Schutz auskommen und unabhängig werden. Es ist völlig normal, dass bei diesem Heranwachsen auch kleinere bis größere Störungen auftreten, weil es fast unmöglich ist, dass alle negativen Erfahrungen von den Eltern oder Bezugspersonen abgepuffert werden können. Das bedeutet, Verarbeitungsbrüche, sogenannte Entwicklungs-, Bindungs- oder Beziehungstraumata, sind gar nicht zu verhindern, sie sind bei fast allen Menschen vorhanden, nur eben mal stärker und mal schwächer ausgeprägt. Kinder, die unter häuslicher Gewalt und Missbrauch litten, haben mit größeren psychischen Wunden zu kämpfen als Kinder, die in der Schule oder beim Spiel mit überfordernden Situationen konfrontiert sind. Entwicklungstraumata vermindern die Stressresistenz und können auch zu Persönlichkeitsstörungen führen. Es gibt Forscher:innen, die von einer versteckten Epidemie der Beziehungstraumata sprechen. Traumaforscher nennen es die Mutter aller Krankheiten und Störungen.[31]

Zu erwähnen bleibt, dass jede dritte Frau mindestens einmal in ihrem Leben Opfer von physischer und/oder sexualisierter

Gewalt wird.[32] Das hat auch gesellschaftliche und politische Auswirkungen.

Aus unserer Sicht hat nahezu jedes größere schwer lösbare Problem, das wir in unseren Biografien mit uns tragen, seine Wurzeln in unverarbeiteten Altlasten.

Checkliste: Trauma erkennen

Wer traumasensibilisiert ist, Erfahrung im Umgang mit Traumata aller Art hat und wer in sozialen Prozessen geübt ist, mit Trauma und Triggern umzugehen, kann aktivierte oder getriggerte Muster und Schemata erkennen. Jede:r kann sie bei sich und in seinem eigenen Umfeld finden, erkennen und prüfen.

Körperliche Symptome:

- Starke Erregung, Stress
- Erhöhter Herz- und Pulsschlag, schnelleres Atmen
- Schweiß oder Kälte
- Veränderter Blick (starrer Blick, Augenzwinkern)
- Druck, Spannungen, Schmerzen oder Taubheit in Körperregionen
- Übelkeit, Erschöpfung
- Überempfindliches Nervensystem

Emotionale Symptome:

- Angst, Wut, Trauer, Scham, Ekel
- Unruhe oder Empfinden von Ausweglosigkeit
- Engegefühle, Beklommenheit
- Das Gefühl, sich nicht steuern zu können, Verlust der Impulskontrolle
- Opferhaltung

- Überforderung, alles geht zu schnell, Bedürfnis nach Verlangsamung
- Distanzempfinden, wie in Watte gehüllt zu sein
- Sich trennen und distanzieren (wollen)

Mentale Symptome:
- Kreisende Gedankenschleifen
- Nicht vom Thema ablassen können
- Immer wortgleiche Sätze und Aussagen. Musterwiederholungen.
- Begriffe, die überhaupt nicht zur aktuellen Situation passen
- Angriff, Vorwurf, Schuldzuweisung
- Überreaktion, Kontaktlosigkeit
- Zu schnelles oder verlangsamtes Sprechen
- Sich im Äußeren verlieren, das eigene Innere meiden.

Wenn Trauma sich körperlich durch Schmerzen bemerkbar macht, können folgende Themen betroffen sein:
Im Bauch- und Brustbereich: Trauer, Schmerz
Im Magen- und Darmbereich: Angst
Im Nacken- und Schulterbereich: Verantwortung, Belastungen
Im Kopfbereich: Kontrollverlust
Im unteren Rücken und Kiefer: Wut

Trigger ... Dramen des Alltags

Traumatische Ereignisse bleiben unterschwellig aktiv und können durch Reize getriggert und reaktiviert werden. Eine auch nur annähernd ähnliche Situation im Leben, ein Geruch, eine Berührung, ein Tonfall oder Ähnliches, das an die Ausgangssituation unbewusst erinnert, aktiviert den Wiedererkennungseffekt. Der

Körper schlägt sofort Alarm und aktiviert wie im Ursprungsereignis den Überlebensmodus. Die Folge ist, dass wir auf die gegenwärtige Situation nicht angemessen reagieren können.

Das Problem: Wir selbst merken oft nicht, dass das Trauma aktiviert ist!

Im aktivierten Überlebensmodus fühlen wir uns distanzierter, wie in Watte gehüllt, mit Tunnelblick; wir fangen an zu weinen, zittern vor Angst oder fahren aus der Haut vor Wut. Wir reagieren heftiger, als es für die gegenwärtige Situation angemessen wäre, oder auch gar nicht, weil wir wie »taub« sind. Solange wir das Erlebnis nicht aktiv bearbeiten, gibt es Wiederholungsschleifen und Flashbacks. Wir fangen dann an, bewusst und unbewusst, Situationen zu meiden, die auch nur annähernd eine Reaktivierung auslösen könnten. Dies führt in der Regel dazu, dass wir unseren Aktionsradius verkleinern und bestimmten Menschen, Orten und Situationen aus dem Weg gehen. Uns gar nicht erst exponieren.

Fast alle Situationen im Leben, die sich negativ und unverdaut in die Seele brennen, werfen nachhaltig ihre Schatten und kosten Lebensenergie. Sie rufen immer wieder Gefühle von Angst, Trauer, Scham oder Wut hervor. Wenn wir getriggert, reaktiviert sind, und unter emotionalem Stress stehen, hat das unmittelbar Einfluss auf unser Denken und damit auch auf unsere Entscheidungsfindung in Konfliktsituationen.

Sinn einer Traumatherapie ist es, diese Blockaden oder Anspannungen zu lösen, um das Leben wieder zu erleichtern und nachhaltig zu entspannen. Inzwischen gibt es viele Therapie- und Heilungsansätze. In der Regel zielen sie zuerst darauf ab, eine innere und äußere Stabilisierung der Betroffenen herzustellen, um dann in nächsten Schritten eine Fokussierung oder Konfrontation mit der Blockade zu ermöglichen. Im Zentrum steht das Wiederdurchleben des Traumas in Begleitung eines

Gegenübers. Ebenso gibt es Körpertherapien, die über reine Körperarbeit unbewusste Schichten lösen können.[33] Das Ursprungserlebnis muss dabei nicht zwangsläufig aufgesucht oder wiederholt durchlaufen werden. Durch die bewusste Wahrnehmung der auftauchenden Körperempfindungen können sich emotionale Hemmnisse lösen.

Früher wurden Traumata nur heftigen Schockerlebnissen wie bei Naturkatastrophen, Unfall, Krieg, einmaligen oder wiederkehrenden Gewalt- oder Missbrauchserfahrungen aller Art zugeschrieben. Heute werden Traumata differenzierter betrachtet und unterschiedlichen Kategorien zugeordnet. Neben Schock- und Entwicklungstrauma können noch transgenerationale Traumata und soziale oder kollektive Traumata identifiziert werden, auf die wir noch näher eingehen werden.

Alle in uns unverarbeiteten Erfahrungen, kleine und größere Traumata, spielen eine Rolle für das gesellschaftliche Gleichgewicht. »Wenn wir unseren Dramen Raum geben, machen wir uns zur Marionette unseres Traumas«, sagte unlängst eine Kollegin, als wir über die Macht der kleinen Traumata sprachen. Wir denken oft, dass unsere Dramen und ungelösten emotionalen Konflikte uns fest im Griff halten und stärker sind als wir. Manchmal glauben wir sogar, so etwas wie einen Anspruch auf unser Drama und unsere Wut zu haben. Auch wenn uns unsere Gefühle oft überwältigen, sind es immer noch *wir*, die diese Gefühle haben, und nicht die Gefühle, die *uns* haben!

Aus unserer Sicht gibt es bei Triggern immer die eine Millisekunde, in der wir uns noch entscheiden können, ob wir in das Drama einsteigen oder nicht. Wie schwer das ist, weiß jede:r selbst. Denn jedes Drama hat auch seine Sogwirkung – es zieht uns regelrecht hinein. Es ist Teil des Dramas, dass wir es nicht loslassen wollen. Doch allein der Gedanke »Du hast immer die

Möglichkeit, dich für oder gegen den Einstieg ins Drama zu entscheiden«, stimmt hoffnungsvoll.

Viktor Frankl, Holocaust-Überlebender und Psychiater, sagte einmal: »Zwischen Reiz und Reaktion gibt es einen Raum. In diesem Raum liegt die Macht, unsere Reaktion zu wählen. In unserer Reaktion liegen unsere Entwicklung und unsere Freiheit.«

Wenn unverarbeitete Vergangenheit getriggert wird: Beispiele aus dem Alltag

Du gehst mit einer Freundin spazieren. Ihr unterhaltet euch, die Stimmung ist gut, mal erzählt der eine, mal die andere. Irgendwann kommt das Gespräch auf die gerade geschiedene Ehe der Freundin. Plötzlich verändert sich ihre Stimme. Sie wird etwas dünner, höher oder härter. Der Erzählfluss wird schneller und die Inhalte deutlich emotionalisierter als bei den vorherigen Themen. Du merkst, wie deine Freundin die Emotion packt, ihre Brust sich hebt und sie Sätze sagt, die du schon oft gehört hast, wenn sie über ihren Exmann gesprochen hat. Es ist der gleiche Tonfall, die gleiche Wortwahl, und sie spricht genauso emotionalisiert wie vor fünf Jahren, als sich ihr Mann von ihr getrennt hat. Du merkst, wie sehr sie sich noch heute der Situation ausgeliefert fühlt. Du versuchst zu beschwichtigen oder zumindest zu beruhigen, doch du hast keine Chance und heizt die Empörung nur noch mehr an. Am Ende hilft nurzuhören und mitfühlen. Sie taucht wie aus einem anderen Film in deine Realität wieder ein. Vielleicht hat sie nicht einmal bemerkt, welchen Weg ihr inzwischen hinter euch gelassen habt. Diese Szene wird sich jederzeit wiederholen, bis das Trauma gelöst ist und das Nervensystem entspannt bleibt.

Ein anderes Beispiel. Ein Mann in Führungsposition eines Unternehmens betont wiederholt, und zwar stärker, als er sonst die Dinge betont, er habe »schlaflose Nächte« wegen der geschäftlichen anstehenden Entscheidung, sei in »großer Sorge« und werde auf gar keinen Fall »mitgehen«. Inhaltlich kann seine Entscheidung sogar gut begründet und richtig sein. Aber an der emotionalen Heftigkeit, mit der immer wieder dasselbe gesagt wird, wird deutlich, dass hier mehr im Spiel ist. Etwas Überzogenes steckt in der Aussage. Furcht. Sachliche Argumente scheinen ihn weder zu erreichen noch zu beruhigen. Die Situation ist fixiert, nichts lässt sich bewegen. Bis in die Wortwahl kennen die Kolleg:innen diese Situationen bereits. Doch rational ist hier nichts mehr zu holen. Die Furcht bestimmt das Weitere. Auch hier deutet vieles auf eine unverarbeitete schlechte Erfahrung hin.

Wenn rote Knöpfe einmal gedrückt sind, haben sie eine durchschlagende Wirkung. Trigger sind emotionale oder sinnliche Auslöser, regelrechte Reizpunkte. Sie sind chronisch empfindlich und hochexplosiv.

Trauma – Gift fürs politische Getriebe

In der Coronapandemie war es so offensichtlich und doch selten zu sehen: Wir waren kollektiv getriggert. Wir standen alle unter Stress. Wir beobachteten, wie dominierend die Angst auf allen Seiten war und auf ihr die jeweilige politische Argumentation aufgebaut wurde. Das wurde aber so in der Regel nicht kommuniziert, weil es weitgehend unbewusst ablief. Menschen, die in der Pandemie eher Angst vor Freiheitsverlust hatten, unterschieden sich in ihren politischen Forderungen von Menschen, die Angst vor Krankheit und Tod hatten. Manche hatten existenzielle Ängste um ihren Job und davor, ihren Lebensunterhalt zu verlieren. Wiederum andere hatten Angst um ihre Familienangehörigen, dass sie sie anstecken und nicht ausreichend schützen können. Je nach Art der Angst fielen auch die politischen Forderungen unterschiedlich aus. Wer Angst vor Krankheit und Tod hatte, forderte eher eine Null-Covid-Strategie und einen harten, langen Lockdown. Wer Angst vor Freiheitsverlust hatte, forderte das schnelle Ende oder das Verbot von Lockdowns. Und wer existenzielle Sorgen hatte, forderte finanzielle Unterstützung oder die Öffnung der Läden und Arbeitsmöglichkeiten. Und wer Sorge um seine Angehörigen hatte, versuchte, diese möglichst keimfrei zu isolieren.

Und dann griffen all die beschriebenen psychologischen Verzerrungen und unguten Gruppen- und Spaltungsphänomene. Alle Sorgen und Ängste hatten natürlich ihre Berechtigung. Es spielt auch gar keine Rolle, ob Ängste begründet oder berechtigt waren. Solange sie da sind, wirken sie unmittelbar. Wir fragen uns natürlich nun, ob die letzten drei Jahre der Pandemie anders verlaufen wären, wenn wir die seelischen und emotionalen Untiefen mit einbezogen hätten und an diesen Stellen reflektierter gehandelt hätten.

Was benötigen Menschen, die in politischer Verantwortung mit traumatisierenden Situationen umgehen müssen? Wie geht es einem Minister oder einer Ministerin, wenn er oder sie versuchen muss, das ganze Volk vor Krieg, Viren oder Armut zu schützen und dabei selbst starke Furcht erlebt?

Der hessische Finanzminister Thomas Schäfer hat sich im März 2020 zu Beginn der Pandemie aus Überforderung das Leben genommen. Angeblich hinterließ er einen Abschiedsbrief. Der hessische Ministerpräsident Bouffier erklärte in der *Hessenschau*, »Wir müssen davon ausgehen, dass er sich sehr große Sorgen gemacht hat, ob das alles gelingen kann, und dass ihn diese Sorgen erdrückt haben.«[34] Solche Dinge dürfen in einer modernen, aufgeklärten Gesellschaft nicht mehr passieren. Wir könnten heute reifer damit umgehen – wenn wir wollen!

Sich mit Traumata und deren Folgen auseinanderzusetzen, hat heute eine gesellschaftliche Dimension. Was spielt sich zum Beispiel in der Psyche von Menschen ab, die prinzipiell gegen Menschen in Uniform, sei es Polizei, Feuerwehr oder Rettungskräfte, Aggressionen entwickeln? Vielleicht ist es relevant, was deren Eltern und Großeltern erlebt haben, vielleicht auch nicht. Auch wenn eine Vorbelastung die Aggression nicht legitimiert, könnte darin ein Hinweis darauf liegen, mit dieser Problematik anders umzugehen. Wir müssen häufig auftauchende Phänomene in ihren Kontexten verstehen lernen, um sie angehen zu können.

Die Flutkatastrophe im Ahrtal 2021 ist ein weiteres Beispiel dafür, dass Politik und Bürgerschaft sich kollektiv erlebtem Trauma nicht einfach entziehen können. Doch wer hat das im Bewusstsein? Wer kümmert sich hier Jahre danach um die Auswirkungen auf die Psyche einer ganzen Region? Welchen inneren Belastungen sind die Menschen noch heute ausgesetzt, und wie kann ihnen konstruktiv begegnet werden? Das ist auch eine politische Frage.

Und die schwierigste Ebene ist mit Sicherheit die nationale: Wenn Staaten einander gegenüberstehen, ist auch immer das geschichtliche Gedächtnis mehrerer Generationen mit anwesend. Wie viele Konflikte und Kriege sind weltweit auf historische, unverarbeitete, kollektive Erfahrungen und Verletzungen gegründet?

Wie gehen wir mit dem kollektiven traumatischen Erbe unserer Eltern und Großeltern um und mit dem, was sie erlebt und anderen Menschen angetan haben? Es wäre ein Irrglaube zu denken, diese Traumata wären in das kollektive Gedächtnis geschrieben, aber nicht mehr aktiv. Können wir sicher sein, dass sie unser eigenes Handeln nicht überschatten? Wir müssen unseren Horizont erweitern und individuelle wie kollektive, psychologische Hintergründe in das öffentliche, politische Leben miteinbeziehen. Wir müssen den Schatten aus dem Schatten holen!

Das Trauma der Ahnen, die genetische Vererbung

»Wer sich seiner Vergangenheit nicht erinnert,
ist dazu verdammt, sie zu wiederholen.«

George Santayana, spanischer Philosoph

Seit einiger Zeit spricht die Psychologie auch von genetisch durch Eltern, Großeltern oder Urgroßeltern vererbten Traumata.[35] Das bedeutet, dass jeder mit unverarbeiteten Erlebnissen der eigenen Eltern, Großeltern oder Urgroßeltern, der eigenen Ahnenlinie, bis in seine Zellen hinein konfrontiert ist. Das wird besonders deutlich, wenn man bemerkt, dass bestimmte Blockaden nicht aus den Erfahrungen des eigenen Lebens herrühren. Viele Menschen leiden unter diffusen, objektiv irrationalen Existenzängsten oder leben symbolisch auf »gepackten Koffern«, wenn zum Beispiel ihre Vorfahren eine Fluchtgeschichte erlebten. Oder wenn »unbegründete« Trauer immer wieder auftaucht oder cholerische Ausbrüche wie schon beim Vater oder Großvater. Nicht nur durch die Gene, auch mittels anderer Übertragungsmechanismen, wie etwa innerfamiliäre Kommunikation, können traumatische Erfahrungen an die nächste Generation weitergegeben werden. In der Traumaforschung spricht man auch von transgenerationalen Traumata.

Bei eineiigen Zwillingen sind die Gene, die bei der Geburt noch identisch waren, umso verschiedener, je unterschiedlicher ihre Leben verliefen.[36] Das ist ein Hinweis darauf, dass traumatische Ereignisse und andere Erlebnisse Spuren im Erbgut hinterlassen.

In den Niederlanden gab es zwischen September 1944 und Mai 1945 eine heftige Hungersnot, da die Nazis die Lebensmittellieferungen blockierten. Mehr als 20.000 Menschen verhungerten bis zur Befreiung durch die Alliierten. Die Folgen dieser schlimmen Erfahrung wurden auch medizinisch erforscht. Ein Wissenschaftsteam fand heraus, dass der Hunger zu einer Zunahme von chronischen Krankheiten bei den Überlebenden und den Kindern, die in der Zeit geboren wurden, führte. Noch Jahrzehnte später litten sie fast doppelt so häufig wie ihre Vergleichsgruppe an Herz-Kreislauf-Erkrankungen. Und der Hunger grub sich in ihr Erbgut ein. Auch in der nachfolgenden Generation konnten genetisch übertragene Auswirkungen gemessen werden.[37] Der Hunger hinterließ noch 70 Jahre später seine Narben.

Doch Traumaerfahrungen in der Familiengeschichte führen nicht notwendigerweise zu Leiden der Nachfahren. Es gibt sogar gegenteilige Erfahrungen: die Enkel von Hungernden aus dem deutschen Steckrübenwinter 1916/17 sind sogar widerstandsfähiger und haben weniger psychische Erkrankungen.[38]

Die Epigenetik hilft dabei, die Entstehung von psychischen Krankheiten wie Depressionen oder Angststörungen besser zu verstehen. Der Begriff »Epigenetik« ist zusammengesetzt aus den Wörtern Genetik und Epigenese, also der Entwicklung eines Lebewesens. Epigenetik gilt als das Bindeglied zwischen Umwelteinflüssen und Genen: Sie bestimmt mit, unter welchen Umständen welches Gen angeschaltet wird und wann es wieder stumm wird. Auch das deutsche Umweltbundesamt initiiert Projekte auf dem Gebiet der Epigenetik, um den Einfluss von Umweltfaktoren auf Zellen und Genen zu erforschen. Damit soll ein Beitrag zum Gesundheitsschutz der Bevölkerung auch für künftige Generationen geleistet werden.

Traumata werden nicht nur über die Gene, sondern auf vielfältige Weise an Kinder und Enkel weitergegeben. »Über direktes Erzählen, aber auch über das Verschweigen. Viele traumatisierte Eltern wollen ihre Kinder vor den eigenen schmerzhaften Erfahrungen schützen, aber die Gefühle werden trotzdem weitergegeben. Diese Eltern haben nachts Albträume und schreien in einer Sprache, die die Kinder nicht verstehen. Oder sie reagieren mit starker Angst, wenn sie Uniformierte sehen. Eltern, die eine Hungersnot erlebt haben, reagieren oft sehr heftig, wenn Kinder nicht aufessen wollen oder Essen wegschmeißen […] Die Kinder spüren dann, dass da etwas ist, aber sie wissen nicht genau, was. Es ist wie eine dunkle Wolke«, so der Psychiater Martin Auerbach, Klinischer Direktor von AMCHA Israel, einer Organisation, die Holocaust-Überlebende unterstützt, im *SPIEGEL*.[39]

Selbst der Wissenschaftliche Dienst des Deutschen Bundestages fasst den anerkannten Sachstand[40] zu »Transgenerationale Traumatisierung« für die Abgeordneten zusammen.

Viele Menschen wissen auffallend wenig über ihre Vorfahren und deren Geschichte und Erlebnisse, oft sogar überhaupt nichts. Aber genau das kann schon symptomatisch sein. In bestimmten Situationen fühlt man sich dann eigenartig gestimmt, beklommen, ängstlich, traurig oder Ähnliches und hat dafür keine Erklärung.

Für die gesellschaftliche oder politische Dimension ist der Hinweis auf das Wirken generationenübergreifender Traumata natürlich sehr aufschlussreich. Einer Nachkriegsgeneration wie der unserer Eltern ist mit dem Wissen um überlieferte Traumata völlig neu zu begegnen, wenn Flucht- oder Kriegssituationen ihre Schatten auch über unsere Generation werfen. Gesellschaftlich ist niemand ganz frei von solchen Erfahrungen. Noch in der dritten Generation von Holocaust-Überlebenden oder bei den Enkelkindern von Soldaten aus dem Zweiten Weltkrieg sind epigenetische Spuren der Traumata nachweisbar.[41] Diese führen schließlich dazu, dass diese Menschen ängstlicher oder anfälliger für stressbedingte Krankheiten sind.

Über Generationen übertragene Traumata gibt es in allen Kulturen und auf allen Kontinenten. Ob die Erfahrungen der Sklaverei weitergegeben werden, die Hungersnöte unter Mao in China oder die zahlreichen Toten und Fluchtbewegungen bei unzähligen Kriegen auf der ganzen Welt. Vermutlich gibt es nicht viele Menschen, die nicht das eine oder andere Erbe ihrer Vorfahren mit sich schleppen. Unsere deutsche politische Auseinandersetzung um Geflüchtete, Migration, Asylrecht und Einwanderung ist auch deswegen so aufgeladen, weil sie nicht nur an die Grundangst vor dem anderen andockt, sondern auch an der eigenen unverarbeiteten Geschichte. Nach dem Zweiten Weltkrieg wurden 15 Millionen Vertriebene in Deutschland aufgenommen. Zusätzlich hat heute jede:r vierte Deutsche einen Migrationshintergrund. Der Verlust der Heimat und die Schwierigkeit, im Neuen anzukommen, sind Erfahrungsdimensionen, die hier berührt werden.

»Als Zivildienstleistender in der Altenpflege hatte ich, Roman Huber, viel mit Vertriebenen aus Schlesien oder Pommern oder dem Sudetenland zu tun. Zunächst wusste ich gar nicht, wo diese Gebiete überhaupt lagen. Diese Menschen waren anders als die anderen Alten. Sie waren aus ihrer Heimat in ein zerbombtes und geächtetes Land geflohen. Sie besaßen oft noch weniger als alle anderen und wurden in kleinste Quartiere gezwängt. Ich hatte vor allem mit älteren, alleinstehenden Frauen zu tun. Sie hatten alles verloren, ihr Haus, ihr Vermögen, ihren Beruf, ihre Familie. Ich weiß nicht, wie viele von ihnen auf der Flucht vergewaltigt worden waren. Sie passten sich enorm schnell an und wollten alles besonders gut machen. Irgendwie waren sie trotzdem wie Fremde in einem fremden Land. Und sie strengten sich unglaublich an, um wieder jemand zu sein. Um wieder dazuzugehören. Viele von ihnen waren nie wieder in ihrer Heimat gewesen.«

Wir brauchen mehr Wissen um die Wirkmechanismen und die Weitergabe von Traumata, wenn wir solche Erkenntnisse auch politisch integrieren oder uns mit der Resilienz einer Gesellschaft befassen wollen.

Waren Vater oder Großvater im Krieg, wann und wo? Wurden die Mütter verschleppt und missbraucht? Wurde darüber gesprochen? War jemand von Flucht und Vertreibung betroffen? Wie gelang die Verwurzelung an neuen Heimatorten? Diese Fragen haben bisher oftmals nur die Vergangenheit berührt, bringen wir sie in Beziehung zu unserer Gegenwart, gewinnen sie an Aktualität. Für die einen sind diese Zusammenhänge erleichternd, für andere belastend. Wenn wir unsere Ahnengeschichte besser verstehen lernen, verstehen wir auch, dass manche unserer Probleme ein Relikt der Vergangenheit sind. Künftig kann das Bewusstsein über die eigene Geschichte sicher helfen, sich auf allen Ebenen besser zu verstehen.

Soziale und kollektive Traumata

Russlands Angriff auf die Ukraine im Februar 2022 hat alle tief erschüttert. Wir waren mit unserer eigenen Fassungslosigkeit und Angst konfrontiert. Angst vor Krieg. Die Gesellschaft befand sich kollektiv von einem Moment auf den anderen in schrecklicher Sorge. Forschte man in Deutschland nach, welche die größten Befürchtungen waren, die uns in schlaflose Nächte trieben, dann waren es diffuse Ängste. Angst vor der Bedrohung, vor dem Krieg, vor Tod, Armut, körperliche Verletzungen und Verlusten. Angst vor dem dritten Weltkrieg und vor der Ungewissheit. Oft auch eine Mischung aus allem. Manche spürten auffällig auch gar nichts. Sie beschrieben eine unerklärliche Gleichmütigkeit, eine emotionale Taubheit.

Wir, die wir zu dieser Zeit schon an diesem Buch arbeiteten, fragten uns, ob diese gesamtgesellschaftlich wahrnehmbare Angst die Summe der Ängste der einzelnen Menschen war oder ob es auch eine kollektive Angst war. Und handelte es sich um eine aktuelle Angst oder um eine aktivierte Angst aus der Vergangenheit oder um eine Mischung aus beidem?

Viele unserer Eltern, Großeltern oder Urgroßeltern lebten, kämpften im Zweiten Weltkrieg und zum Teil sogar in der Ukraine oder wurden vertrieben. Wir haben bereits epigenetisch vererbte Traumata beschrieben. Kann es sein, dass überwältigende Erlebnisse unserer Vorfahren sich jetzt zusätzlich als kollektiver Schatten in unserer Psyche und in unserer Kultur zeigen?

Und wenn ja, was unterscheidet das Kollektive von der bloßen Summe seiner individuellen Teile? Die Forschung steht hier noch am Anfang, nimmt aber Fahrt auf. Wir werden keine abschließende Antwort geben können. Aber wir realisieren, wie sehr diese Fragen auch unsere politische Arbeit und die Politik im Allgemeinen beeinflussen. Denn wenn es generationenübergreifende und kollektive Traumata gibt, dann ist das auch für die Weiterentwicklung unserer Demokratie von Bedeutung. Wenn das gesellschaftliche System im Schatten der Vergangenheit steht, kann es nicht mehr nur um die emotionalen, psychologischen Voraussetzungen der Einzelnen, die in der Demokratie mitwirken, gehen. Die Widerstände, die Spaltung, die Überlastung, mit denen wir es ständig zu tun haben, brauchen dann ganz andere Beachtung und andere Prozesse, um sie mit einzubinden oder aufzulösen. Es bedeutet einen großen Unterschied, ob ein Haus auf einem belasteten, kaum tragfähigen Untergrund steht oder ob nur einzelne Säulen und Träger des Hauses stabilisiert und unterstützt werden müssen. Wird ein Haus auf Sand gebaut, ist die Architektur und Statik eine andere, und die Architekt:innen dieser Bauten brauchen andere Zusatzkompetenzen. Wenn wir gesellschaftlich von kollektiven Traumata betroffen sind, wie gehen wir dann damit um?

Allein der Gedanke daran mag uns überfordern, doch die Perspektive, dass auch kollektive Traumata bearbeitet werden können, um ganze Gesellschaften zu entlasten, weckt Hoffnung.

Zu den großen kollektiven Traumata zählen der Holocaust, der Holodomor in der Ukraine, die Sklaverei in den Vereinigten Staaten, der Kolonialismus per se, der Völkermord in Armenien, das Massaker von Nanjing, die Atombomben von Hiroshima und Nagasaki, die irische Hungersnot, die Hungersnot unter Mao, die Anschläge von 09/11, die COVID-Pandemie oder jetzt der Angriffskrieg in der Ukraine, um nur einige zu nennen. Sie alle haben ihre ganz eigene Entstehungsgeschichte und werfen ihre spezifischen, kontextbedingten Schatten über Nationen, Menschen und deren Kulturen. Jede Nation trägt ihr eigenes kollektives Gedächtnis.

Wir wissen, wie schwer wir unter dem Schatten unserer deutschen Geschichte leiden. Auf der einen Seite droht das Vergessen, auf der anderen Seite ist da die Scham. Und wir sind in unserer eigenen Rolle in der Welt unsicher. Nicht ohne Grund wählte der Bundestag das Thema »Deutschlands Rolle in der Welt« für den gelosten Bürgerrat, den wir mit Mehr Demokratie für den Bundestag 2021 durchgeführt haben. Der Bundestag stellte diese

Frage Bürger und Bürgerinnen und wollte wissen, ob Deutschland sich in der Welt weiterhin eher zurückhaltend und defensiv verhalten oder ob Deutschland wieder eine aktivere, verantwortungsvollere Rolle in der Welt einnehmen soll.

In dem Bürgerrat zeigte sich, dass sich die Bürger und Bürgerinnen der eigenen deutschen Verantwortung für den Zweiten Weltkrieg und verursachten Holocaust sehr bewusst waren. Sie empfahlen dem Bundestag unter anderem Folgendes: »Deutschland soll in der Rolle einer ›Partnerin und Vermittlerin‹ mehr Verantwortung in der Welt übernehmen. Im Zentrum des Auftretens sollen Nachhaltigkeit, Klimaschutz, Wahrung der Menschenrechte sowie Frieden und Sicherheit stehen. Dafür muss die deutsche Politik zunächst den eigenen Ansprüchen gerecht werden. Durch innovatives und inspirierendes, zugleich aber selbstkritisches und konsequentes Handeln kann Deutschland von anderen als Vorbild genommen werden.«[42]

Gerade die Vorbildfunktion wurde im Bürgerrat lange hin und her bewegt. Die Erfahrungen mit diesem Bürgerrat und Deutschlands Rolle in der Welt haben uns ein weiteres Mal bestätigt, dass wir das Thema kollektive Traumata zukünftig aufgreifen und vertiefen müssen.

Was ist ein kollektives Trauma?
Der Begriff des kollektiven Traumas geht von der Idee aus, dass erschütternde historische Ereignisse tiefe Wunden in die betroffenen Gesellschaften oder Gruppen reißen und diese nachhaltig prägen. Die Konzeptualisierung kollektiver Traumata ist in der Wissenschaft umstritten und steht ganz am Anfang. Die Psychologin Angela Kühner schlägt vor, sich dem kollektiven Trauma aus zwei Richtungen zu nähern, vom Individuum und vom Kollektiv her.[43] Im ersten Falle legt man ein individuelles Trauma zugrunde und

prüft, ob man dessen Phänomene und Wirkungsweisen auf die gesellschaftliche Ebene übertragen kann. Also zum Beispiel gesellschaftliches Verleugnen und Schweigen oder Reinszenierungen der traumatischen Inhalte. Im zweiten Fall denkt man vom Kollektiv her, also von den Bausteinen, die ein Kollektiv bilden, wie eine gemeinsame Identität oder ein kollektives Gedächtnis. Es umfasst auch kulturelle und soziale Prozesse des Erinnerns und der gemeinsamen Sinngebung. Beide Ansätze machen unterschiedliche Dimensionen sichtbar. Im einen Fall kann man von einer »kollektiven Verarbeitung massenhafter Individualtraumata« sprechen. Im anderen Fall bilden die vielen individuellen Leidensgeschichten ein »kollektives Trauma-Narrativ«.

Eine weitere Denkart ist, dass sich Nationen, Gesellschaften oder Gruppen durch die Erfahrung politischer Ereignisse wie Krieg, Genozid, Verfolgung und Vertreibung zu einem Kollektiv formieren, das mit den erlittenen Traumatisierungen zu kämpfen hat, durch sie aber auch Zusammenhalt findet,[44] wie zum Beispiel für Serbien die Schlacht 1389 auf dem Amselfeld gegen die Osmanen. Je nachdem, nach welchen Kriterien ein Kollektiv konstruiert wird, kann man von historischem, nationalem, kulturellem, sozialem oder gesellschaftlichem Trauma sprechen.[45]

Laut Angela Kühner kann kollektives Trauma als ein Ereignis verstanden werden, das vom kollektiven Gedächtnis nicht bearbeitet werden kann und auch über Generationen hinweg auf Menschen wirkt. Andere Forscher[46] gehen von Trauma-Reaktionen über Jahrhunderte nach dem Ereignis und damit von Auswirkungen auf die Menschheitsgeschichte aus.

Wir sind uns der komplexen Zusammenhänge zwischen individuellem Trauma und seiner psychosozialen Rahmung bewusst und gehen von einer einfachen und allgemeinen Arbeitsdefinition aus: Kollektives Trauma beschreibt Gewaltereignisse, die langfristig tiefe Spuren im kollektiven Gedächtnis hinterlassen und dadurch das Verhalten der betroffenen Gemeinschaft und Gesellschaft beeinflussen. Die Existenz dieses Phänomens ist unumstritten, und dem wollen wir uns widmen. Auf diese Weise können wir das Verhalten von Gruppen oder Staaten besser verstehen. Und zwar mit der Zielsetzung, ob und wie die darin gebundene Kraft und Energie wieder positiv gesellschaftlich verfügbar gemacht werden kann.

Jede Gruppe, jede Organisation, jede Gemeinschaft, jede Nation hat ihre ganz eigene Identität, ihre eigene Geschichte, ihre eigene Kultur und ihre spezielle Vergangenheit. Vermutlich können wir das alle bestätigen, weil wir es erleben und fühlen. Wer viel durch die Welt reist oder in einem anderen Land lebt, erkennt dies in vielen verschiedenen Ausprägungen.

Aber auch im eigenen Land gibt es regionale Mentalitäten, Gruppenqualitäten oder einen »Volksgeist«. Wer in andere Familien hineinschnuppert, erkennt sogar einen spezifischen Familiengeist, einen speziellen Duktus. Und wer mit unterschiedlichen Gruppen arbeitet, spricht gerne von der Unternehmenskultur, dem Betriebsklima oder dem Teamgeist. So, wie jeder Mensch unverwechselbar ist, hat auch jede Gruppe ihre ganz eigene Note.

Diese unverwechselbare Note bildet sich durch die Qualitäten, Fähigkeiten, Charakterzüge und Geschichte sowie durch die Individuen einer Gemeinschaft wie durch ihre unbewusste Schattenwelt.

Wenn wir einen Raum mit vielen Menschen betreten, nehmen wir unmittelbar die Raumatmosphäre und die Stimmung unter den Menschen wahr. Ist sie heiter oder gedämpft, aggressiv oder lustig, wach oder schläfrig? Aber was nehmen wir da eigentlich wahr? Was ist es, das diese Wahrnehmung der kollektiven Stimmung rechtfertigt? Ist die zwischenmenschliche Atmosphäre hörbar, sehbar, anfassbar?

Wie nehmen wir die »Energie« wahr? Wenn man Physikern in diesem Zusammenhang mit dem Begriff »Energie« kommt, verdrehen sie nur die Augen. Energie ist die Arbeit, die verwendet wird, um ein Kilogramm Eisen einen Meter nach oben zu heben. Aber nicht irgendwelche ominösen Wellen im Raum. Und doch kann jeder die Stimmung in einem Raum fühlen, wenn man hineinplatzt, ohne zu wissen, was zuvor geschehen ist.

Die Besonderheit an kollektiven Verletzungen ist, dass sie nur im einzelnen Menschen sichtbar oder erlebbar sind und auch nur im Einzelnen erlöst werden können, um sich nicht weiter zu vererben. Aber die Verarbeitung, die Integration kollektiver Traumata ist wiederum kollektiv, also auch in Gruppen möglich. Das heißt, wenn wir uns in Gruppen gemeinsam unserem geschichtlichen Trauma zuwenden, können wir, jede:r Einzelne, in der Gemeinsamkeit die Erfahrung machen, dass sich der belastende Schatten, das Trauma, verändert. Bezogen auf ein Familientrauma, zum Beispiel, können alle Familienmitglieder zusammen – in einem professionell begleiteten Prozess – sich ihrer Geschichte so zuwenden, dass hinterher die einzelnen Familienmitglieder eine Erleichterung im Umgang mit dem Familientrauma erleben. Ähnlich ist das auch in größeren Gruppen möglich. Wenn die einzelnen Erfahrungen, Emotionen, Erlebnisse bewusst innerhalb der Gruppe bearbeitet werden, haben alle Teilnehmenden etwas davon.

Die Belastbarkeit der Gesellschaft hängt auch von der Verarbeitung kollektiver Traumata ab. Wenn wir über Generationen unsere geschichtlichen Erblasten mit uns tragen, sind wir auch gesellschaftlich weniger konfliktfähig und umso reizbarer. Außerdem können wir gesellschaftlich nicht angemessen auf neue Krisen antworten, wenn diese alte Muster triggern.

Nelson Mandela wusste darum und setzte 1996 in Südafrika eine Wahrheits- und Versöhnungskommission ein. Unabhängig von der Hautfarbe wurden Verbrechen von Angehörigen aller Volksgruppen zur Versöhnung aufgearbeitet.

In Deutschland wurden bei den Nürnberger Prozessen von 1945 bis 1949 Kriegsverbrecher von den Siegermächten gerichtlich belangt. Sie trugen zur Aufklärung der Verbrechen der Nazis bei. Und sie spielten eine wichtige Rolle bei der Weiterentwicklung des Völkerrechts. So können seitdem Verbrechen völkerrechtlich geahndet werden, auch wenn sie zur Zeit des Vergehens legal waren und auf Anordnung gehandelt wurde.

Bei staatlichem Terror oder struktureller Gewalt ist für die Verarbeitung maßgeblich, wie der Staat mit seiner Verantwortung umgeht. Werden die Täter juristisch zeitnah zur Rechenschaft gezogen, werden materielle Schäden wiederhergestellt und werden offizielle Entschuldigungen ausgesprochen? Auch durch symbolische Akte wie Gedenktafeln oder die Einführung von Gedenktagen kann Unrecht anerkannt und bezeugt werden.

Wenn Deutschland nach dem Fall der Mauer 1989 eine ähnliche Möglichkeit der deutsch-deutschen Aufarbeitung zweier Geschichtserfahrungen eines Volkes gehabt hätte, stünden wir heute in Deutschland sicher anders da. Die Möglichkeit wurde leider zu wenig ernsthaft erwogen. Mitgefühl und Solidarität sowie die Anerkennung des Leids ist entscheidend, um kollektiv traumatisierende Erlebnisse bewältigen zu können. Wenn der gesellschaftliche Spiegel aber blind ist oder die gesellschaftlichen Strukturen selbst die Gewalt verursachen, bleiben die traumatisierten Opfer oder Gruppen allein. Wenn es dann später auch keinen sozialen Verarbeitungs- und gemeinsamen Trauerprozess gibt, übertragen sich die Traumadynamiken auf die folgenden Generationen und betreffen nicht nur die direkten Opfer, sondern die gesamte Gesellschaft.

Ob individuell oder kollektiv, Traumata fragmentieren und lassen Systeme zerbrechen. Die abgespaltenen Erlebnisse führen nicht nur zu einer Trennung in der Person, sondern erzeugen auch eine Distanz zum Außen. In einem aufgeladenen kollektiven Traumafeld verstärkt sich diese Spaltungsenergie. So können regelrechte Gespenster entstehen. Die innere Trennung wird nach außen projiziert und das aktuelle Gegenüber mit dem damaligen Feind oder Gegner gleichgesetzt. Das ist ein Urgrund von Zerrissenheit. Da dies unbewusst abläuft, kann es umso schwerer überwunden werden. Das Außen wird bedrohlicher, sei es die Politik, die Migranten, die anderen. Letztlich spielen sich die damaligen Dramen erneut ab und werden sogar reinszeniert. Die Geschichte wiederholt sich auch im Kleinen.

Uns ist besonders wichtig, dass wir die unverarbeiteten Anteile unserer selbst, die wir alle mehr oder weniger haben, sowie die kollektiven Traumata nicht pathologisieren, sondern miteinbeziehen, wenn wir unsere politischen Potenziale entfalten. Die kollektiven Anteile von Traumata können, müssen sich aber nicht in jedem von uns spiegeln. Aber sich ihnen zu widmen, ist ein Dienst an der Gesellschaft. Wir können die Liebe zur Intelligenz des Individuums genauso fördern wie die Liebe zur Gesellschaft. Sich tief auf das Gewebe des Lebens einzulassen, ist bereits ein Akt der Liebe. Und wir müssen von innen, nicht von außen sozial wirksam werden. In dem Maße, wie wir innerlich sicherer werden, können sich die Schichten vom Trauma zeigen und lösen.

Dennoch bedarf es Demut im Umgang mit diesem großen Thema – niemand wird von sich sagen können, er könne die Gesellschaft von der Last unverarbeiteter Traumata befreien. Aber die Gesellschaft dazu anregen, einen erlösenden Weg einzuschlagen, kann entscheidende Veränderung hervorbringen.

Beispiele für kollektive Traumata

Deutsche Traumata

Jedes Land hat seine Geschichte und damit auch seine ganz spezifische Traumavergangenheit, die auch heute noch wirkt. Geschichte ist also nicht damals, sondern heute. Dies widerspricht unserer Annahme, unserem Wissen und allem, was wir üblicherweise über Historie denken. In der Aufarbeitung der eigenen Schuld mag Deutschland weiter gekommen sein als manch anderes Land, aber in der Tiefe integriert ist der Holocaust und das Dritte Reich in Deutschland auf gar keinen Fall. Auch nicht die Spaltung des Landes nach dem Zweiten Weltkrieg. Wir wollen zunächst nur einige teilweise persönliche Fragmente des ganzen ideologischen Wahnsinns und der unglaublichen Grausamkeit des Dritten Reichs herausgreifen und in unseren Kontext stellen.

Das »tausendjährige« Reich, die Reinheit der Rasse, das leuchtende Ariertum, das Lichte, das Helle, das Wahre, das Göttliche versus dem »Teuflischen, Fratzenhaften« war auch eine riesige pseudoreligiöse Überhöhung. Zwölf Jahre lang Verblendung, der Aufbruch ausgehend von der Depression der letzten Jahre der Weimarer Republik, das Glück des Dazugehörens zur Volksgemeinschaft, das Gefühl des Besondersseins, die Euphorie des Gelingens. Die Aufmärsche, die Symbolik, die Lichtsäulen in den Himmel, das ganze Dritte Reich war wie ein Dauerrausch. Keine

Zeit, um zwischendrin zur Besinnung zu kommen. Der gottgleiche Führerkult. Sodass nach dem Zusammenbruch 1945 der Schock so groß war, dass das überhöhte Selbstbild kollabieren musste. Dagegen ankämpfen, fliehen, einfrieren und aufgeben. So rauschte eine ganze Selbstmordwelle durch das Land.[47] Mütter gingen mit ihren Babys auf dem Arm und mit Steinen beschwerten Rucksäcken ins Wasser. Scham und ideologische Schuld, aber auch durch die NS-Propaganda geschürte Panik trieb die Menschen in den Tod. »Freitote, am Sinn des Lebens irre geworden«, so steht es auf einer Gedenktafel in der vorpommerschen Stadt Demmin. Ende April 1945 erreichten russische Panzer die Stadt, in der sich damals etwa 15.000 Menschen aufhielten. In Panik nahmen sich mehr als 900 Menschen das Leben.

Abspalten, vergessen, unterdrücken. Offensichtlich sitzt uns dies immer noch buchstäblich in den Knochen. In meiner, Roman Hubers, Geburtsstadt Moosburg wurde erst vor drei Jahren, im Jahr 2019, begonnen, die eigene Stadtgeschichte im Dritten Reich aufzuarbeiten. Nachdem wirklich niemand mehr am Leben war, kein Zeitzeuge, kein Täter, kein Opfer. Meine Mutter, geboren 1939, lebte und arbeitete von 1956 bis 1966 in Moosburg und wusste bis zum Jahr 2022 nichts vom Stammlager VII. Und sie hatte zehn Jahre in dem Baugeschäft gearbeitet, das das Lager im Dritten Reich errichtet hatte. Im Stammlager VII waren gegen Ende des Zweiten Weltkrieges um die 80.000 Kriegsgefangene eingepfercht, insgesamt waren es an die 150.000; es war eines der größten Lager des Dritten Reiches. Zum Vergleich, damals lebten 5.000 Menschen in dem kleinen Städtchen, es war also vollkommen unmöglich, mindestens als Erwachsener nichts von diesem Lager mitzubekommen. Doch das große Schweigen der Nachkriegszeit überdeckte alles. Manchmal klafften Bruchlinien unter der erstarrten Oberfläche auf, aber letztlich ging alles darum, die Schattenzeit im Nebel zu belassen und »jetzt endlich mal einen Schlussstrich« zu ziehen.

Betrachten wir das Leitmotiv der Hitlerjugend: »Unsere Weltanschauung ist eine Sache des Herzens, uns ist das Gefühl mehr als der Verstand.« Wie sollen wir heute vor diesem Hintergrund einstehen für mehr Gefühl in der Politik? Wie kann man mehr Gemeinsamkeit, mehr Gruppensinn, mehr seelischen Zusammenhang, mehr Rituale in der Politik vorschlagen, ohne nicht sofort diese Schicht des Deutschseins der deutschen Geschichte anzutasten?

Vor dem Hintergrund des kollektiven Gedächtnisses erscheint auch der Krieg in der Ukraine in einem anderen Licht. Denn unsere biologischen Großväter waren damals in der Ukraine und in Russland. Im zweiten Weltkrieg brachten sie 27 Millionen Sowjetbürger um, davon vermutlich 8 Millionen Ukrainer, denn viele Schlachten fanden in der Ukraine statt. Diese Traumata haben wir von unseren Vorfahren geerbt, sie sitzen auch heute noch in unseren Zellen. Das ist sicher ein zusätzlicher Grund, warum dieser Krieg in vielen Menschen so viel Stress auslöst.

Wir haben dies in unserem Umfeld und bei uns selbst nach dem Einmarsch in die Ukraine am 24. 2. 2022 am eigenen Leib erlebt. Eine Erschütterung und massive Angstgefühle bemächtigten sich des Landes, nach unserer Wahrnehmung im Osten und speziell in Berlin stärker als im Südwesten Deutschlands. Viele Menschen – auch wir – waren und sind bis heute betroffen und erschüttert von diesem grausamen Krieg. Wenn wir zusätzlich zur persönlichen auch die Ahnen- und die kollektive Perspektive einnehmen, spielt dies eine wichtige Rolle. Denn für viele Menschen aus Syrien und anderen Kriegsgebieten der

Welt war es schmerzhaft zu erleben, wie viel mehr Aufmerksamkeit der Ukraine-Krieg bekam und bekommt. Das liegt natürlich auch daran, dass Russland eine Atommacht ist und unser Leben bedrohen und letztlich auslöschen kann. Russland ist eben nicht Syrien. Bei der Bombardierung des Kosovo im Jahr 1999 mit Beteiligung der Bundeswehr mussten wir in Deutschland real nichts befürchten. Zudem gab es zu Kriegsbeginn in der Ukraine hier in Deutschland einige verstörende Kommentare der Art, dass der Krieg im Jemen oder Syrien zwar schrecklich sei, aber jetzt beträfe es ja uns. Hier spielt sicher nicht nur die geografische und kulturelle Nähe eine Rolle, sondern auch die reale Erschütterung unserer Nervensysteme, da unsere Großväter eher in der Ukraine im Krieg waren und nicht in Syrien. Es gibt eben auch diese ganz körperliche und zelluläre Dimension.

Folgerichtig wird die Diskussion, wie man sich in diesem Krieg ethisch verhält, mit einer anderen Vehemenz geführt. Bei so manchen eindringlich vorgetragenen geschichtlichen Argumenten kann man den energetischen Subtext spüren, der wirkt. Vor allem, wenn die Argumentation unbeweglich wird, wie eingerastet wirkt und man andere Standpunkte nicht nur falsch findet, sondern nicht gelten lässt. Ihnen wird die Legitimität abgesprochen. Den Menschen, die die andere Seite vertreten, wird ihr Mitgefühl, die Liebe und die Sorge um ihre Mitmenschen abgesprochen. Subtil hellhörig können wir bei Gleichsetzungen wie »Bachmut ist wie Verdun« werden, der grauenhaften, längsten und verlustreichsten Schlacht des Ersten Weltkrieges. Oder wenn nicht alles dafür getan werde, damit »wir den Krieg gegen Russland gewinnen«, bedeutete dies, wie der damalige britische Premierminister Chamberlain Appeasement Politik zu betreiben. Putin gewinnen lassen sei wie Hitler gewinnen lassen. Überhaupt, der Vergleich beider kann schon aufhorchen lassen. Damit treffen wir keine Aussage über die Inhalte der Argumente.

Die sachliche Dimension hat ihre volle Berechtigung, aber wenn sie in einen traumatischen Kontext eingebettet und fixiert ist, kann man sich nicht wirklich auseinandersetzen. Denn das Ergebnis steht dann von vornherein fest. Und es nützt in dem Fall auch überhaupt nichts, schlau vorzubringen, wir steckten hier im Trauma fest. Denn eine Wirkungsweise von Trauma ist, dass wir selbst nicht bemerken, wie es uns in seinen samtenen, aber unerbittlichen Krallen hält. Zudem ist nicht gesagt, ob nicht auch die andere Seite vollumfänglich im Trauma feststeckt mit der Anti-Kriegs-Haltung: Nie wieder Krieg, wir Deutschen dürfen nie wieder Russland angreifen, denn wir haben schon so viel Schuld auf uns geladen.

Nach dem Dritten Reich war das Land zutiefst verunsichert und nach wenigen Jahren in zwei Staaten gespalten. Wir Autor:innen wuchsen in Westdeutschland auf und konnten uns bis in das Jahr 1989 hinein – wie so viele andere – nicht vorstellen, dass die Mauer je fallen würde. Und dann ging alles so rasant vonstatten, und in Westdeutschland gingen wir viel zu schnell wieder zur Tagesordnung über. Die neuen Bundesländer wurden integriert. Wir waren wieder vereinigt. Und auch stolz. Und gewannen bei den Olympischen Spielen mehr Goldmedaillen.

Doch im Osten wurde das ganze Leben auf den Kopf gestellt. Grob vereinfacht, erlebte ein Teil der Ostdeutschen die Wende 1989 als friedliche Revolution. Ein anderer Teil bewertet den Wandel im Rückblick als Niederlage, gar als feindliche Übernahme. Viele Oppositionelle in der DDR erlebten 1989 als eine Chance, die DDR zu verändern. Doch nach einem kurzen euphorischen Aufbruch folgte für sie ein tiefer Absturz. Ihre Ideen hatten zu wenig Resonanz und wurden vom Wohlstandsbegehren vieler Ostdeutscher überrannt. Diese glaubten den Versprechungen von Helmut Kohl, dass es niemandem schlechter gehen solle als zuvor, dafür vielen besser.

Doch mit dem Zusammenbruch der ostdeutschen Wirtschaft und dem Verlust der Arbeitsplätze folgte das böse Erwachen. Die Abwicklung und der Ausverkauf der ostdeutschen Unternehmen war für viele ein Schock. Den »Aufbau Ost« erlebten viele eher als Rückbau der DDR vom Industriestaat zu einer Art Entwicklungsland.

Und andererseits war ein erheblicher Bevölkerungsanteil ständigen Repressalien ausgesetzt gewesen, besonders Personen und Subkulturen, die das Regime ablehnten. Das öffentliche Leben war geprägt von Angst und Denunziation. Das führte bei vielen zu einem Stasi-Verfolgten-Syndrom. Auch mehr als dreißig Jahre nach der Wiedervereinigung sind die Spätfolgen politischer Traumatisierung in der Bevölkerung der neuen Bundesländer noch sichtbar. So leiden auch heute noch mehr Ostdeutsche als Westdeutsche unter Angststörungen, und auch die Suizidrate[48] ist im Osten höher.

Viele Menschen in Ostdeutschland erleben sich heute noch als Bürger zweiter Klasse. Dafür fehlt es in Westdeutschland oft noch an Verständnis und Empathie. Viele Menschen im Westen haben Schwierigkeiten, den Schock nachzuvollziehen, den die Ostdeutschen damals aufgrund der nahezu blitzartigen Transformation erlebt haben.

Sehr gerne würden wir zu dieser Ost-West-Spaltung in Deutschland einen Trauma-Integrations-Prozess initiieren, so wie wir dies im vierten Kapitel noch beschreiben.

Wir sind hineingeboren in ein Meer aus individuellem, kulturellem und kollektivem Trauma, alle Kulturen bestehen aus Licht und Schatten, aus Errungenschaften und Verletzungen, aus Kultur und Versagen, aus höchster Menschlichkeit und Grausamkeit. Dieses Feld umgibt uns alle, wir schwimmen darin wie Fische, die fragen: »Was ist Wasser?« Es ist so selbstverständlich, dass wir es kaum wahrnehmen, und doch determiniert es unser Leben. Damit wollen wir nicht die ganze Gesellschaft pathologisieren und als krank bezeichnen. Die Lebenskraft, Widerstandskraft und Resilienz der Menschen ist unglaublich. Dennoch ist jede und jeder von Trauma umgeben, und jede und jeder ist darin verwickelt, niemand ist ganz frei davon.

Wenn wir mit der Traumabrille die Geschichte verschiedener Länder betrachten, entsteht eine neue, zusätzliche Dimension, ein anderes Tiefenverständnis.

USA: Sklaverei und Rassismus

In den USA ist das erste kollektive Trauma, das einem sofort begegnet, Rassismus und Sklaverei und in einer tieferen Schicht die brutale Dezimierung der Native Americans. Die Gesamtzahl der indigenen Bevölkerung von geschätzten 5 bis 7 Millionen um 1500, brach dramatisch auf 237 000 im Jahr 1900 ein.[49] Das Thema Rassismus betrifft natürlich nicht nur die USA, sondern alle Kolonialmächte und die ganze weiße, westliche Kultur, auch Deutschland. Aber betrachten wir das Feld aus der Brille der Vereinigten Staaten.

Bis in die 1820er-Jahre übertraf die Zahl der nach Amerika verschleppten Afrikaner:innen die Anzahl der Europäer:innen, die dorthin einwanderten. Insgesamt wird die Anzahl der über den Atlantik verschifften Sklav:innen auf etwa 12 Millionen geschätzt.[50] Aus der Perspektive der USA betrifft anti-schwarzer Rassismus jede:n Amerikaner:in, schwarze wie weiße. Es ist ein klassisches kollektives Trauma, denn es besteht aus individuellen, sozialen und historischen Ereignissen. Auch hier sitzt das Trauma in unseren Körpern fest. Trauma verändert, wie bereits beschrieben, das Nervensystem. Beim Rassismus spielt auch die Hautfarbe des Körpers die entscheidende Rolle, deswegen ist der Körper fast doppelt inkludiert. Für Menschen mit schwarzer oder auch nur nicht offensichtlich weißer Hautfarbe ist Rassismus immer noch eine nahezu tägliche Erfahrung. In den USA – und sicher auch in Europa – wird die weiße Hautfarbe grundsätzlich höher bewertet als schwarze oder dunkle Haut. Auch wenn Sie bei dieser Aussage innerlich spontan widersprechen. Prüfen Sie das bitte in sich, ohne die Moralkeule gegen sich selbst zu schwingen.

Schwarze leiden überproportional unter körperlichen und psychischen Problemen. Sie sind neben den inneren, traumatischen Erfahrungen permanent auch äußerem Stress ausgesetzt, der zu kontinuierlicher Aktivierung ihrer Traumata führen kann. Denn sie sind häufiger direkter Gewalt ausgesetzt und leiden öfter unter daraus resultierenden Krankheiten wie Depressionen und Angstzuständen. Auch infolgedessen leiden sie häufiger an stressbedingten Erkrankungen wie Bluthochdruck, Diabetes oder Alkoholismus.

Der Traumatherapeut Resmaa Menakem beschreibt in seinem Buch »My Grandmother's Hands«, wie er als Kind viel Zeit mit seiner Großmutter verbrachte. Sie bat ihn oft, ihre schmerzenden Hände zu massieren, während sie fernsahen. Eines Tages fragte er sie, warum ihre Finger so geschwollen und dick waren. Sie erklärte ihm, das käme vom Baumwollpflücken. Sie hatte im Alter von vier Jahren auf einer Plantage zu arbeiten begonnen, und das Pflücken hatte ihre Hände geschädigt.

Menakem beschreibt in seinem Buch einige der am weitesten verbreiteten Bilder und Konzepte, die von der Vorherrschaft des *weißen* Körpers über den Schwarzen Körper geschaffen wurden:

- Der Schwarze Körper ist gefährlich und bedrohlich.
- Der Schwarze Körper ist unempfindlich gegen Schmerzen.
- Der Schwarze Körper ist unglaublich stark und widerstandsfähig, fast unverwundbar.
- Der Schwarze Körper ist hypersexuell.

- Der Schwarze Körper ist schmutzig.
- Der Schwarze Körper ist unattraktiv, besonders im Vergleich zum weißen Körper.
- Deshalb muss der Schwarze Körper mit allen Mitteln beherrscht und kontrolliert werden.
- Im Gegensatz dazu ist der *weiße* Körper fragil und verletzlich.

Man könnte hier auch statt Schwarzer Körper Menschen mit nicht offensichtlich weißer Hautfarbe einsetzen. Einige dieser Übertragungen treffen auch auf Menschen aus Südeuropa oder dem Mittleren Osten zu. Ich, Roman Huber, habe ab 1990 zehn Jahre in einem Asylbewerberheim gearbeitet mit geflüchteten Menschen aus der ganzen Welt und habe Hunderte von Menschen auf ihrem Weg in die deutsche Mehrheitsgesellschaft begleitet. Neben dem spezifisch deutschen Rassismus ist mir diese weiße Angst und Überheblichkeit so oft begegnet. Natürlich auch bei mir selbst.

Das alles ist in Körpern gespeichert, unseren Körpern, aber auch in unseren Geschichten. Bei allen Diskussionen über Migration, Geflüchtete, Asyl spielt dies bewusst oder unbewusst eine Rolle.

Konsequenterweise kann die Überwindung von Rassismus und kollektiven Traumata auch nicht ganz ohne Einbeziehung des Körpers stattfinden. Es ist unbestreitbar, dass schwarze Körper die größere Last tragen, wenn es um Rassismus geht. Das heißt aber nicht, dass weiße Körper nicht auch von Traumata betroffen sind. Vergessen wir nicht, dass viele weiße Amerikaner:innen – egal woher sie ursprünglich kommen – ihre eigene kulturelle Geschichte der Gewalt haben. Viele von ihnen flohen nach Amerika, um der Verfolgung in Europa zu entkommen. Praktiken wie der Lynchmord wurden nicht in Amerika erfunden, sondern aus Europa importiert, wo sie an Weißen angewandt worden waren. Es reicht vom europäischen Mittelalter bis heute zu rassistisch motivierten Morden.

China

Uns Autor:innen hat es immer gutgetan, Deutschland oder auch Europa bzw. europäisch geprägte Kulturen zu verlassen, um uns besser selbst zu verstehen. Über unser Deutschsein lernten wir am meisten, wenn wir nicht in Deutschland waren. Fast noch stärker kann man dies in Bezug auf Europa erleben, fast so als wäre die gemeinsame europäische Identität viel prägender als die nationale. Vor allem, wenn man in Länder oder Subkontinente wie China oder Indien reist. Die folgenden Beschreibungen sind subjektiv und beanspruchen in keiner Weise Vollständigkeit. Sie sollen einladen, andere Länder aus ihrem eigenen Selbstverständnis heraus zu erleben und auch ihr ganz spezifisches kollektives Trauma zu erforschen.

Wir denken, dass man das 21. Jahrhundert nicht begreifen kann, ohne sich näher mit China zu beschäftigen. Der Vorgang, in ein anderes Land hineinzulauschen, ist eine Mischung aus kognitivem Verstehen, emotionalem und kommunikativem Austausch mit den Menschen im Land und ein Aufnehmen des spezifischen Klanges der Gesellschaft. So entsteht aus einem eher stereotypen Abziehbild ein immer lebendigeres und natürlich subjektives Raumgefühl für das Land und die Menschen. Dazu trägt auch wesentlich bei, sich mit der Geschichte zu beschäftigen.

China war über 2500 Jahre die unangefochtene Weltmacht in allen wesentlichen Bereichen: politisch, militärisch, kulturell und in Technik und Wissenschaft. Bereits 100 Jahre vor Kolumbus segelte Admiral He mit Flotten von 50 bis 100 Schiffen über die Weltmeere. Sein Hauptschiff war wohl dreimal so groß wie

Kolumbus' Nussschale. Allein diese Episode zeigt, wie wenig wir von Chinas Geschichte im Bewusstsein haben.

Mitte des 19. Jahrhunderts begann die große Schmach Chinas durch den verlorenen Krieg gegen die Briten. Der Niedergang setzte sich fort. Allein im Zweiten Weltkrieg starben in China 16,5 Millionen Menschen, auch dies dürfte den meisten Menschen in unserem Kulturkreis nicht bekannt sein. Der anschließende Krieg zwischen Mao und Tschiang Kai-schek brachte erneut entsetzliches Leid über das Land. Bis zu drei Millionen Menschen verloren ihr Leben. Mao setzte sich durch. Er wollte China komplett umgestalten, aus einem rückständigen Agrarstaat eine industrialisierte Großmacht machen. Beim »Großen Sprung nach vorn« zwang er Millionen von Bauern zum massenhaften Bau kleiner Hochöfen, um Stahl herzustellen. Das war wahnwitzig. Denn sie verhungerten dabei, weil sie nicht mehr Reis oder Weizen ernten konnten. Im Verlauf des großen Sprungs starben fast 38 Millionen Menschen an Hunger und Überarbeitung.[51] Das war eine der größten Hungersnöte der Geschichte. Sie wurde von Mao bewusst in Kauf genommen. Bis heute wissen nicht nur in China nur wenige Menschen darüber Bescheid. Wenige Jahrzehnte später folgte der rasante ökonomische Aufstieg, und China befindet sich wieder auf dem Weg zur Weltmacht, ökonomisch, kulturell, technisch und militärisch. Aus chinesischer Sicht sind die globalen Verhältnisse dann wieder so, wie sie eigentlich von jeher waren.

In jeder chinesischen Familie lebt diese unglaublich reiche und auch grausame Vergangenheit fort, offen oder verdeckt. Die Scham, die Armut, die Gewalt, die Furcht. Wie in fast allen jüdischen Familien der Holocaust. Gerade wenn man die Möglichkeit hat, sich mit Menschen aus China tiefer über ihre familiäre Geschichte auszutauschen, kann man das komplexe, filigrane und doch so unterschiedliche kulturelle Gewebe dieser Weltkultur erahnen.

Indien

Indien ist ein unvergleichliches Land mit einer 7000-jährigen Geschichte. Nahezu alle, die zum ersten Mal nach Indien kommen, brauchen Tage, um den ersten Kulturschock zu verdauen: 1,4 Milliarden Einwohner:innen, die größte Demokratie des Planeten, dezentral organisiert, überall Spiritualität von fast allen Weltreligionen – das Land ist unglaublich vielschichtig, und es hat ebenfalls eine grausame Vergangenheit, die kaum jemand im Westen genauer kennt:

Das britische Empire hat in 40 Jahren, von 1880 bis 1920, den Tod von 100 bis 165 Millionen Inder:innen verursacht.[52] Das ist mehr als die Gesamtzahl der Todesopfer beider Weltkriege, einschließlich des Holocausts. Die durchschnittliche Lebenserwartung sank in dieser Zeit auf 21,9 Jahre. Um 1900 lebten erst 1,6 Milliarden Menschen auf der Erde, es starb also jeder zehnte Erdenbürger.

Dies ist so schrecklich, so unglaublich, dass man diese Information gar nicht wirklich aufnehmen kann.

Wenn man Inder:innen fragt, wer der größte Massenmörder der Geschichte war, hört man nicht Hitler, Mao oder Stalin, sondern Churchill. Sie lasten dem Helden der Brit:innen große Verantwortung an der Hungersnot in Bengalen 1943 an: Bei dieser Katastrophe starben erneut mehrere Millionen Menschen, und die britische Kolonialverwaltung sah zu.

Indien gehört zu den Ländern, die den Angriff Russlands auf die Ukraine nicht verurteilt haben. Das bedeutet nicht automatisch, dass er befürwortet wird, aber die Verbindungen zwischen beiden Ländern hat Tradition. Als Indien 1971 gegen Pakistan kämpfte, stand Russland auf seiner Seite, der Westen unterstützte Pakistan. Das haben viele Inder:innen nicht vergessen. Die Sowjetunion hat Waffen, Pflüge und Rohstoffe geliefert. Die ökonomischen Interessen sind heute noch stark.

Für Indien stellt der Krieg in der Ukraine keine unmittelbare Bedrohung dar, auch wenn die Bevölkerung die gestiegenen Getreide- und Energiepreise spürt. Aber mit erhobenem moralischem Zeigefinger aus dem Westen kommt man hier nicht gut an.

Und so könnte man über den Globus wandern und eine ganz eigene Weltkarte zeichnen. Geschichte und Geografie würden so auf ganz eigene Weise sichtbar werden und könnten zu einer anderen Art von traumainformierter Außen- und Handelspolitik führen.

Kolonialismus der letzten 500 Jahre

In den letzten 500 Jahren setzte sich unsere westliche Kultur weltweit zuerst militärisch, dann auch ökonomisch und kulturell durch. Ihre Überlegenheit basiert auch auf überlegener Technik und Militärtechnik. Nach der Erfindung von Dampfmaschine, Verbrennungsmotor, Elektrotechnik und zuletzt der Informationstechnologie konnte sich keine Nation der Erde mehr dem westlichen Modell von Technologie und Marktwirtschaft entziehen.

Dies hat sicherlich eine Menge an Fortschritt gebracht, aber wir waten auch durch Seen von Blut und Gräueltaten. Unsere Kultur ist eine aggressive Erobererkultur, und deswegen schreiben wir auch im Moment noch die Geschichte. Wir sind die Überlebenden, die Sieger:innen und damit auch die Täter:innen. An unseren Händen klebt kollektiv Blut, Schuld und Verantwortung. Welche Wirkung hat dies heute auf uns?

Bekannt ist, dass die Täter:innen sich innerlich trennen müssen von den Opfern, um sie überhaupt verletzen zu können. Man muss das Gegenüber entmenschlichen und verdinglichen. Jedenfalls kann und darf es kein zu starkes Mitgefühl geben und auch kein Bewusstsein der eigenen Verursachung und Mitverantwortung am Desaster auf der ganzen Welt.

Diese Trennung, diese Unverbundenheit muss sich kollektiv bis heute durchgezogen haben, auch in und mit der Natur, mit der Umwelt. Womöglich liegt es daran, dass wir das Leid der Menschen und Tiere nicht mehr spüren, das Leid der Natur, der Wälder und Arten, deshalb haben wir vielleicht auch die Verbindung zur Erde, zu unserem Planeten, als ein Lebewesen verloren.

Auch unser Wohlstand baut darauf auf und ist streng genommen gestohlen: Die preisgekrönte indische Wirtschaftswissenschaftlerin Utsa Patnaik schätzt, dass das britische Imperium – also die damals führende Weltmacht – dem indischen Subkontinent 45 Billionen Dollar an Vermögen entzogen hat.[53] Sie geht davon aus, dass die moderne kapitalistische Welt ohne den Kolonialismus und den Abzug des Kapitals nicht existieren würde. Auch der britische Ökonom Jason Hickel hat diesen Zusammenhang erforscht. Die verbreitete Vorstellung, dass extreme Armut der »natürliche« Zustand der Menschheit sei und erst mit dem Aufstieg des Kapitalismus zurückging, sei vermutlich falsch«.[54] Im Gegenteil: Mit dem Aufstieg des Kapitalismus ab dem 16. Jahrhundert sanken die Löhne in den ausgebeuteten Kolonien unter das Existenzminimum, die Gesundheit verschlechterte sich (unter anderem wurden die Menschen kleinwuchsiger), und die Lebenserwartung sank. In Teilen Südasiens, Afrikas südlich der Sahara und Lateinamerikas haben sich die Löhne bzw. die Körpergröße noch immer nicht erholt.

Und gleichzeitig sind auch Millionen Menschen in der westlichen Zivilisation gestorben, mussten fliehen und wurden unterdrückt.

So finden wir eine ganze Archäologie von kollektiven Traumata, die sich gegenseitig durchdringen wie verschiedene Gesteinsschichten, die uns auf dem Weg in eine globale menschliche Verbundenheit begegnen. Die nicht nur einzelne Gesellschaften spalten, sondern zu einer globalen Zerrissenheit führen.

KAPITEL 4:

Was hat Trauma mit Demokratie zu tun?

»In jeder persönlichen Geschichte ist Geschichte,
wir tragen alle Geschichte in uns - und deswegen hat
jede und jeder von uns eine Stimme.«
Teilnehmer aus Demokratie- und Trauma-Workshop

Um die Auswirkungen von kollektivem Trauma auf die Spaltung der Gesellschaft und die Demokratie zu untersuchen, hat Mehr Demokratie und das Pocket Project ein Forschungsprojekt initiiert. Das Pocket Project wurde als gemeinnütziger Verein 2016 von dem Experten für Traumaintegration und modernem Mystiker Thomas Hübl und der israelischen Künstlerin Yehudit Sasportas gegründet. Thomas Hübl ist zum Thema Integration von Traumata weltweit engagiert und mit Wissenschaftler:innen im Austausch. Die politische Dimension von Trauma war für ihn auch ein Motiv, das Pocket Project zu gründen und in mehr als 30 Ländern Forschungslabore durchzuführen, die sich mit Themen wie Rassismus und Diktatur befassen. In Deutschland und Österreich widmet sich Thomas Hübls Arbeit besonders den Traumata des Faschismus. Als Schwerpunkt seiner Arbeit hat sich in den letzten Jahren zunehmend die Bedeutung der inneren, psychischen Voraussetzungen für eine funktionierende Demokratie herauskristallisiert.

Wie kam es dazu? 2019 organisierte Mehr Demokratie den bereits erwähnten ersten bundesweit ausgelosten Bürgerrat »Demokratie« als Pilotprojekt für den Bundestag. Im Bürgerrat wurde beraten, ob und wie unsere bestehende Demokratie ergänzt werden soll. Die Grundlagen unserer heutigen Demokratie wurden im Jahr 1949 mit der Verabschiedung des Grundgesetzes gelegt. Uns wurde bewusst, wie sehr die persönliche und gesellschaftliche Vergangenheit auch unser politisches Handeln beeinflusst. Vor allem wurde uns aber auch bewusst, was alles möglich ist und mit welch einfachen Mitteln Menschen jeder Herkunft miteinander in Austausch gehen können. Wir konnten erleben, was es für manche Menschen aus den neuen Bundesländern bedeutete, das erste Mal in einen tieferen Austausch mit Westdeutschen einzusteigen und umgekehrt. Wie beide einander zuhörten und ihre so unterschiedlichen Lebens- und Staatserfahrungen austauschten und sich am Ende für diese Begegnung als eine sehr bereichernde Erfahrung bedankten – das war sehr beeindruckend.

Wir begriffen, dass die deutsche Einheit mitnichten vollzogen war und dass unser Land sich immer noch in Ost- und Westdeutschland geteilt erlebt. Uns wurde durch die Begegnungen im Bürgerrat bewusst, dass Spaltung auch hier eine Folge von unaufgearbeiteter Vergangenheit ist.

2020 folgte die Coronapandemie, erneut machte ein ganzes Land, gar die ganze Welt, tiefe, teils schwer zu verarbeitende Erfahrungen. Wieder waren die Menschen weitestgehend mit ihren Befürchtungen allein. Die Ängste vor Krankheit und Tod, vor staatlicher Übermacht, vor Existenzverlust oder die Angst, einfach jemanden im Bekanntenkreis anzustecken, überwältigte uns alle auf irgendeine Weise. Jede:r kämpfte auf seine Art mit

Angst. Ganz zu schweigen von den Ängsten, die diese Pandemie bei Kindern und Jugendlichen auslöste und sie überforderte. Triagiert wurde nicht nur in Krankenhäusern und auf Intensivstationen, sondern auch sehr stark in Psychiatrien und Jugendpsychiatrien. Der Bedarf und Andrang bei den Jugendlichen war so groß, dass die psychiatrischen Kliniken nicht genügend Plätze hatten und entscheiden mussten, wer aufgenommen und behandelt wird und wer schlicht abgewiesen wird. Und das Ausmaß des Problems ist noch nicht im Ganzen erfasst. Bis heute warten verzweifelte Kinder und Jugendliche auf Therapieplätze. Die Zahlen sind frappierend. Allein im Zeitraum von 2019 bis 2021 hat sich die Zahl der Essstörungen bei Mädchen um 54 % erhöht, die Angststörungen um 24 % und die Depressionen um 18 %.[55] Das sind seelische Belastungen mit Langzeitfolgen. Jede Einzelne wird lernen müssen, damit umzugehen, und Rückfälle sind lebenslänglich möglich. Das sind nur die Zahlen von Mädchen zwischen 15 und 17 Jahren. Was ist mit den Jungs, was mit den jüngeren Kindern, was mit den Erwachsenen?

Was machen wir also, wenn eine ganze Gesellschaft von einer Erfahrung überfordert wird? Wir fassten mit Mehr Demokratie jedenfalls den Entschluss, einer Spur zu folgen, von der wir nur eine vage Ahnung hatten und noch nicht wussten, wohin sie führen wird. Wir wollten wissen, ob es so etwas wie kollektive Traumata überhaupt gibt, wie sie funktionieren und vor allem, wie sie erforscht und mit ihnen umgegangen werden kann. Und initiierten das Forschungsprojekt: »Trauma und Demokratie – Polarisierung in Krisen überwinden«.

Polarisiert Trauma die Gesellschaft?

In dem Forschungsprojekt formulierten wir die These, dass vergangene Traumata auch den Umgang mit aktuellen Konflikten und Krisen beeinflussen und damit demokratierelevant sind. Die konkrete Leitfrage lautete demnach: »Hilft der bewusste Umgang mit kollektivem Trauma, die Demokratie zu stärken und Polarisierung zu überwinden?«

Um diese Frage zu beantworten, wurden die aktuellen Krisen und Spaltungstendenzen mit dem Wissen um Traumadynamiken genauer untersucht. Wissenschaftlich begleitet wurde das Projekt vom Cynefin Centre, dem Institut für integrale Studien und dem Institute for Advanced Sustainabilitiy Studies e.V. (heute RIFS) in Potsdam. Das Projekt erhebt keinen Anspruch auf generelle Gültigkeit. Aber es hat Muster, Trends und Zusammenhänge an der Schnittstelle von Trauma, Demokratie und Polarisierung herausgearbeitet und leistete damit eine gewisse wissenschaftliche Pionierarbeit.

Wie lief der Prozess ab?

Der Großgruppenprozess mit rund 350 Bürger:innen, die sich auf Einladung von Mehr Demokratie und Pocket Project angemeldet hatten, fand als Online-Veranstaltung vom 28. April 2022 bis zum 1. Mai 2022 statt. Die Veranstaltung basierte auf einem traumainformierten Großgruppenprozess (Collective Trauma Integration Process), den Thomas Hübl über zwei Jahrzehnte hinweg entwickelt hat. Im Zentrum steht dabei die bewusste Wahrnehmung persönlicher, emotionaler, kognitiver und körperlicher Prozesse der einzelnen Teilnehmer sowie deren Beziehung zu anderen und zur Gruppe als Ganzes. Während des Prozesses üben die Teilnehmenden eine »Meta-Kommunikation«, tauschen sich also über das Hier und Jetzt des gegenwärtig laufenden Geschehens aus. Dadurch werden Inhalte und Dynamiken unmittelbar sichtbar, die normalerweise unbewusst bleiben. Der Prozess bestand aus folgenden Elementen:

Einzelarbeit vor der Großgruppe
Teilnehmende werden eingeladen, persönliche Themen vor der Gruppe mit der Gruppenleitung zu bearbeiten.

Gemeinsame Reflexionsräume in Kleingruppen
Kleingruppen von drei bis fünf Teilnehmenden dienen als »Verdauungsräume«, in denen die gemachten Erfahrungen gemeinsam reflektiert werden können.

Angeleitete Schreibübungen
Schreibübungen eröffnen den Teilnehmenden die Möglichkeit der thematischen Selbsterforschung und Differenzierung.

Meditations- und Wahrnehmungsübungen
Die Übungen helfen den Teilnehmenden, sich während des Prozesses besser selbst wahrzunehmen und zu regulieren.

Umfrage oder Stimmungsabfrage
Die Teilnehmenden machen kurze persönliche Aussagen zu einer spezifischen Frage.

Gespräche mit Experten
In thematischen Gesprächen werden mit Fachleuten inhaltliche Fragen reflektiert.

Einzelgespräche

20 ausgebildete Assistenten standen bereit, in circa 60 Einzelgesprächen autobiografische Aspekte und Prozesse zu vertiefen.

Wie lief die Forschung ab?

Die Forschung kombinierte im Rahmen des Projektes drei Methoden: Zentrales Instrument für die Datenerhebung war die Sense-Maker-Software.[56] Während des Prozesses wurden die Teilnehmenden aufgefordert, kurze Geschichten, die veranschaulichten, wie es ihnen gerade erging, in die Software zu tippen. Anschließend bewerteten sie ihre eigene Geschichte auf bestimmten Skalen. Zum Beispiel: In meiner Erzählung fühle ich mich … »taub, hoffnungslos« oder »getriggert, aktiviert« oder »engagiert, neugierig«. Die Software zeigt, ob und wie sich Erzählungen und vor allem ihre Bewertungen auf den Skalen im Laufe des Prozesses verändern. Durch die Auswertung und Zusammenführung der einzelnen Mikro-Geschichten zeigen sich Muster, Trends, Ausnahmen etc. Zusätzlich zu den Erzählungen der Teilnehmenden fand eine Prozessbeobachtung durch 16 geschulte Personen und Psycholog:innen statt, die den gesamten Prozess begleiteten und unabhängig voneinander ihre Beobachtungen mit genauer Nennung des Zeitpunktes anhand von vordefinierten Kategorien (z. B. Aktivierung, Integration, starke Emotionen) notierten. Vor und nach dem Prozess wurden außerdem Fokusgruppen mit Teilnehmenden veranstaltet. Ein Team von Wissenschaftler:innen hat die Daten ausgewertet und interpretiert.

Wir haben einige Beispiele der persönlichen Geschichten ausgewählt, es waren insgesamt über 600. Alle sind anonymisiert, auch das Forscherteam kann nicht nachvollziehen, wer welche Geschichte verfasst hat. Weitere Erzählungen können direkt im Forschungsbericht[57] nachgelesen werden. Wenn man diese Geschichten aufmerksam liest und auf sich wirken lässt, bekommt man einen Eindruck der kollektiven Traumadimension. Durch manche persönliche Geschichte spricht auch die kollektive Stimme.

Geschichten zur Coronapandemie

Emotionales verstehen

»Ich habe in der Coronazeit große Orientierungslosigkeit erlebt und habe versucht, sie durch noch mehr Informationen zu verändern. Also ihr kognitiv zu begegnen, was mir nicht gelang. An diesem Wochenende wurde mir klar, dass ich dieses Gefühl der Orientierungslosigkeit als Kind sehr gut kannte und ich sehr darunter gelitten habe. Ich musste schon früh immer selbst entscheiden, mein Vater war sehr früh verstorben, und meine Mutter bot mir keine Orientierung und Führung. Ich bin froh, die Situation jetzt besser zu verstehen. Diesem alten aktivierten Gefühl kann ich nicht kognitiv begegnen, sondern muss mich ihm zuwenden.«

Verwirrung

»Das Schlimmste ist für mich der Vertrauensverlust, ich weiß nicht, welchen Meldungen ich glauben kann. Den Nachrichten, den kritischen Medien. Ich habe Angst, auf der falschen Seite zu stehen, und positioniere mich gar nicht, damit gehöre ich nirgends dazu. Das hat mich unzufrieden gemacht.«

Schock durch Freundesverlust

»Die Coronamaßnahmen haben für mich sehr schmerzhafte Erfahrungen gebracht. Meine zunehmend kritische Haltung wurde im engsten persönlichen Freundeskreis von vornherein schroff abgelehnt, ohne mich überhaupt je gefragt zu haben, wie ich zu dieser Haltung gekommen bin. Diese Erfahrung sitzt mir bis heute in den Knochen, denn besprochen und geklärt ist nichts. Damit kann ich auch meine bisherige politische Arbeit kaum mehr wie früher fortsetzen. […]«

Shoah wirkt in mir

»So langsam reift die Erkenntnis in mir, dass die Shoah auch in mir wirkt (mein Großvater hat mit 15 Jahren Auschwitz überlebt), obwohl meine beiden Eltern viel Traumaheilung machen und sich ihren Themen widmen. Ich habe heute beim Sprechen einer Person über ihr Erfahren der Coronazeit eine so starke Resonanz in mir gespürt, und ich erlebe das so ähnlich wie sie, ich sehe die Dynamiken auch und bringe sie mit Dynamiken in der Shoah in Verbindung und mit den Dynamiken, die vorher waren und die dazu geführt haben. Ich merke gerade einfach, dass das alles in uns wirkt und dass wir nicht aufgearbeitet haben. Und dass zur Aufarbeitung das gehört, was wir gerade machen – und nicht einfach nur Friedhofspflege oder Gedenkveranstaltungen für Tote. Sondern eben auch ein Sehen der Lebenden.«

Auswertung: Als Kernerfahrung in der Coronapandemie zum Zeitpunkt der Veranstaltung im Frühjahr 2022 wird Orientierungslosigkeit, Verwirrung und Überforderung beschrieben. Zusätzlich hat viele Menschen verunsichert, sich nicht mehr mit nahen Menschen auf eine gemeinsame Logik oder Sprache beziehen zu können. Das führte zu Sprachlosigkeit und wurde durch die Polarisierung des öffentlichen Diskurses und die vorschnelle Zuordnung zu dem einen oder dem anderen Meinungslager verstärkt. Der unsichere Umgang mit der Pandemie in Politik und Gesellschaft reaktiviert auch persönliche Erfahrungen von kindlicher Orientierungslosigkeit und Mangel an elterlicher Führung.

Nichtfühlen hat mich damals gerettet

»Etwas auffällig nicht fühlen zu können oder sich wie ›taub‹ zu fühlen in Bezug auf etwas, ist Teil von Traumatisierung. Ich nehme wahr, wie gefühllos ich die schrecklichen Bilder des Krieges in der Ukraine anschaue. In der Stille tauchen in mir Bilder aus meiner frühesten Kindheit auf: ausgemergelte Soldaten, die aus der Gefangenschaft zurückkommen, einige von ihnen amputiert, mein Spielen in Ruinen, ausgebombt sein, Hunger, Armut, mich alleine fühlen.«

DDR

»Heute ist mir etwas Seltsames passiert. Die Frage, in welcher Beziehung stehst du zu Russland, brachte mich in Kontakt mit meiner ehemaligen Heimat, der DDR. In einem die Frage betreffenden Austausch (mit zwei im Westen Deutschlands Geborenen) merkte ich bereits zunehmende Verspannungen und aufsteigendes Übelkeitsgefühl. Im anschließenden Großgruppenprozess war ich Zeuge von Erfahrungen zweier Frauen, die ebenfalls in der DDR aufgewachsen sind. Die Verbindung zu den Frauen als ›mein Tribe‹ wurde mir sofort bewusst. Beide Geschichten haben mich tief in meiner Trauer um den Verlust der Heimat berührt. Auch erkannte ich mich wieder in dem Unglauben, meine Stimme könnte irgendjemanden interessieren. Die Grenze in mir, die unklare Identität (ich lebe seit 20 Jahren im Westen Deutschlands), die ewige Suche nach Heimat und die unklare Verbindung zu Russland konnte ich erkennen als Konsequenzen meiner und jüngster deutscher Geschichte. Ich wusste, ich trage es in mir, aber ich wusste nicht, wie sehr ich davon geprägt und in meiner Handlungsfähigkeit beeinflusst bin. Durch das Anwesendsein bei und in diesem Prozess habe ich heute ein Stück Heimat wiedergefunden.«

Die verlorenen Väter

»Ich habe spielende Kinder in unserem Hof gesehen. Zwei von ihnen sind fremd, sie sind seit ein paar Tagen da und kommen aus der Ukraine. Wenn ich sie sehe, laufen mir die Tränen, und mir kommt der Satz: Sie brauchen ihren Vater. Mein Nachbar sagt: Sie haben doch einen Vater, und der ist sicherlich froh, dass sie jetzt in Sicherheit sind. Ich weine und merke, dass dieser Schmerz aus meinen eigenen Tiefen kommt. Meine Großmutter verlor schon ihren Vater, weil er sich selbst in der Wirtschaftskrise nach dem Ersten Weltkrieg erschossen hatte. Mein Großvater wurde im Zweiten Weltkrieg erschossen. Mein Vater hat als junger Mann einen Fluchtversuch über die deutsch-deutsche Grenze unternommen und wurde zwar nicht erschossen, aber inhaftiert. Er musste seinen Militärdienst in der NVA leisten, als mein Bruder und ich kleine Kinder waren. Mein Bruder wurde später depressiv und trennte sich von seiner Familie, als er erwachsen war, und auch meine Ehe war zu Ende, als die eigenen Kinder noch nicht ganz flügge waren. Ich stehe am Fenster und weine: Die Kinder brauchen doch ihren Vater. Ich bin es selbst, der um ihren Vater und die verlorenen Männer in der Familie trauert. Das Bild der ukrainischen Mütter mit ihren Kindern und den zurückgelassenen Vätern spült meinen eigenen Schmerz an die Oberfläche. […]«

Taubheit im Ukraine-Krieg

»Ich erzähle von meinem Erleben mit dem Krieg in der Ukraine. Von meiner Taubheit damit. Dass ich das ganze Drama so gut wie nicht fühlen kann. Ich nehme es faktisch wahr. Interessiere mich für die Nachrichten, aber sie berühren mich nicht im Herzen. Mir fällt ein, dass meine Oma vor den Russen geflohen ist, aber ich ihre Angst nie fühlen konnte. Sie erzählte viel darüber, aber eher davon, dass sie Hilfe bekommen hat, dass ›die Russen‹ Feste gefeiert haben und sie stets eingeladen war. Und auch, dass sie grausam waren. Und dann frage ich mich: Gibt es einen Zusammenhang zwischen meiner aktuellen Taubheit und der meiner Oma, bei der ich groß geworden bin?«

Auswertung: In den Geschichten wird deutlich, dass sowohl in der Coronapandemie als auch im Kontext des Ukraine-Krieges persönliche traumatische Erinnerungen aktiviert werden. Oder an kollektive Traumata angeknüpft wird. Die als Kind erlebte Angst, die existenzielle Bedrohung des Alleineseins beeinflussen den Blick auf die aktuellen Krisen sowie den Umgang mit ihnen.

Geschichten zu Demokratie

Manipulation

»Ich fühle gerade, wie mich das Thema Führung herausfordert. Ich nehme die Bundes- und Landesregierungen in Deutschland als sehr führungsschwach wahr. Sie handeln zwar in Form von Lockdowns, aber meine Wahrnehmung ist, dass sie getrieben sind von ihrer eigenen Angst, aber auch von Wirtschaft und Machtstrukturen. Ich kann aus den Erfahrungen meiner Kindheit nach dem Zweiten Weltkrieg und meinem Gefühl, wachsam sein zu müssen gegenüber Führung und Manipulation, nicht einfach dem Narrativ der Regierung und der Presse folgen. Ich hätte mir gewünscht, gesehen, respektiert und informiert zu werden […] So musste ich als Mensch, der den Rechtsstaat schätzt und ehrt, einfach unreflektiert den Maßnahmen folgen.«

Trauma und Demokratie

»Mir ist heute ganz klar der Zusammenhang zwischen meiner Erfahrung als Neugeborenes, von meiner Mutter getrennt worden zu sein – und eine Nacht alleine im Brutkasten verbracht zu haben –, hin zu meiner Getrenntheit zur Politik bewusst geworden. Es ist der Zusammenhang, wie vertrauensvoll oder eben nicht vertrauensvoll man sich der Welt zeigt und sich einbringt.«

Auswertung: Die beiden Geschichten zeigen stellvertretend, wie Menschen ihr Vertrauen in die Politik verloren haben und aus der Gesellschaft aussteigen. Der Fokus des Engagements, wenn überhaupt vorhanden, verlagert sich dabei auf den unmittelbaren, lokalen Ort, wo etwas noch bewegbar erscheint. Die Kontaktfähigkeit zwischen Bevölkerung und Politik scheint gestört, ein Symptom der Zerrissenheit der Gesellschaft.

Unsere Demokratie auf hoher vereister See

»Ich hatte heute Nacht einen Albtraum. Alte Versagensängste waren wieder voll aktiviert. Ich spürte ihnen nach. Mir kam die Erinnerung an meine Flucht im Januar 1945 mit meinen Eltern aus Gdynia (Gotenhafen) per Schiff nach Westen. Wir fuhren mit drei kleineren Schiffen im Konvoi wegen der Minengefahr. Eines der Schiffe lief auf eine Mine, versank, und die Menschen (Flüchtlinge wie wir) saßen im vereisten Meer auf Eisschollen, soweit sie sich noch retten konnten. Das habe ich nur erzählt bekommen, aber ich erinnere mich an ein Meer von Frauen in ihrer rosa Unterwäsche, die dicht gedrängt in einem Raum unseres Schiffes beieinandersaßen. Ich erinnere mich an große Aufregung und die Suche nach Ärzten. Danach mussten wir alle unsere Kojen frei machen und für die ganze weitere Fahrt über eine Woche lang Schwimmwesten tragen, was ich schrecklich fand. Ich erinnere mich, dass mir die Gefahr, dass auch unser Schiff auf eine Mine laufen könnte, als Möglichkeit bewusst war. Aber ich erinnere mich nicht an meine Angst davor. Das hat mich jetzt beim Nachspüren meines Albtraums sehr erstaunt. Ich hatte keine Angst vor so einer realen Gefahr? Ich muss sie schon damals verdrängt haben. Diese Angst schien mir jetzt mit meinem Albtraum und nach den Themen, die wir gestern angesprochen haben, wach geworden zu sein. Und ich verband sie mit meiner Angst, die mir Impfskeptiker bis hin zu Querdenkern machen, wenn sie – in meiner Wahrnehmung – selbstbewusst davon berichten, dass sie unserer Demokratie ihr Vertrauen entzogen hätten. Und dass mir das totale Angst macht: Denn wir haben doch keine bessere Demokratie! Es ist für mich, wie Person x (anonymisiert) gesagt hat in ihrem Beispiel vom Ehestreit: Wenn wir das Ganze infrage stellen, wo wollen wir denn dann hin?

Ich konnte das jetzt in meine Erinnerung von unserer Flucht integrieren. Das Schiff wurde unsere Demokratie auf vereistem Meer, wir müssen Menschen aufnehmen und haben keine Lösung dafür, dass wir nicht alle aufnehmen können, und dann wird das ganze gefährdete Schiff auch noch infrage gestellt. Ich konnte mich jetzt mit meiner Angst verbinden. Ja, so ist das. Ich verstehe jetzt aber auch die Angst vor Machtmissbrauch, die die Skeptiker als Lehre aus dem Dritten Reich umtreibt. Und ich spüre in mir das Potenzial, das irgendwie zu halten. Dass wir in gegenseitiger Anerkennung unserer Ängste eine zukunftsfähigere Gesellschaft mitgestalten könnten. Dass das eine Option sein könnte.«

Auswertung: Ausgelöst durch die Veranstaltung, bringt der Albtraum die damals nicht gefühlte Angst ins Bewusstsein. Durch den Gruppenprozess muss diese nicht länger verdrängt werden. Bei näherer Reflexion wird der Teilnehmerin bewusst, wie sich die Angst von damals in der Angst vor Impfskeptiker:innen und dem Zerfall der Demokratie widerspiegelt. Die Zeitebene des historischen Ereignisses der Flucht vermischt sich mit der aktuellen gesellschaftlichen Herausforderung der Impfdiskussion. Durch die Wahrnehmung der Angst und deren Ursprung wird die Flucht zur Metapher und zum Sinnbild einer gefährdeten Demokratie. Nicht mehr die Impfgegner:innen an sich stellen eine Gefahr dar. Die Angst vor einem Machtmissbrauch kann nun nachvollzogen und empathisch wahrgenommen werden. Durch die Resonanz entsteht mehr persönlicher Innenraum, und gesellschaftliche Polarisierung wird reduziert.

Gerade diese letzte Erzählung verdeutlicht den Zusammenhang zwischen frühkindlicher Traumatisierung und politischer Polarisierung heute. Und zeigt, welches Potenzial in innerer Demokratiearbeit steckt.

Was waren die Ergebnisse?

Das Forschungsteam unterschied zwischen gesicherten Ergebnissen und weiteren begründeten Thesen. Empirisch belegbar ist, dass das Verhältnis der Teilnehmenden zur Demokratie im Verlauf des Prozesses positiver wurde. Zu Beginn des Prozesses überwogen in den Erzählungen »gemischte Gefühle« von Distanz und Politikverdrossenheit. Am Ende des Prozesses überwogen Vertrauen in die Selbstwirksamkeit, Mitgefühl und Mut zur Demokratieentwicklung. Durch den Prozess wurden so abstrakte Begriffe wie Politik, Teilhabe und Demokratie für die Teilnehmenden konkreter erlebbar und lebendig. Die Verbundenheit mit sich und anderen wurde im Verlauf des Prozesses als wesentlich für die Demokratiestärkung und Krisenbewältigung erkannt. Durch die Auseinandersetzung in der Gruppe konnten sich Blockaden in der Kommunikation leichter lösen, und auch emotionale oder verdrängte Themen konnten bearbeitet werden. Und das Verständnis für schwierige Erfahrungen anderer wuchs.

Aus den Erfahrungen dieses Projekts entstanden auch einige Bilder für die Zukunft. Nicht nur für die einzelnen Bürger:innen, sondern auch im politischen Geschehen ist es wichtig, belastende gesamtgesellschaftliche Erfahrungen zu verarbeiten und zu integrieren.

Mit einfachen Worten: Der Prozess führte von der Distanz in die Verbundenheit. Das macht uns Autor:innen Mut. Natürlich schließen wir nicht von einer Gruppe von 350 Menschen auf die ganze Gesellschaft, aber die Richtung wird deutlich, so könnte der Weg von einer zerrissenen Gesellschaft zu einer Demokratie der Zuneigung funktionieren!

Dafür brauchen wir neue Werkzeuge, Austausch- und Gesprächsräume, in denen Menschen mitwirken und sich ausdrücken können. Genauer beschreiben wir unsere Ideen dazu in Kapitel 5 und 6.

Ergebnisse des Trauma- und Demokratie-Prozesses, zusammengefasst in einer Geschichte einer Teilnehmer:in:

Apropos Welt: Mein größtes Learning in diesem großartigen Workshop »Kollektives Trauma und Demokratie« ist die gefühlte (!) Erkenntnis, dass ich das nicht nur für mich und meine Wunden und Heilung und schon gar nicht so allein mache, wie ich manchmal befürchte. Die Auseinandersetzung mit den Wunden hat für mich ihr Isolierungsrisiko ein bisschen dadurch verloren, dass ich einen Raum erleben durfte, der diese individuellen Schmerzen in einen größeren Kontext gesetzt hat. Die Aufarbeitung meiner individuellen Wunden kann ein Beitrag sein zur Aufarbeitung der kollektiven Wunden und Traumata. Die intensive Beschäftigung mit dem eigenen Standpunkt (mental, körperlich, emotional plus historische Dimension: das Gewordensein aus vielen Generationen vor mir) und die dadurch möglicherweise entstehende persönliche Transformation in ein »besseres«, weil authentischeres Ich kann ein Beitrag zur Transformation der Gesellschaft sein, die wir so dringend herbeisehnen und brauchen [...]. Ich kann heute viel mehr nachvollziehen, dass damit ein Demokratisierungsprozess verbunden ist. Ich verstehe, was es heißt, dass es die Verantwortung einer Bürger:in in einer Demokratie ist, sich um die tiefe emotionale Aufarbeitung und die Integration der Wunden zu kümmern, um die Beziehungsfähigkeit zur menschlichen, tierischen, weiteren ökologischen und gegenständlichen Welt zu entwickeln. Diese Beziehungsfähigkeit ist ein wichtiger Teil unserer Zukunftsfähigkeit als Individuen und Gemeinschaften auf diesem Planeten. »Verdrängung von Trauma verlangsamt unsere Antwort auf den Klimawandel.« (Thomas Hübl) fasst das gut zusammen, und dadurch kann auch eine Motivation entstehen, sich der Lebendigkeit trotz Schmerz zuzuwenden. [...] Wenn wir uns jetzt dem Schmerz individuell stellen und ihn als integralen Bestandteil unserer Lebendigkeit respektieren und vielleicht sogar umarmen lernen, dann schaffen wir damit gute Bedingungen für unsere Nachkommen und eine bessere Zukunft im obigen Sinne.

In jedem Fall könnten und sollten weitere traumainformierte Prozesse mit Bürger:innen auf allen politischen Ebenen stattfinden – das heißt, auf der Kommunal-, Landes- und Bundesebene. Dabei stehen wir noch ganz am Anfang. Traumasensibilisierte Gruppenprozesse sollten systematisch vertieft, erforscht und gezielt angewendet werden.

Von dieser Erfahrung im relativ kleinen Kreis bis hin zur politischen Praxis ist es noch ein weiter Weg. Wie könnte also eine »politische Intimität« in unserer demokratischen Kultur entstehen? Ist es vorstellbar, dass sich auch Politiker:innen verletzbar zeigen? Darf sich auch Politik vom Schmerz in der Welt ergreifen lassen? Darf Politik sich emotional befangen zeigen? Wäre Politik handlungsfähiger, wenn sie hier ungefilterter agieren könnte?

Wie können wir zu einer authentischeren, emotional transparenten Politik gelangen? Sind es doch gerade diese nonverbalen Momente, die so viel sagen und in geschichtlicher Erinnerung bleiben wie der berühmte Kniefall Willy Brandts in Warschau 1970.

Auch Barack Obama hat sich in verschiedenen Momenten verletzlich gezeigt. Mit seinen Tränen bei seiner Rede nach dem Amoklauf in der Sandy Hook Elementary School in Newtown im Dezember 2020, bei dem 20 Kinder und sechs Lehrerinnen erschossen wurden. Er weinte öffentlich die Tränen all der Eltern mit, auf die sich keine Kameras richteten. Er zitierte Jesus' Worte aus der Bibel: »Lasst die kleinen Kinder zu mir kommen und hindert sie nicht daran. Denn ihrer ist das Reich Gottes.« Dann nannte er die Vornamen aller 20 erschossenen Kinder: »Charlotte. Daniel. Olivia. Josephine. Ana. Dylan. Madeleine. Catherine. Chase. Jesse. James. Grace. Emilie. Jack. Noah. Caroline. Jessica. Benjamin. Avielle. Allison.« Es war nicht das einzige Mal, dass Obama seine Trauer zeigte. Er wurde von Zeitungen als »Mourner-in-Chief« bezeichnet, was im übertragenen Sinn meint, derjenige, der das Land durch die Trauer führt. Durch das öffentliche Trauern und Mitfühlen wird in der Gesellschaft ein Raum für damit einhergehende Ängste und Schmerzen gebildet. Das gesellschaftliche Teilen dieser Emotionen ist ein Teil der Verarbeitung des Traumas.

Wir sind überzeugt, dass Politik eine Führungsqualität entwickeln kann, die kollektive Traumadynamiken beinhalten und den Menschen einen sicheren Raum bieten kann. Je psychologisch sicherer eine demokratische Kultur ist, desto mehr können kollektive Traumadynamiken gesehen, einbezogen und aufgearbeitet werden. Emotionen müssen gerade nicht unterdrückt, übergangen oder abgespalten werden, sondern dienen der Verbindung und der Lösungsfindung. Die Werkzeuge einer vertieften Kommunikation mit Körper, Geist und Emotionen im Bewusstsein von individuellem und kollektivem Trauma sollten gesellschaftlich breit praktiziert werden. Ausbildungen in »tiefer Demokratie« wäre auch für Politiker:innen wünschenswert.

Wir laden ein, sich tiefer auf die Gesellschaft und das Miteinander einzulassen, denn Demokratie ist Beziehung, und Demokratie bedeutet, Distanzen zu überwinden für ein gemeinsames Leben!

KAPITEL 5:
Kultur der Innenräume - Kompetenzen

»Je mehr wir unsere Mitmenschen von innen sehen,
desto klarer und mitfühlender ist unsere Kommunikation. -
Dies ist die Grundlage eines neuen Wir.«

THOMAS HÜBL

Wir haben jetzt aufgezeigt, warum aus unserer Sicht viele politische Probleme nicht einfach zu lösen sind. Alle fixierten Probleme, die sich nicht entwickeln lassen wollen oder sich in endlosen Schleifen immer wiederholen, haben meist einen emotionalen, vielleicht sogar traumatischen Hintergrund, der sich nicht einfach mit der Ratio auflösen lässt. Deshalb kommen wir zu der Erkenntnis: Ohne die innere Arbeit eines jeden Einzelnen, auch ohne die innere Arbeit in Teams und Gruppen und ohne innere gesellschaftliche Arbeit werden sich verhärtete Probleme nicht öffnen.

Wenn wir entspannt sind und wenige unterschwellige emotionale Barrieren aktiviert haben, sind Interessenkonflikte kein hinderliches Thema: Dann handeln wir sie eben aus und einigen uns. Fertig! Wenn wir nicht durch unsere Vergangenheiten in emotionalen Mustern gefangen sind, können wir in der

Sache auch beweglich sein. Wenn unsere Interessen aber durch Verletzungen überemotionalisiert werden, schrauben wir uns in schwer lösbare Konflikte.

Wollen wir also der Spaltung und Vereinzelung, der Trennung von allem, was uns nicht gefällt, wirklich entgegenwirken, bedarf es anderer Kompetenzen. Und zwar innerer Kompetenzen! Wir brauchen genau die Fähigkeiten, die es uns ermöglichen, über unsere Schatten zu springen, diese Schatten zu durchleuchten oder zumindest in bewusster Kooperation mit ihnen zu leben. Unsere Probleme werden sich so lange nicht lösen, solange wir andere für sie verantwortlich machen! Je mehr wir erwarten, dass die »anderen« sich ändern mögen, desto weniger wird sich verändern. Wir müssen nicht im Äußeren die Veränderung erwarten, die wir im Inneren nicht bereit sind vorzunehmen. Wir müssen nicht auf die nächste Kampagne hoffen, wir müssen sie in uns starten.

Innere Arbeit muss aus dem privaten und seelsorgerischen Bereich heraustreten und Teil der politischen Arbeit werden. Denn nur die Arbeit an unseren Innenräumen wird den gesellschaftlichen Zusammenhalt sichern.

Es ist eine politische Herausforderung, zu lernen, auch das zu fühlen, was wir denken und wissen! Mit Fühlen ist hier jedoch keinesfalls Emotionalisieren gemeint – sondern das Gegenteil. Das eine ist beweglich, frei, lebendig und findet unmittelbar statt, das andere ist vergangenheitslastig, eng und unfrei. Zur Stärkung der Demokratie, Politik und Gesellschaft regen wir zu einem fühlenden Denken an. Die kognitiven Zusammenhänge müssen um die emotionalen Zusammenhänge erweitert werden. Aus unserer eigenen politischen Erfahrung können wir die anfängliche Wirkung solcher gedachten und gefühlten Prozesse belegen. Sie ermutigen uns, den Faden weiterzuverfolgen und das Begonnene zu etablieren.

In diesem Kapitel möchten wir Voraussetzungen und Fähigkeiten anführen, die aus unserer Sicht zur inneren Arbeit und zu der emotionalen Stabilität des Einzelnen innerhalb der Gesellschaft beitragen. Anschließend gehen wir auf einige Qualitäten ein, auf die es in der Zusammenarbeit in Gruppen ankommt, um dann Antworten für eine gesellschaftliche Kulturkompetenz zu finden. Wir gehen auf den folgenden Seiten auf die uns persönlich wesentlich erscheinenden Fähigkeiten ein, bevor wir im sechsten Kapitel weitere politische Formate vorstellen.

Transparente Kommunikation – Wenn das Innen mitredet

Kommunikation und Begegnungen mit anderen Menschen machen einen Großteil unseres Lebens aus. Im Gesellschaftspolitischen sind sie unsere Basis. Folglich lösen sie einen Teil unserer Konflikte aus. Spaltung und Zerrissenheit wirken durch und über unsere Kommunikation. Ein Grund für uns, die Kommunikation selbst als Bestandteil für die Verbindung zu anderen zu nutzen, aber in erweiterter Form:

Mit transparenter Kommunikation ist eine Kommunikation gemeint, die alles miteinbezieht, was innerhalb der Kommunikation nonverbal zusätzlich auftaucht und normalerweise im Unbewussten bleibt. Wer transparente Kommunikation anwendet, bleibt anderen leichter zugewandt, ist selbstreflektierter und mit dem Gegenüber im tieferen Austausch des Verstehens.

Durch Mehr Demokratie sind wir immer wieder eingeladen, mit Politiker:innen zu sprechen. Allein im Bundestag haben wir im Laufe der Jahre mit mehreren Hundert Abgeordneten gesprochen, uns ausgetauscht oder gemeinsame Projekte durchgeführt.

Während wir uns früher auf die Gespräche vorbereitet haben, indem wir intensiv alle Inhalte, Fakten, Analysen und Hintergrundinformationen zusammengetragen und akribisch unsere Gesprächsstrategien und Abläufe durchdachten, bereiten wir heute noch eine andere Ebene vor: die emotionale Ebene. Denn, wir erinnern uns, laut Kommunikationsforschung finden 75 Prozent des Austauschs auf emotionaler und körperlicher Ebene statt.

Wir stellen uns bewusst auf unser Gespräch und unser Gegenüber ein, auf das, was sie bewegt oder bewegen könnte, sowohl aus dem Wahlkreis, aus der eigenen Biografie oder aus dem Abgeordnetenalltag. Wir versuchen die Ziele zu ergründen, warum sie sich haben wählen lassen usw. Zusätzlich, und das ist die wichtigere Vorbereitung, beobachten wir unsere eigenen Emotionen. Sind wir wirklich offen, oder haben wir Ressentiments, Befürchtungen, Annahmen, Vorbehalte oder Ähnliches?

Haben Sie sich mal auf einen Menschen tagelang emotional eingestimmt, den Sie gar nicht kennen? Es funktioniert! Wie fühlt sich das an, wenn Sie überwiegend emotional und nicht nur inhaltlich vorbereitet sind? Für uns bedeutet das: Bereits mit dem Eintreten in den Gesprächsraum sind wir nicht nur hörend und sehend, sondern bewusst auch »fühlend« unterwegs. Kaum merklich. Aber das, was sonst eher unterbewusst unter dem Radar abläuft, ist jetzt eben sichtbar auf dem Schirm. Das heißt, alles, was unsere Sinne aufnehmen, können wir idealerweise auch unmittelbar in uns erleben. Wir alle tun das. Nur eben nicht bewusst.

Genau das ist der Unterschied. Denn das Bewusstsein verändert die Situation. Die erweiterte Aufmerksamkeit ermöglicht die Aufnahme von mehr Informationen. Wir können unseren Gesprächsraum – unausgesprochen – einfach um eine Disziplin, eine Dimension erweitern! Unser Gesprächspartner muss davon nichts wissen, im Zweifel wird es für ihn nur angenehmer. Er oder sie fühlt sich vielleicht willkommener, verstandener als sonst. Doch für uns macht es einen Unterschied. Denn wenn wir versuchen, mit dem ganzen Körper zuzuhören, nehmen wir auch mehr wahr. Die leisen Nuancen, die oft kaum merklichen Momente in den Gesprächen, das, was da noch zwischen den Zeilen mitschwingt, wird auch gehört. Wir können auf diese Weise leichter nachvollziehen, was diese Person bewegt, was sie fühlt, was ihr wirklich wichtig ist und was sie für Sorgen hat. Und: Was für beide aus dieser Situation fruchtbar entstehen kann. Vielleicht wirken wir als Gesprächspartner etwas gefasster, gelassener, offener, vielleicht auch weniger fordernd oder pedantisch. Wie gesagt, alles nur Nuancen. Aber mit großer Wirkung. Gute Gespräche sind Keimzellen für Zusammenarbeit, neue Impulse und Vorhaben und ein Zugewinn an Dingen, die man vorher noch nicht wusste.

Diese Art von bewusster emotionaler Kommunikation ermöglicht uns eine bessere Fokussierung auf die Gesprachspartner:innen, und die Kontakte werden intensiver, verbindlicher und vor allem bezogener. Wenn die emotionale Kommunikation eine sichere Verbindung beziehungsweise stabil ist, fließen die Inhalte umso leichter, Ideen können eingebracht oder Kompromisse ausgehandelt werden. Im Idealfall ist das ganze Gespräch bereichernder und persönlicher. Wer sich emotional wohl und wahrgenommen fühlt, spricht und denkt anders. Man könnte es eine empathische Kommunikation nennen, aber im Grunde ist es eine vollständigere Art des Austauschs. Und zwar genau die, die wir uns auch von Politiker:innen wünschen!

Jedes Gespräch im Leben bietet die Chance, aufeinander zuzugehen oder sich voneinander abzuwenden. Hopp oder top. Verbindung oder Trennung. Spaltung oder Zusammenhalt. Das liegt in unserer Hand.

Worte, die authentisch oder wahrhaftig gesprochen sind, fühlen sich anders an. Jeder kennt den Unterschied im Erleben, wenn eine Rede vorgedacht und dann abgelesen wird oder ob jemand den Gedanken in dem Moment bildet, in dem er spricht. Beim ersten haben wir Mühe zuzuhören und erleben die Rede als eher ermüdend, während wir uns im zweiten Fall in die Gedankengänge einbezogen fühlen und dadurch angeregt werden.

Aufmerksamkeit und Mitgefühl

Aufmerksamkeit und Mitgefühl sind zwei wesentliche Fähigkeiten, die wir in unseren täglichen Begegnungen brauchen. Wenn wir transparent kommunizieren wollen, müssen wir unser Kommunikationsfeld aktiv erweitern. Nach den Prinzipien für Transparente Kommunikation gemäß der Academy of Inner Science können wir in uns zu vier Ebenen die Verbindung aufnehmen, indem wir unseren Fokus auf sie richten und beobachten, welche Signale wir erhalten:

1. Körper
   Verbindung zum eigenen Körper.
   Wie fühlt sich der Körper jetzt im Augenblick an?
2. Gefühle
   Verbindung zu den eigenen Gefühlen.
   Was fühlen wir im Moment?
3. Gedanken
   Verbindung zu unseren Gedanken.
   Welche Gedanken gehen uns gerade durch den Kopf?
4. Geist
   Verbindung zur eigenen überpersönlichen Ebene.
   Wie fühlt sich unser Wesenskern gerade an?

Wenn wir uns der eigenen vier Ebenen bewusst sind, können wir auch diese Ebenen unseres Gegenübers leichter erfassen oder erahnen.

Wir dehnen unsere subtile Wahrnehmung einfach aus und differenzieren diese immer mehr. Alles, was darin auftaucht, ist auch willkommen, nichts bleibt außen vor. Jeder Mensch lebt in seiner völlig eigenen Welt, mit all seinen Konditionierungen, Glaubenssystemen, zurückgehaltenen Emotionen, aber auch mit seinen Potenzialen und Kompetenzen. Im Grunde ist alles da und verfügbar in jedem Augenblick. Wir müssen es nur miteinbeziehen.

Wenn wir transparent kommunizieren, verpflichten wir uns der Offenheit für die Begegnung. Wir stellen uns zur Verfügung, um die größtmögliche Aufmerksamkeit und Beziehung herzustellen. Wir können, müssen aber einander nicht mitteilen, was wir aufnehmen. Allein die Tatsache, dass wir mit erhöhter Aufmerksamkeit und Zugewandtheit besser zuhören, aufmerksamer sprechen, verändert die Kommunikation bereits.

Wenn es uns gelingt, die Aufmerksamkeit für die Person gegenüber nicht zu verlieren – uns weder zu distanzieren noch abzuschweifen –, ermöglichen wir eine umfassende Kommunikation. Je mehr wir auch von der inneren Welt der anderen verstehen, umso konstruktiver kann die Kommunikation sein.

Wie oft erleben wir bei anderen oder uns selbst, dass ein Gespräch genau diese Qualität nicht erreicht? Wie oft beobachten wir, dass Gesprächspartner:innen schon längst ausgestiegen oder gar nicht erst eingestiegen sind und aneinander vorbeireden? Wir kommunizieren miteinander sicher viel öfter getrennt als verbunden.

Resilienz – Die emotionale Widerstandskraft

Resilienz ist die Fähigkeit, auch unter hohem Druck seine Werte aufrechterhalten zu können. Das bedeutet, zum Beispiel, dass wir auch unter hohem Stress in der Lage sind, Dinge nicht zu tun, die wir anschließend bereuen, weil sie unsere Werte oder den rechtlichen Rahmen überschreiten. Resilienz heißt auch, sich anpassen zu können, sie beschreibt den Prozess, in dem Personen auf Probleme und Veränderungen mit der Anpassung ihres Verhaltens reagieren. Wie also können wir unsere psychische Widerstandsfähigkeit stärken in einer Zeit, die voller schnell aufeinanderfolgender Krisen steckt? Wie werden wir als Menschen, aber auch als Gesellschaften resilienter?

Resilienz stammt von dem lateinischen Wort resilire ab, also »zurückspringen«. Das Bild dazu ist eine eingedrückte Plastikflasche, die wieder in ihre ursprüngliche Form ohne Delle oder Kratzer zurückspringt.

Aber vor allem ist für uns Resilienz die Fähigkeit, äußere Anforderungen im Inneren zu bewältigen. Sie ist in unserem gesellschaftspolitischen Zusammenhang eine wesentliche Ressource, die es uns ermöglicht, mit emotionalen Belastungen, wie sie durch Krisen ausgelöst werden, umzugehen.

Im Alltag gibt es immer wieder Situationen, die unsere persönliche Belastbarkeit auf die Probe stellen. Mal sind es die Kinder, mal die Partner:in, mal die Situationen im Beruf, mal eine Hiobsbotschaft oder unerwartete Katastrophe, die über uns hereinbricht. Wie belastbar wir wirklich sind, wissen wir erst, wenn wir stark belastet werden. Dann wird deutlich, wie groß der Stress tatsächlich auf uns einwirkt und wie wir mit ihm umgehen können. Spätestens wenn wir unser Gegenüber anschreien, wissen wir, dass wir unsere Resilienz verloren haben.

Je gereizter wir sind, desto weniger Puffer haben wir, desto zwanghafter und unbeweglicher agieren wir. Sobald wir unsere ruhige Ausgeglichenheit, unsere sogenannte »Mitte«, verloren haben und uns im emotionalen Stress befinden, handeln wir weniger kontrolliert. Resilienz ist die Möglichkeit, in herausfordernden Situationen die Wahl- und Handlungsfreiheit zu behalten, statt zwangsgesteuert zu reagieren.

Gut in sich verankert zu sein bedeutet, bildlich gesprochen, gut im Sattel zu sitzen, nicht hin- und herzurutschen, sich aber auch nicht festzuklammern. Wer gut im Sattel sitzt, verfügt über eine gewisse Schwerkraft, die ihn die Bodenhaftung nicht verlieren lässt, sowie über eine gewisse entspannte Beweglichkeit, die ihn jederzeit auf alle Bocksprünge seines Pferdes reagieren lässt. Wer hier verkrampft, fliegt schneller aus dem Sattel. Es ist ein Zustand der gelassenen Kontrolle. Je mehr jemand in sich ruht, desto mehr kann er sich auf das Pferd, aber auch auf seine Umgebung und vielleicht sogar auf eine ganze Herde konzentrieren. Wer alles im Blick oder zumindest im Bewusstsein hat, wird von Überraschungen weniger kalt erwischt, weil er gefasster ist.

Resilienz ist die Kapazität, die es uns ermöglicht, Eindrücke so aufzunehmen, dass wir sie verarbeiten können. Wer belastbar ist, hat viel Raum, um Unhaltbares zu halten. Eltern zum Beispiel müssen ihren Kindern gegenüber immer wieder den Raum bieten, in dem Kinder sich von ihren Erfahrungen erholen und stabilisieren können. Starke Eindrücke müssen rückgekoppelt werden und in Ruhe verarbeitet werden, bevor neue Eindrücke folgen können.

In der Resilienzforschung ist immer wieder von »Grounding« die Rede, vom In-sich-gegründet-Sein. Das heißt, jeder Mensch pendelt zwischen aktiven und passiven Phasen. Je mehr wir leisten, erfahren und erleben, umso verankerter müssen wir in uns sein. Wie sich jeder gründet oder stabilisiert, ist sehr unterschiedlich. Es sind die Momente im Alltag, in denen wir »runterfahren«, zu uns kommen oder uns besinnen, Erlebtes verarbeiten und so zu erweiterter Widerstandsfähigkeit wandeln. Mal sind es die kleinen Momente, in denen wir Löcher in die Luft starren, uns in der Natur aufhalten oder uns einfach von allem zurückziehen. Wer diese Momente nicht findet oder finden kann, wird bald Probleme bekommen. Die Leistung nimmt ab, Krankheiten nehmen zu, Burnout kann folgen und zur Gefahr werden. Kurzum, die Belastbarkeit sinkt. Da wir in unserer westlichen Welt Gefahr laufen, immer weniger solcher Ruhepausen und Ankermomente zu finden, bieten inzwischen immer mehr Unternehmen Resilienztrainings für ihre Mitarbeiter an.

Wie hilfreich wäre es, wenn es auch auf gesellschaftlicher Ebene Resilienz-Angebote gäbe? Wenn die Politik mit Maßnahmen und Geld auf Krisen reagiert, dann sollte sie auch Angebote der emotionalen Unterstützung im Blick haben, jenseits der normalen Seelsorge. Gesellschaftliche Resilienzförderung wäre ein neuer Bereich, den es zu erschließen gilt.

Politisch spielt die Dimension der psychischen Belastbarkeit eine große Rolle. Können die Bürger:innen wie die Politiker:innen all das fassen, halten und verarbeiten, was momentan auf sie einströmt? Und wenn von der Belastbarkeit politischer Akteure sogar unser Wohl abhängt, dann kann Resilienz sogar von Weltinteresse sein. Wie viel Puffer haben unsere Minister:innen? Wie viel Kapazität hat Wolodymyr Selenskyj in der Ukraine noch, um all das halten zu können, was er leider halten muss? Und demgegenüber muss man sich fragen, wie steht es um Putins psychische Belastbarkeit? Wie stabil ist jemand in so einem Amt und vor allem in so einer Situation? Ist es überhaupt zu verantworten, dass Krieg und Frieden, das Schicksal von Millionen Menschen und ganzer Nationen von der psychischen Verfassung eines einzelnen Menschen abhängen darf? Wie oft hing das Schicksal der Menschheit vom Geisteszustand eines Menschen ab? Und wieso lässt die Menschheit immer wieder aktiv den Aufbau solcher Systeme zu, an deren Spitze nur eine Person statt eines ganzen Teams steht? Der Weltfriede ist viel zu fragil, um ihn von Einzelpersonen abhängig zu machen – welch ein Risiko!

Eine Kernaussage lautet:

> Wenn wir gesellschaftlich wie politisch resilienter, stabiler, gelassener und weniger gestresst und gespalten sein wollen, müssen wir Systeme und Strukturen bauen, in denen die Rückkoppelung zum eigenen Gegründet-Sein integriert ist. Das gilt sowohl für die Bevölkerung als auch für die Politik. Und wir dürfen nicht von Innenräumen einzelner Politiker:innen abhängig sein. Idealerweise sollten Politiker:innen nicht mehr alleine in Spitzenämtern exponiert sein, sondern eingebettet in Teams, die Spitzenämter besetzen. Je mächtiger das Amt ist, desto intensiver sollten Führungspositionen professionell unterstützt, begleitet oder moderiert werden, sodass ein hohes Maß an Bewusstsein, Selbstregulation und Gleichmut zur Verfügung stehen, um die politische Verantwortung tragen zu können.

Und genauso kommt es auch auf die gesellschaftliche Belastbarkeit an. Was hätten wir rückblickend gebraucht, um gesellschaftlich resilienter mit der Pandemie umgehen zu können? Oder was brauchen wir heute, um den Krieg in der Ukraine verarbeiten zu können? Was brauchen wir morgen für die nächste Krise? Deshalb müssen wir uns Gedanken darüber machen, worauf eine Gesellschaft gut gründen und in sich selbst verankern könnte, um bei allem, was über sie hereinbricht, nicht kopflos zu werden.

Aber was ist ein gesellschaftlicher Innenraum? Aus unserer Sicht ist das die kulturelle Ressource einer Gesellschaft, der Rückhalt, der sich zusammensetzt aus Werten, Traditionen, Haltungen, Gesinnungen und Gemeinsamkeiten und natürlich auch aus einer gewissen Bodenständigkeit. Wer sich im weitesten Sinne »beheimatet« fühlt in seiner Gemeinschaft, in seiner Gemeinde, in seinem Land oder seiner Gesellschaft, der kann ständig auf diese zurückgreifen, wenn es labil wird. Der gesellschaftliche Innenraum ist der Rückhalt jedes Einzelnen in der Gesellschaft. Keine:r geht verloren, jede:r ist Teil des Ganzen und fühlt sich geborgen unter den anderen.

Mit ein Grund für die zerrissene Gesellschaft ist aus unserer Sicht dieser nicht ausreichende gesellschaftliche Rückhalt. Viele Menschen fühlen sich heute nicht mehr geborgen in der gesellschaftlichen Gemeinschaft, sondern auf sich allein gestellt, vereinzelt, verstoßen, ausgegrenzt, nicht mehr dazugehörig. Verstädterung, Auflösung von Familienstrukturen, Individualisierung wirken wie Brandbeschleuniger in diesem Auflösungsprozess. Das ist ein massives Problem! Denn wer den Zusammenhalt der Gesellschaft fördern will, der muss viele Erlebnisse des Zusammenhalts schaffen. Und zwar unter der Prämisse: integrieren. Nur wer eingebunden ist, wird sich auch getragen und nicht verloren fühlen.

Man könnte auch sagen, Resilienz ist das Gefäß, das alles umfasst, was emotional gehalten werden muss. In Anbetracht der gegenwärtigen Herausforderungen kann das Gefäß gar nicht groß genug sein. Umso notwendiger ist die Aufgabe, sich darum zu kümmern. Jede:r Einzelne, aber auch kollektiv.

Es ist unsere Verantwortung als Bürger:innen, persönliche und gesellschaftliche Resilienz zu stärken, auszubauen und zu stabilisieren. Wie das aus unserer Sicht möglich ist und was dafür ganz praktisch hilfreich sein kann, wollen wir in den nächsten Abschnitten beschreiben.

Selbstregulation

Wenn uns der emotionale Stress packt, versuchen wir alles, um das Problem zu beheben. Wir versuchen, uns selbst zu regulieren, um wieder in den Normalzustand zu kommen. Wir reden uns selbst gut zu, atmen tief durch, halten uns fest, schließen die Augen, blicken nach innen – jeder hat da seinen eigenen Weg. Sich selbst zu regulieren bedeutet, sich selbst wieder beruhigen und ins Lot bringen zu können.

Der Kriegsausbruch in der Ukraine lag gerade zwei Wochen zurück. Die Welt war in Aufruhr – und wir bei Mehr Demokratie auch. Die Sorge »Was nun?« trieb uns um – als wir die Einladung bekamen, auf der zweiten großen Friedensdemonstration in Berlin am kommenden Tag einen Beitrag zu leisten.

Fünf Minuten! Ich, Claudine Nierth, sollte für Mehr Demokratie sprechen dürfen. Eine weibliche Stimme für Frieden und Demokratie. Sofort begannen wir mit der inhaltlichen Vorbereitung. Ganze neun Stunden suchten wir alles zusammen, was wissens- oder sagenswert sein konnte. Mein Fußboden quoll über mit kleinen gelben Post-its auf weißen Blättern, mit Kopien, Zitaten, Zeitungsartikeln, Hinweisen. Es war bereits mitten in der Nacht, als ich einen unbeschreiblichen Druck spürte, denn ich wusste immer noch nicht, was ich am nächsten Tag sagen sollte. Sichtlich gestresst und voller Anspannung vor der Verantwortung, war ich kurz davor, alles hinzuschmeißen. Ging aber nicht. Ich war gesetzt. Da musste ich durch. Irgendwann schob ich verzweifelt alle Notizen weg. Setzte mich hin und fragte mich ganz nüchtern: »Was willst du der Welt eigentlich sagen?« Ich schloss meine Augen und dachte an die Menschen in der Ukraine, an die Menschen in Russland,

in Europa, in Deutschland. Und: Ich dachte an die Mütter und deren Sorgen. Das war der Türöffner, das war *meine* Verbindung! Selbst Mutter, fühlte ich mich solidarisch mit allen anderen Müttern. Ich konnte die Verzweiflung, die Angst und Ohnmacht spüren. Die Ungewissheit lag schwer auf ihren Seelen. Welche Kraft haben wir Frauen zur Verfügung, um diesen Krieg zu stoppen? Wie lange würde es dauern, bis jede von uns von der Logik des Krieges manipuliert wäre und selbst zur Waffe greifen würde? Wer wäre in der Lage, eine dritte, neutrale Kraft zu organisieren, die den Raum für Waffenstillstand und Friedensverhandlungen bereitet? In wenigen Minuten wusste ich genau, was ich damals, zwei Wochen nach Kriegsbeginn – als die Welt noch dachte, dass in Kürze alles vorbei sei – sagen will. Ich stoppte einmal die Zeit und kam auf 4:37 Minuten.
Am nächsten Morgen fuhr ich sehr früh mit dem Zug von Hamburg nach Berlin. Ich lief zur Siegessäule und blickte zum Brandenburger Tor. Die Straße war voll mit Menschen, Zehntausende Friedensdemonstrant:innen. Nur noch wenige Minuten, bis mir die Veranstalter das Wort und Mikrofon erteilen würden. Mir wurden die Knie weich. Flucht, Angriff oder Totstellen? Fliehen wäre mir lieb gewesen. Totstellen entsprach eher meinen gelähmten Gliedern. Ich wurde bleich und still. Und ging auf die Bühne. Ein tiefer Atemzug, den Boden fest unter meinen Füßen, blickte ich direkt in die Augen der Menschen vor mir. Innerlich spürte ich einen Anker: Meine Verbindung zu den Frauen und Müttern! Dann begann ich zu sprechen.[58]

Selbstregulation ist die Fähigkeit, die eigene Aufmerksamkeit halten und zwischen Reiz und Reaktion innehalten zu können und die Impulskontrolle nicht zu verlieren. Sich selbst beruhigen zu können, indem wir zum Beispiel tief Luft holen, die Luft für ein paar Sekunden anhalten und bildlich wie eine Wolke durch den Brustraum um das Herz ziehen lassen, bevor wir wieder ausatmen, ist eine Möglichkeit. Dies dreimal wiederholt, schon geht der Puls herunter. Oder wir können Dinge, die um uns herum sind, anfassen oder so genau anschauen, dass wir sie detailliert beschreiben können. Das heißt, wir geraten durch Berührung bewusst in Kontakt mit der Außenwelt. Wer Kinder hat, weiß, wie hilfreich es ist, Kinder zu berühren, wenn wir sie um Ruhe bitten. Wir können uns auch beruhigen, indem wir die Augen schließen und uns fünf Minuten auf einen bestimmten Gegenstand wie zum Beispiel ein Streichholz konzentrieren. Alle Gedanken, die sich um das Streichholz drehen, sind erlaubt, alle anderen nicht. Und unbedingt wieder zum Gegenstand zurückkehren, wenn wir abschweifen! So stärken wir die Kontrolle über unsere Gedanken. Je häufiger wir solche Übungen machen – am besten täglich –, desto besser, wir haben sie dann parat, wenn es mal eng wird. Aber die tägliche Praxis solcher kleinen Einheiten stärkt auch unsere Resilienz.

Von unserer Fähigkeit zur Selbstregulation hängt unser Leben ab, sie bestimmt, wie entspannt und gelassen oder wie angespannt und belastet wir sind. Letztendlich ist es eine Frage unserer Toleranzgrenze des Nervensystems beziehungsweise unseres inneren Fassungsvermögens, wie viel erregende Emotionen wir halten können, ohne dass sie uns stressen. Da jeder Mensch über ein anderes Maß an innerer Kapazität zur Selbstregulation verfügt, können wir gesellschaftlich auch nicht voraussetzen, dass jede:r das Gleiche aushalten oder vertragen kann. Gerade in der sozialen Interaktion ist diese Tatsache ein wesentlicher Faktor. Was für einige erträglich ist, ist für andere unerträglich.

Triggerkontrolle

Sich seiner selbst bewusst sein und sich gut kennen ist eine hohe soziale Fähigkeit, wenn die eigenen Schatten berücksichtigt werden. Einen Trigger erkennen wir daran, dass uns etwas emotional Aufwühlendes länger als ein paar Minuten beschäftigt. Wenn wir uns in einem Gespräch oder irgendeiner sozialen Begegnung plötzlich aufregen, ärgern, traurig oder eingeschüchtert werden und uns diese unangenehme Emotion länger als drei Minuten überschattet, hat sie garantiert *nichts* mit dem Gegenüber zu tun, sondern mit uns, unserer Vergangenheit und alten Erfahrungen. Die drei Minuten sind symbolisch zu verstehen.

Das betrifft auch Fälle, in denen sich das Gegenüber »objektiv« falsch, unfair oder sonst wie inakzeptabel verhält. Dennoch müssen wir uns in so einer Situation fragen, warum regen *wir* uns auf und bleiben nicht gelassen? Und wenn wir es doch tun, dann müssen wir uns bewusst sein, dass wir aus einer vergangenen Erfahrung heraus reagieren und uns damit nicht angemessen auf den Augenblick beziehen. Getriggert agieren bedeutet meistens, die gegenwärtige Situation zu verschlimmern und eine Konfliktspirale anzukurbeln.

Triggerkontrolle heißt, fähig zu sein, mit der Tatsache, dass man überhaupt getriggert ist, umzugehen. Das ist so ziemlich das Schwerste! Sich bereit zu erklären, zuerst in sein Inneres zu blicken und sich einen Überblick zu verschaffen, was gerade in einem vorgeht, bevor wir uns mit anderen auseinandersetzen, gehört sicher zur sozialen Königsdisziplin der Selbstreflexion.

Ignorieren Sie die Situation nicht einfach und machen weiter wie zuvor! Es gehört zum Trigger dazu, Trigger zu leugnen und zu überspielen. Wir alle kennen die satirisch gespielte Situation, in der eine getriggerte Person gebeten wird, nicht so laut zu schreien, und schreiend antwortet: »Ich schrei doch gar nicht!«

Die innere Autorität finden

Der Wunsch, Führung abzugeben, ist verlockend und schlummert in vielen von uns. So bequem ist die Vorstellung. Doch das Verlangen nach äußerer Führung wird von Wahl zu Wahl enttäuscht. Die Heilsversprechen von Politiker:innen und Parteien überzeugen uns immer weniger, gemessen an den sinkenden Wahlbeteiligungen der letzten Jahre. Jeder Wunsch nach einer starken Hand, die für uns alles regelt, muss enttäuscht werden, weil es nicht mehr möglich und wünschenswert ist, dass Einzelne alles regieren. Und auch nicht, dass Einzelne paradiesische Zustände für alle herbeiregieren. Doch woher kommt die Sehnsucht nach starker Führung?

Jede Führungsenttäuschung wirft die Menschen auf sich selbst zurück. Oft beobachten wir, dass der Wunsch nach äußerer Führung eigentlich einem Bedürfnis nach innerer Führung entspricht. Wer sagt uns denn, wo es langgeht, wenn nicht wir selbst? Je mehr sich die Gesellschaft individualisiert, desto mehr scheint sich der einzelne Mensch nach seiner inneren Autorität zu fragen: Wer bin ich?

Wie wir dabei gesellschaftliche Werte zur Orientierung bilden, wird zukünftig umso mehr in den Vordergrund rücken, je mehr alte religiöse Bindungen in den Hintergrund treten. Geeinte und gelebte Werte bilden die Grundlage für gemeinschaftliches Leben, sie sind die Basis unseres Grundgesetzes und der allgemeinen Menschenrechte der Vereinten Nationen.

Wir glauben nicht, dass die Existenz unterschiedlicher Kulturen, Religionen und Wertekontexte zwangsläufig zur Belastung von Gesellschaften führen müssen, vielmehr sind wir der Überzeugung, dass auch diese Kontexte bewusst miteinander in Beziehung gebracht werden müssen, wenn sie vorhanden sind, statt sie voneinander abzugrenzen und schlimmstenfalls gar zu ignorieren.

Hier haben Schulen den größten Bedarf, in denen Klassen mit vielen verschiedenen Herkunftskulturen eher die Regel sind. Schulen haben einen wichtigen Anteil bei der Identifikationsfindung, aus unserer Sicht den wichtigsten. Gelingt es bereits in der Schul- und Klassengemeinschaft trotz extremer Unterschiedlichkeiten, gemeinsame Bezüge herzustellen und unterschiedliche Wertesysteme und innere Autoritäten zu akzeptieren, wird Verbindung kultiviert und Akzeptanz für das Trennende gewonnen. Was für ein Zugewinn würde dadurch für das künftige Zusammenleben in den Gesellschaften gewonnen! Denn der Begriff der Gleichberechtigung unterschiedlicher innerer Autoritäten darf nicht nur moralisch gepredigt, er muss vor allem erfahren werden.

An dieser Stelle sei der Politikwissenschaftler und Soziologe Hartmut Rosa erwähnt, der in seinem Buch *Demokratie braucht Religion* sagt, »dass es dieser Gesellschaft massiv am hörenden Herzen mangelt – in politischer Hinsicht und in allen möglichen anderen Hinsichten auch«.[59] Hartmut Rosa sieht sich immer wieder mit der Frage konfrontiert, dass es gar nicht *die eine* Gesamtheit der Gesellschaft gibt, sondern nur politische Ereignisse, Prozesse und Institutionen, die in der Gesellschaft stattfinden. Die Gesellschaft besteht sozusagen aus einer Ansammlung diverser innerer Autoritäten.

Als Soziologe bringt Hartmut Rosa vor allem das Prinzip der Resonanz als Weltbeziehung[60] ins Spiel. Ein sehr hilfreicher Begriff, um die gesellschaftliche Beziehungsfähigkeit zu untermauern. Wer sich in Resonanz zu allem anderen, was ihn umgibt, befindet, bleibt in Verbindung. Er oder sie können sich nicht in der Vereinzelung verlieren. Der Einzelne kann sich durch die Resonanz mit allem und den anderen durchaus weiter individualisieren; solange er im Kontakt und begegnungsfähig bleibt, besteht eine für beide Seiten stärkende Wechselwirkung zwischen dem oder der Einzelnen und der Gesellschaft.

Der innere Referenzpunkt

Wenn wir die Gesellschaft stabilisieren wollen, muss sich auch jedes einzelne Gesellschaftsmitglied um seine eigene Stabilität kümmern. Einen Kollegen hörten wir neulich stöhnen: »Ich habe das Leben noch nie so kontinuierlich anstrengend erlebt wie in dieser Zeit.« Noch während er diese Worte sprach, spürte man schon die Anstrengung, die auf ihm lag. So wie ihm geht es sicher vielen von uns. Umso wichtiger, sich der Bedeutung innerer Oasen bewusst zuzuwenden.

Gibt es so etwas wie einen inneren Referenzpunkt? Einen persönlichen Bezugsort in uns, auf den sich jede:r selbst besinnen kann? Leben wir ein Leben, das einer inneren Spur und einer mentalen Resonanz folgt? Wer bin ich? Oder wer denkt, wenn ich denke? Wer ist sich bewusst, dass wir uns bewusst sind?

Das sind große Fragen, an denen sich Philosoph:innen, Psycholog:innen, Geistliche usw. seit Jahrhunderten schweißtreibend versuchen. Auch aus unserer politisch-gesellschaftlichen Sicht ist es heute unverzichtbar, sich der kleinsten Einheit einer Gesellschaft immer wieder zuzuwenden: sich selbst. Dem eigenen Ich.

Wenn wir der Entwicklung unserer eigenen Persönlichkeit nicht genauso viel Aufmerksamkeit schenken wie den äußeren Dingen des Lebens, brennen wir aus und sind der Gesellschaft wenig hilfreich. Vor kollektiver Manipulation schützt sich eine Gesellschaft am besten, indem sie in die Bildung und Entwicklung der einzelnen Individualitäten investiert. Nur gefestigte, in sich ruhende und wirklich unabhängige Persönlichkeiten sind stabile Ankerpunkte in der Gesellschaft. Je weniger wir zukünftig in der Lage sein werden, die Quellen der Informationen, die uns erreichen, zu überprüfen, und je höher die Chancen sind, dass wir mit Fake News manipuliert werden, desto mehr kommt es auf solche gefestigten Persönlichkeiten an. Im Zweifel können wir nur unserer eigenen Stimme, unseren eigenen Gedanken vertrauen, was einen belastbaren Bezug zu uns selbst voraussetzt. Sich in seinem eigenen Weltbild zurechtzufinden und dennoch offen für Neues und jede Form von Weiterentwicklung zu sein, ist eine solide Voraussetzung, um eine gesellschaftliche Säule zu werden.

Der innere Referenzpunkt ist der Kern unseres Selbst. Er wächst mit unserer Kindheit, seit wir denken können und wir uns selbst bewusst sind. Wir beziehen uns unser ganzes Leben auf ihn – mal mehr, mal weniger. Er signalisiert uns, ob uns etwas zu viel wird oder nicht. Der eigene Bezug zum inneren Referenzpunkt ist mitverantwortlich dafür, *wie* wir uns ins Verhältnis zu unserem Umfeld setzen und *wie* wir etwas machen.

Je stärker unsere Verbindung zu uns selbst, zu unserem inneren Referenzpunkt ist, desto stabiler und resilienter sind wir. Wir fühlen uns dann im Lot. Wir kennen die Momente, wenn wir »über uns selbst hinweggehen« oder »außer uns« oder »extrovertiert« sind, dass wir uns selbst kaum noch wahrnehmen. Die Beziehung zu unserem Referenzpunkt müssen wir pflegen. Wer regelmäßig sein Instrument stimmt und spielt, hat mehr zur Verfügung als jene, die ihr Instrument vernachlässigen. Wer sich selbst gut erleben kann, kann mit anderen umso besser miterleben. Innere Stabilität entsteht gerade nicht durch starres Festhalten an alten Errungenschaften, sondern durch eine Beweglichkeit, die das labile Gleichgewicht permanent herstellt.

Der innere Referenzpunkt ist unser Gegenpol zum äußeren Leben. In ihm können sich die Dinge in uns »absenken«. Es ist unser Refugium, wenn äußerlich alles wackelt oder bricht.

Es gibt viele Beispiele, um seine innere Stabilität durch Momente der Ruhe zu stärken, wie zum Beispiel in die Natur zu gehen oder Musik zu hören. Eine der bekanntesten ist die Meditation. Sie hat sich in den letzten Jahren bis in die Führungsetagen von Topmanagern ausgebreitet und entwickelte sich mit Yoga zum Volkssport gleich nach dem Joggen. Die beiden Hirnforscherinnen Sara Lazar und Britta Hölzel von der Harvard University haben gezeigt, dass intensive Meditation sich positiv auf genau die Gehirnregionen auswirkt, die für die physiologische Selbstregulation wichtig sind.[61]

Fazit: Wenn der innere Referenzpunkt labil, geschwächt oder durch belastende Erlebnisse überschattet ist, sind wir auch gesellschaftlich weniger belastbar.

Selbstwirksamkeit – die Kraft der Überzeugung

Selbstwirksamkeit wird oft missverstanden. Damit ist keine egoistische Selbstverwirklichung gemeint. Unter Selbstwirksamkeit versteht die Psychologie die Überzeugung eines Menschen, auch schwierige Situationen und Herausforderungen alleine meistern zu können.[62] Der kanadische Psychologe Albert Bandura hat diesen Begriff geprägt. Er hat in seinen Studien herausgefunden, dass Menschen meistens erst dann beginnen zu arbeiten und sich einzubringen, wenn sie den Eindruck haben, diese Handlung auch alleine vollbringen zu können. Albert Bandura spricht von der Kraft der »Selbstwirksamkeitsüberzeugung«, die eine Person unabhängig davon hat, ob sie tatsächlich imstande ist, die Handlung auszuführen. Das bedeutet, ohne dass wir der Überzeugung sind, diese oder jene Tätigkeit bewältigen zu können, gehen wir die Tätigkeit gar nicht erst an.

Im Grunde weist die Kraft der Selbstüberzeugung auf eine mentale Fähigkeit zurück, die einen wichtigen Einfluss auf unser Vermögen oder Unvermögen hat. Sowohl Suchttherapie als auch die Sport- und Beruf-Coaches setzen auf die Kraft: »Ob du denkst, du schaffst es oder du schaffst es nicht – in jedem Fall hast du recht!«

Für unsere Perspektive, mit Krisen zukünftig besser umgehen zu können, spielt diese Fähigkeit eine große Rolle. Wenn es von unserer Überzeugung abhängt, ob wir mit den Herausforderungen von Krieg oder Klimawandel fertigwerden können, müssen wir auf unsere Überzeugungen Einfluss nehmen. Vielleicht müssen wir dann die Herausforderungen so zugänglich machen, dass sie uns nicht erschlagen, sondern dass wir sie überblicken können und sie einen unmittelbaren Bezug zu unseren einsetzbaren Möglichkeiten haben. Wenn wir beispielsweise im Rahmen unserer Selbstwirksamkeit erkennen, was für den Klimawandel zu tun notwendig ist, können wir leichter handeln. Wenn wir uns allein verantwortlich für die Einhaltung des Pariser Klimaabkommens und der Erreichung des 1,5-Grad-Ziels fühlen, werden wir vermutlich nichts unternehmen, weil wir uns beim Gedanken an die Größe des Ziels völlig überfordert fühlen. Wenn uns aber jemand direkt anspricht und einlädt, innerhalb unserer Gemeinde dieses oder jenes Vorhaben zum Schutze des Klimas mit voranzubringen, sind wir vielleicht handlungsbereiter.

Diese These der Selbstwirksamkeitsüberzeugung bestätigt jedenfalls unsere Annahme, dass die meisten Menschen sich durch den Umfang der Probleme oft so überfordert sehen, dass sie sich nicht zutrauen, Einfluss zu nehmen, geschweige denn die Probleme lösen zu können. Viele Menschen haben sich bereits dem Fatalismus hingegeben, nach dem Motto: »Es ist eh zu spät und viel zu groß, als dass ich noch etwas ändern könnte.« Vermutlich ist genau das einer der großen Indikatoren, warum die meisten Menschen ihr Handeln noch nicht auf den Klimawandel eingestellt haben. Die Kraft der Selbstwirksamkeitsüberzeugung ist blockiert.

Albert Bandura[63] gibt vier Wege an, wie Selbstwirksamkeitsüberzeugungen unterstützt werden:

1. Durch Erfolgserlebnisse
2. Beobachten von erfolgreichen Vorbildern
3. Einfluss sozialer Gruppen
4. Interpretation von Emotionen und Empfindungen

Die gesellschaftliche Resilienz hängt also auch davon ab, ob wir uns die Dinge zutrauen oder nicht. Wenn wir uns geschwächt und weniger stabil erleben, werden wir uns weniger zutrauen und weniger Kräfte verspüren, um die Herausforderungen zu meistern.

Vor diesem Hintergrund wird deutlich, wie wichtig es gerade für politische Führungsebenen ist, nie die ehrliche Zuversicht zu verlieren, die Dinge beeinflussen und bewältigen zu können.

Arbeit in Teams, Gruppen und Gemeinschaften

Nun haben wir in den vorhergegangenen Seiten beschrieben, was wir persönlich machen können, um uns zu stabilisieren. Wie aber kommen wir nun von den einzelnen Menschen zur Interaktion in der Gesellschaft? Dabei gilt es den Grundsatz zu beachten, dass wir Menschen nur unter Menschen Menschen werden. Das bedeutet, dass wir unsere innere Arbeit gerade in Gruppenzusammenhängen, Teams und Gemeinschaften erfahren und fördern können. Vorausgesetzt, dass auch dort die innere Arbeit und das Einbeziehen der emotionalen Ebene eine Rolle spielt. Ob in Gemeinde- oder Stadträten, in Unternehmen oder Parlamenten, überall dort, wo Menschen zusammenkommen oder arbeiten, wirkt nicht nur die physische Anwesenheit, sondern auch die emotionale und mentale. Wir können das, was uns ausmacht, nicht außen vor lassen. Stattdessen müssen die sozialen

Gefüge kompetent werden, sodass sich die Menschen wohlfühlen und sich gerne einbringen, ohne ihre Fähigkeiten, ihr Wissen zurückzuhalten. Doch wie wird ein soziales Gefüge emotional kompetent?

Psychologische Sicherheit - Erfolgreiche Teams

Das US-amerikanische Unternehmen Google wollte herausfinden, welche Teams und Gruppen am effektivsten und erfolgreichsten zusammenarbeiten. Sie gaben dazu das Aristoteles-Projekt[64] in Auftrag, das Erstaunliches hervorbrachte: Fünf ausschlaggebende Indikatoren wurden in dieser Studie, bei der 180 Teams erforscht wurden, am Ende definiert. An erster Stelle steht die psychologische Sicherheit.

Nicht etwa jene Teams sind am erfolgreichsten, in denen die intelligentesten, cleversten oder am besten befreundeten Menschen zusammenarbeiten, sondern jene Gruppen, in denen die psychologische Sicherheit am größten wahrgenommen wird. Das heißt, dort, wo die Menschen das stärkste Vertrauen zueinander haben und keine:r fürchten muss, sich vor den anderen Teilnehmenden zu blamieren, können sie am besten ihre Fähigkeiten einbringen.

Fünf Indikatoren für erfolgreiche Teams:

1. **Psychologische Sicherheit** – Vertrauen
   Können wir alleine oder im Team Risiken eingehen, ohne uns unsicher zu fühlen?
2. **Zuverlässigkeit**
   Jede:r kann sich auf jeden verlassen – jede:r bringt sich ein und informiert alle über auftretende Schwierigkeiten.
3. **Struktur**
   Die Strukturen können in jede:r Gruppe unterschiedlich

sein, sie müssen nur für alle klar definiert und sichtbar sein: Wie, wer, was entscheidet, und wer hat welche Aufgabe?

4. **Sinnhaftigkeit**/Bedeutung der Arbeit
   Jede:r erfährt in seiner und der Arbeit der anderen den Sinn.
5. **Auswirkung/**Wirkung der Arbeit
   Die eingebrachte Arbeit ergibt Sinn und erfüllt Zwecke und Ziele, idealerweise über die Gruppe hinaus mit Weltbezug.

Der Hinweis auf die psychologische Sicherheit ist für uns ein herausragender Punkt für unsere Arbeit geworden, intern und extern.

Welche Kolleg:innen, welche Politiker:innen, aber auch welche Bürger:innen, können schon von sich sagen, dass sie in Situationen großer psychologischer Unsicherheit ihren Beitrag leisten können – ohne Sorge zu haben, sich vor den anderen zu blamieren?

In unseren gelosten Bürgerräten (die im sechsten Kapitel unter »Bürgerräte« näher erläutert werden), die wir für den Bundestag organisiert haben, war psychologische Sicherheit eines der wichtigsten Kriterien, die wir als Voraussetzung für die Gruppenarbeit versucht haben zu erfüllen. Doch wie stellt man Vertrauen unter zufällig ausgelosten Menschen her?

Psychologische Sicherheit entsteht unter anderem durch zwei Faktoren:

1. **Gleiche Redeanteile**
   Jede:r äußert seine Meinung. Jede:r erhält ungefähr gleich viel Zeit für Redebeiträge. Die viel Redenden sprechen etwas weniger und die wenig Redenden etwas mehr. Wer

nicht reden mag, kann auch andere Formen nutzen und sich zum Beispiel schriftlich ausdrücken.

2. **Die Art des Zuhörens**
   Jede:r hört jede:m mit ungeteilter Aufmerksamkeit zu, unterbricht sie nicht (keine Handys, kein Rein- und Herausgehen, keine Ablenkung etc.). Die Qualität des Zuhörens hat Einfluss auf das Gesagte. Es kommt darauf an, zu verstehen, *was* der oder die andere sagt, *warum* ihr oder ihm das gerade wichtig ist und vor welchem Hintergrund es beigetragen wird. Keiner muss sich mit dem Gesagten einer anderen Person gleich machen.

Psychologische Sicherheit ist nicht gleichzusetzen mit zuckersüßer Nettigkeit zueinander. In psychologisch sicheren Teams kann die eigene Sichtweise der Dinge ausgesprochen werden. Fehler werden zugegeben und angesprochen. Lernen im Team findet statt, wenn auch Fehler geteilt werden und klar wird, was ein Fehler ist. Dann erst können alle aus Fehlern lernen.

Gruppenkohärenz – einen gemeinschaftlichen Raum bilden

Bevor gesellschaftliche Gruppen, Gemeinschaften oder Teams in eine qualitative Zusammenarbeit einsteigen, in der auch die emotionalen Ebenen miteinbezogen werden, ist es sinnvoll, die Gruppe aufeinander einzustimmen. Wenn jede:r aus seinem Alltagszusammenhang den Raum betritt, kann eine Gruppe arg zusammengewürfelt sein. Aus unserer Erfahrung sprechen wir dann von der Notwendigkeit einer Kohärenzbildung: Durch die Moderation angeregt, wird der Gruppenfokus gebündelt. Das Bewusstsein wird gemeinsam auf das eine oder andere gerichtet, mal auf die eigenen Körperwahrnehmungen, mal auf die Atmosphäre in der Gruppe, mal auch einfach nur auf die innere Sammlung in Ruhe.

Es gibt einen randvollen Methodenkoffer mit allerhand guten Tools, kleinen Aufwärmern oder auch Kennenlernübungen. Alle zielen darauf ab, dass die Gruppe sich als Gruppe zusammenfindet und als solche wahrnimmt und erlebt. Jedes Individuum ist dann idealerweise mit sich selbst verbunden und gleichzeitig mit der Gruppe. Das Kohärenzgefühl einer Gruppe hat viele Abstufungen. Je stärker das Übereinstimmungsgefühl unter den Gruppenteilnehmern ist, desto intensiver erleben sich die Einzelnen untereinander. Die Gruppe bildet sich ihren eigenen, ihr spezifischen Innenraum, ihre soziale Kapazität, um alles, was sich daran anschließt, aufnehmen und bewältigen zu können.

Diese Bezogenheit ist voraussetzungslos möglich, unabhängig davon, ob und wie gut sich die Menschen kennen, auch unabhängig davon, ob sie sich in Online- oder Präsenzräumen treffen. Je mehr Zeit zu Beginn auf das Kohärenzerleben einer Gruppe verwendet wird, desto leichter kann die Gruppe anschließend ihre kollektive Intelligenz entfalten und die psychologische Sicherheit weiter ausbauen.

Die Kraft der Pause

Es war in einer Zelthalle am 21. Mai 2009 in Bremen, als ich, Claudine Nierth, Sprecherin für Mehr Demokratie, spätnachmittags auf dem Podium des 32. Deutschen Evangelischen Kirchentages saß. Es waren Stunden endloser Reden über Demokratie vergangen. Die Menschen waren erschöpft, das Zuhören wurde immer anstrengender, und das Programm war noch lange nicht am Ende.

Ich hatte kaum etwas zu sagen, was an diesem Nachmittag noch niemand gehört hatte. Also stand ich auf und fragte die Zuschauer, ob sie Lust hätten, sich auf etwas Unbekanntes einzulassen. Als sie zustimmten, schlug ich einen Versuch vor. Sie sollten, zunächst unhörbar leise, klatschend einen Trommelwirbel im Zeltsaal erzeugen, und wenn der Trommelwirbel am lautesten wäre, sollten sie – ohne mein Kommando – abrupt, mit einem Schlag, aufhören. Ganz leise fingen die Hände von 1500 Menschen an zu klatschen, langsam anschwellend, immer hörbarer, immer lauter und lauter, und dann hörten sie plötzlich mit einem Schlag auf: Stille!

Sekunden einfach nichts, nur Stille. Und die Menschen hellwach. Ich musste nicht mehr viel sagen. Warum hat das, was sie eben erlebt haben, geklappt? Warum haben alle *zusammen* geklatscht? Wie konnten sie ohne Kommando plötzlich das Ende finden? Wir haben diesen Versuch genau einmal gemacht. Das war auch für mich überraschend: Menschen können viel besser zusammenarbeiten, als uns bewusst ist.

Ob Sie ein Meeting eröffnen oder mit einer größeren Gruppe zusammenarbeiten, wenn Sie zu Beginn oder bei Übergängen in der Tagesordnung kleine Gelegenheiten zur inneren Besinnung geben, kann das entspannend wirken und die Kapazität der Gruppe weiten. Eine Zwei-Minuten-Pause der Ruhe einzulegen, ist so einfach wie wirksam.

Anschließend fahren Sie einfach in Ihrer Tagesordnung fort. Anfangs mag diese Pause wie eine Unterbrechung wirken. Auch kann es Menschen geben, die diese Ruhe als unangenehm erleben, weil sie das Gefühl haben, etwas »machen« zu müssen. Anderen ist der Moment der Stille schlicht zu laut. Pausen entschleunigen unseren Alltagspuls und zwingen uns zum Innehalten. Während der eine sich besinnt auf das, was folgt, besinnen sich andere auf das, was eben war. Pausen müssen wir üben, es gibt sie kaum noch in unserem hektischen Alltag. Und wenn doch, ist das Smartphone der Pausenfüller, bevor wir überhaupt merken, dass ein Moment der Leere uns ergreifen könnte. Genau jenes bemängeln Resilienztrainer:innen: Den Verlust der vielen kleinen unmerklichen Pausen, die wir früher noch hatten. Früher, als wir in der Warteschlange Passanten beobachteten, am Fenster stehend Regentropfen fallen sahen oder auf Bahnsteigen die Schwellen des leeren Gleisbettes zählten. Heute checken wir Nachrichten auf dem Display oder schauen Netflix-Filme auf dem Handy. Doch diese leeren, sinnlosen, kleinen Pausen von einst waren hilfreiche Unterstützer unserer Resilienz!

So erhöhen Momente der Pause und des Innehaltens auch die Gruppenresilienz im Augenblick. Gerade wenn schwierige Meetings oder Konferenzen anstehen, lange Tagesordnungen abgearbeitet werden müssen oder es hoch hergeht im Raum. Ruhemomente erweitern die innere Kapazität und Belastbarkeit der Gruppe.

Bezogenheit

Bezogenheit – sich in Beziehung setzen können ist eine zentrale Fähigkeit, auf die es ankommt. Denn eines der gravierendsten Probleme einer zerrissenen Gesellschaft ist das Gefühl der Menschen, getrennt und vereinzelt zu sein. Die Tendenzen, sich zu distanzieren, zurückzuziehen und das zunehmende Erleben »Was hat das mit mir zu tun?« sind Ausdruck des Gegenteils von In-Beziehung-Sein. Wenn wir der Unverbundenheit des Einzelnen sowie ganzer Lager und Gruppen gegenüber der Gesellschaft entgegenwirken wollen, kommt es darauf an, *wie* bezogen sich jedes einzelne Mitglied der Gesellschaft zum Ganzen erlebt. Werden die Ereignisse, die uns als Mitglieder der Gesellschaft und als Bürger:in betreffen, so erlebt, dass sie unmittelbar mit uns zu tun haben, besteht eine Rückkopplung zur Selbstwirksamkeit. Das eigene Handeln muss als wirksam im Hinblick auf das Ganze erfahren werden, nur so kann sich jemand integriert erleben. Wann immer wir uns in Beziehung setzen können zu jenem, was auf uns wirkt und Einfluss hat, entsteht eine aktive Verbindung und damit Sicherheit und Entspannung.

Bessel van der Kolk, einer der international anerkanntesten Traumaexperten und Gründer des Trauma Centers in Boston, USA, beschreibt in seinem Buch *Verkörperte Schrecken*[65] die Bedeutung einer sicheren Bindung, vor allem im Kindesalter, um Bindungs- bzw. Entwicklungstrauma zu verhindern. Er schildert zum Beispiel ein Kind, welches aufgrund seiner zerrütteten, zum Teil schwer traumatisierten Kindheit auf mehrere Therapieversuche nicht ansprach, bis es in ein Programm mit Pferden kam. Das Mädchen bekam regelmäßige Aufgaben und Verantwortung in der Pflege und im Umgang mit dem Pferd. Daraus entstand eine wechselseitige Beziehung und Bindung, welche die weitere Entwicklung des Mädchens über Jahre förderte und sicherte. Sie selbst stellte Jahre später diese Therapie als ihre Rettung dar. Endlich gab es ein Wesen, das sich freute, wenn sie kam, und sich ihm zuwendete. »Wir Menschen sind zutiefst soziale Wesen; unser Lebensziel ist, unseren Platz in der menschlichen Gemeinschaft zu finden«, sagt Bessel van der Kolk. Unsere Basis seien soziale Beziehungen.

Zwei Grundbedürfnisse – Sicherheit und Selbstausdruck

Teil der Bezogenheit ist der Wunsch nach Sicherheit und Bindung. Es liegt in unserer Natur, dass wir Menschen einerseits das Bedürfnis haben dazuzugehören und andererseits gestalten wollen. Wir möchten wahrgenommen und wirksam werden. Und zwar auf allen Ebenen, im privaten, familiären, im beruflichen oder politischen Leben. Jede:r, der auf die Straße und demonstrieren geht und sein Schild mit seiner Forderung hochhält, will gesehen werden und mitentscheiden. Wer sich nicht gesehen, gehört und in die Gestaltung der Lebensverhältnisse einbezogen fühlt, beginnt zu protestieren, rebellieren und sich gegebenenfalls sogar zu radikalisieren.

a. Dazugehören und wahrgenommen werden (Sicherheit)
b. Gestalten und wirksam sein (Selbstausdruck)

Doch: Wann haben Sie sich das letzte Mal wahrgenommen gefühlt? Wann hatten wir das letzte Mal das Gefühl, dass uns jemand wirklich sieht, so wie wir sind? Und wann haben wir das letzte Mal etwas verändert? Hängt unser gesellschaftlicher Friede mit davon ab, wie sehr diese Grundbedürfnisse berücksichtigt werden, dann müssen wir beginnen, sie ernst zu nehmen.

Wenn Bürger:innen, aber auch Politiker:innen sich weder gesehen noch wirksam erleben, haben wir ein Problem. Frust und Verdruss! Wer hingegen die Demokratie stärken will, muss viele demokratische Erlebnisse erzeugen.

Bezieht beispielsweise die Stadt Rottweil – wie geschehen – in ihre Überlegung, sich beim Land Baden-Württemberg für den Bau einer neuen Jugendstrafvollzugsanstalt zu bewerben, ihre Bürger:innen von Anfang an mit ein, entsteht eine gesellschaftliche Bindung unter den Einwohner:innen und zu dem neuen Projekt. In diesem Fall wurden die Bewohner:innen in die Abwägungs- und Entscheidungsprozesse miteinbezogen. Gemeinsam wurden Vor- und Nachteile ausgetauscht, verschiedene Standorte begutachtet und am Ende per Bürgerentscheid abgestimmt. Die so gewonnenen Erfahrungen haben in der Stadt nicht nur dazu geführt, dass Rottweil heute ein modernes Gefängnis baut, sondern ähnliche Prozesse der öffentlichen Beteiligung folgten. Die Bürger:innen hatten die Möglichkeit, sich bewusst als Gemeinschaft ihrer Stadt zu erleben – die Bindung untereinander wurde gestärkt.

Bei der gesellschaftlichen Bezogenheit kommt es nicht darauf an, dass alle einer Meinung sind und am Ende im Konsens entschieden wird, sondern darauf, dass jede Meinung willkommen ist. Alle sollen sich einbezogen fühlen und die Erfahrung machen, dass es auch auf sie ankommt, wie die Dinge bewegt werden. Jede Form, jedes Element, jeder Prozess, der es ermöglicht, Einzelne in ihren gesellschaftlichen Bezügen zu integrieren, fördert Zusammenhalt.

Als wir 2019 den ehemaligen irischen Premierminister Enda Kenny besuchten, erklärte er uns, was den gesellschaftlichen Zusammenhalt Irlands ausmacht. Er hielt die irische Verfassung in den Händen und sagte: »An dieser Verfassung und all ihren Änderungen hat jeder irische Bürger mitgewirkt, indem er über alles, was in dieser Verfassung steht, in Referenden abgestimmt hat. Und das hält unsere Gesellschaft zusammen – die gemeinsame Bestimmung der Regeln, die uns alle betreffen.«

Allein die Tatsache, dass die Franzosen im Jahr 2005 über die EU-Verfassung in einer Volksabstimmung befinden durften, hat dazu geführt, dass die französische Bevölkerung sich monatelang mit einem Thema auseinandergesetzt hat. Vom Ziegenhirten bis zur Akademikerin wurde über die Auswirkungen der EU-Verfassung diskutiert. An jedem Kiosk konnte man die Erklärungen der Verfassung kaufen, verständlich für jede:n aufbereitet. Dieser Diskurs hat das gesellschaftliche Selbstbewusstsein gefördert und jede:r Bürger:in deutlich gemacht: Auch auf dich kommt es an!

Das sind demokratische Erlebnisse, die nicht nur die Demokratie stärken, sondern auch die kollektive Erfahrung der oder des Einzelnen, Teil eines Ganzen zu sein. In einer Gesellschaft, die sich als wirksam erfährt, sorgt jedes Mitglied selbst dafür, sich einzubringen und in Beziehung zu setzen. Wer gefragt wird, wendet sich nicht ab! Solche Abstimmungsprozesse führen trotz heftiger Debatten und unterschiedlichster Standpunkte interessanterweise gerade nicht zur Spaltung der Gesellschaft, denn der Prozess wird mit einer Abstimmung abgeschlossen, auf die jede:r Einfluss nehmen kann. Das heißt, gute und faire demokratische Prozesse stärken den Zusammenhalt. Und wir erwähnen hier extra »fair«, denn es gibt auch genau das gegenteilige Beispiel: der Brexit in England. Hier waren sowohl der Abstimmungsprozess als auch das Verfahren weder fair noch sinnvoll. Premierminister David Cameron wollte damals seine innerparteilichen Kritiker ruhigstellen und setzte kurzfristig ein Referendum über den Austritt von Großbritannien aus der EU an. Ohne seriöse Information und genügend Zeit, über die Folgen eines Brexits diskutieren zu können, entschied sich eine knappe Mehrheit nach einer aufgeheizten Kampagne für den Austritt. Danach war der Katzenjammer groß. Nach unseren deutschen Abstimmungsregeln in den Bundesländern wäre so ein Verfahren nicht möglich, weil bei uns kein:e Einzelne:r dieses Instrument anwenden kann und die Diskussions- und Informationsphasen über mehrere Jahre gehen.

Aus unserer Sicht wird die Kluft zwischen Bürgerschaft und Staat in den westlichen Ländern immer größer. Will man sie verringern, müssen beide zueinander in Beziehung gesetzt werden – und zwar aktiv. Wer von uns könnte sagen, dass das Bürger-Staat-Verhältnis stabil, belastbar und voraussetzungslos gut sei? Bei vielen Menschen gehört es zum Lebensgefühl, sich grundsätzlich gegen den Staat zu stellen und sich selbst als Opfer des Staates zu erleben. Und umgekehrt fragen sich viele Menschen, was der Staat mit ihnen zu tun hat. Oft fühlen sie sich nur als lästiges Rädchen im Getriebe. Wir brauchen eine Kultur der gegenseitigen Beziehungspflege, um die Gräben zu schließen.

Kulturkompetenz

Wie also können wir gesellschaftlichen Wunden in Krisen entgegenwirken? Wie können wir mit unseren kollektiven Traumata zurechtkommen? Und wie stabilisieren wir unseren Zusammenhalt?

Wir Autor:innen glauben, dass wir neue Kulturkompetenzen brauchen, um mit den gegenwärtigen Herausforderungen umgehen zu können. Wenn wir diese Kulturkompetenz nicht entwickeln, wird unsere Gesellschaft immer gestresster, weniger belastbar und fragmentierter. Wir müssen uns um unseren Zusammenhalt kümmern, er entsteht nicht automatisch. Aber was meinen wir damit eigentlich?

Kulturkompetenz ist für uns die Fähigkeit, die Resilienz der Gesellschaft erweitern zu können, damit sie mit den emotionalen Herausforderungen umgehen kann. Wir müssen offensiv unser gesellschaftliches Fassungsvermögen erweitern, sodass niemand verloren geht, egal was kommt, und Einfluss auf uns als Ganzes nimmt. Mit Kulturkompetenz meinen wir, gerade in Krisen und schwierigen gesellschaftlichen Debatten den menschlichen Bezug untereinander *nicht* zu verlieren. Die innere Kapazität unserer Gesellschaft wurde in der Vergangenheit stark auf die Probe gestellt. Spätestens jetzt wissen wir, dass der Puffer nicht ausreicht. Die Fähigkeit, mit kollektivem Stress umgehen zu können, müssen wir sukzessive ausbauen. Hier kann sowohl der Staat als auch jede:r Einzelne dazu beitragen. Zumindest jene, die sich hierzu bereit fühlen. Wie sehr haben wir heute das Gefühl, uns auf unsere eigene Gesellschaft verlassen zu können? Wer von uns kann sagen, dass er den gesellschaftlichen Rückhalt so wahrnimmt, dass er sich weder vereinzelt noch allein gelassen im Umgang mit den inneren Auswirkungen der Krisen fühlt? Welche Kapazitäten haben wir gesellschaftlich wirklich zur Verfügung, wenn es eng wird?

Das, was früher in den Dörfern die Kirchen übernahmen, nämlich Orientierung und Halt geben, Werte vermitteln und Gemeinschaftsgefühle stärken, muss heute mehr und mehr die Gesellschaft selbst leisten. Wir müssen dazu heute gerade nicht mehr eines Glaubens sein, sondern haben die Möglichkeit, unsere Vielfalt als Gewinn innerhalb der Gemeinschaft zu erleben. Dazu brauchen wir neue Räume, Anregungen, Erfahrungen, Modelle und Elemente – und ein Bewusstsein davon, dass wir das brauchen! Der Zusammenhalt, der uns fehlt, kann sich in neuen Formen des gemeinschaftlichen Erlebens bilden.

Kulturkompetenz bedeutet zum Beispiel, angemessen reagieren zu können, flexibel zu bleiben und die Wahl zu haben sowie immer beziehungsfähig zu bleiben. Durch bestimmte Prozesse, Erfahrungen und spezielle Formate können gesellschaftliche Fähigkeiten, die gemeinschaftsbildend sind, geformt werden. Im nächsten Kapitel werden wir Beispiele, Elemente und Formate vorstellen und anreißen, um ein Verständnis dafür zu entwickeln, worauf es ankommt und wie sie umgesetzt werden können. Wir erheben hier keinerlei Anspruch auf Vollständigkeit, vielmehr sind diese Beiträge als Anregungen zu verstehen, um ein neues Feld der politischen und kulturellen Arbeit zu eröffnen. Das ist nur ein Anfang.

Etwas zu kultivieren bedeutet, aus dem Unbewussten herauszutreten.

Erst wenn wir in Krisen unseren Rückhalt nicht verlieren, sondern diesen als Ressource nutzen, sind wir gesellschaftlich resilient. Wenn der öffentliche Diskurs uns nicht schwächt, sondern stärkt, sind wir eine starke Gesellschaft!

Wenn es gelingt, uns jenseits aller Differenzen gegenseitig in etwas Größerem wie in einem Gesellschaftsraum oder der

Demokratie miteinander verbunden und in Beziehung zu bleiben, sind wir kulturkompetent.

Im Grunde geht es um die Fähigkeit der Zuneigung, die der Distanz gegenübersteht. Sie birgt die Offenheit, auch auf das zugehen zu *können,* was ablehnenswert erscheint. Wer die Fähigkeit der Zuneigung nicht verliert, wird Spaltung nicht erleben!

Ein Beispiel aus der Musik: Wenn Sie in einem zeitgenössischen Konzert der neuen Musik sind, werden Ihre Hörgewohnheiten sehr herausgefordert. Sie hören Geräusche, schroffe Töne, disharmonische Klänge und zusammenhanglose Anordnungen von Krach und Stille. Mit Sicherheit wird Ihnen – sofern Sie ungeübt sind – all das als sehr fremd und überfordernd vorkommen, vielleicht würden Sie auch am liebsten rausrennen oder sich die Ohren zuhalten. Mag sein, dass Sie das Gehörte sogar als »abartig« und unerträgliche Zumutung erleben. Sie erleben die Distanz zu allem, was um sie ist. Es sei denn, Sie hatten Glück, dass der Komponist oder die Dirigentin Ihnen zuvor eine Einführung und einen *Zugang* eröffnete: Dann wurden Sie dazu angeregt, Ihren ganzen Körper wie ein Hörorgan zu öffnen und alles, was Sie hören, in Bezug zu sich selbst zu erleben. Beobachten Sie, wie jeder Klang und jedes Geräusch auf Sie wirkt, und versuchen Sie *aktiv,* eine Brücke, eine Verbindung von sich zu dem Gehörten zu bilden. Stellen Sie eine Verbindung von Ton zu Ton her, die es sonst nicht gäbe! Sodass sich durch Ihre Aktivität die einzelnen Töne in eine zusammenhängende Gesamtkomposition einfügen. Die »Musik« oder die »Melodie« wird erst dann in Ihnen entstehen, wenn Sie diese Töne und Klänge in eine Melodie verbinden. Wenn Sie sich dem Geschehen *zuneigen* statt sich von ihm *abzuwenden,* kann das Geschehen zu Ihnen in Beziehung gehen. Erst dann kann das Ereignis ein bereicherndes Musikerleben werden.

Die Verbindung entsteht immer im Auge des Betrachters!

Wenn wir uns nicht offen dem entgegenbringen, was uns begegnet, bleiben wir in der Distanz. Dann entsteht kein Zusammenhang. Wir bleiben getrennt von dem, was wir sehen und hören. Die Dinge haben dann nichts mit uns zu tun. In dem Moment aber, wo *wir* unser Verhältnis zu unserem Umfeld verändern, gehen *wir* in Beziehung und stellen eine Verbindung zum Umfeld her. Dadurch überwinden wir die Distanz und Trennung und stellen Zusammenhalt her.

Demokratie der Zuneigung

Die Demokratie der Zuneigung ist die Überwindung der Demokratie der Distanz. Ein Wesenszug der Distanz ist, dass wir uns dem, was wir ablehnen, am wenigsten zuwenden wollen. Das, was einem nicht richtig erscheint, was man als falsch, unwahr oder gefährlich und bedrohlich erlebt, schieben wir am allermeisten von uns. Unsere Zuneigung bricht, wenn das eigene Weltbild nicht gespiegelt wird. Auch in der Demokratie. Vermutlich fühlen wir uns noch im Recht und in der Verantwortung, das eigene Umfeld und den Rest der Welt von der Unwahrheit oder Fürchterlichkeit dessen, was wir ablehnen, zu überzeugen. Wir stemmen uns mit aller Kraft vom kritisierten Übel ab. Je mehr feindliche Lager oder Konfliktparteien versuchen, einander abzulehnen und vom Falschsein des jeweils anderen zu überzeugen, desto schlimmer wird es. Beide stehen wie in Treibsand: Je mehr sie treten, desto tiefer sinken sie in den Konflikt. Die letzte Stufe der Konfliktspirale ist der Niedergang, die gegenseitige Vernichtung. Und dennoch sagen Konfliktbegleiter:innen, dass man auf *jeder* Stufe der Eskalation noch heraustreten kann, allerdings auf den unteren Stufen nicht mehr *ohne* Hilfe von außen.

Die Aufhebung der Distanz und Lösung der meisten Konflikte ist nur möglich, wenn wir das Prinzip erkennen und mindestens eine Seite die Richtung ändert: statt sich zu distanzieren, sich einander zuzuwenden. Das ist mit Abstand der schwierigste Schritt!

Weil wir uns allem zuwenden würden, nur nicht dem, was wir am meisten ablehnen oder als bedrohlich erleben. Die Distanz bemerken und innehalten, um sich dann nur leicht in die entgegengesetzte Richtung zu neigen wie ein sanftes Hinlehnen, ist bereits *die* Veränderung. Sollte dieser Schritt gelingen, und zwar nur *innerlich, verändert* sich bereits das ganze System der Spaltung. Es wirkt wie ein physikalisches Gesetz im Sozialen: die Kraft, die auseinanderstrebt, zu wenden.

Was so einfach klingt, erscheint uns meistens undenkbar. »Alles, bloß das nicht!« Und diese Absolutheit ist bereits Ausdruck der Gefangenschaft im Prinzip der Spaltung. Sich distanzieren *müssen* statt sich distanzieren *können* ist ein Teil der Ohnmacht innerhalb des Konflikts. Und das bedeutet *nicht,* dass man irgendetwas dessen, was man ablehnt, gutheißen oder gar für gerechtfertigt halten muss. Im Gegenteil, Unheil bleibt Unheil. Aber indem wir uns auf das Furchtbare, Ablehnenswerte, Verurteilbare *anders* beziehen, wird sich das Konfrontierte verändern, weil es damit in einem neuen Kontext steht. Die Spannung eines Seils bleibt so lange erhalten, solange an beiden Enden gezogen wird. Oder umgekehrt, der Druck der Ablehnung erzeugt so lange Gegendruck, bis eine Seite den Druck nicht erwidert.

Das Prinzip der Aggression ist so lange aktiv und wirksam, solange es eine Angriffsfläche gibt, die dagegenhält. Haben Sie mal in einem heftigen Streit mittendrin einfach zu lächeln begonnen? Es ist gewagt, jemanden in dem Augenblick, in dem wir ihn am liebsten vernichten würden, anzulächeln. Aber genau auf dieses Wagnis kommt es an. Manchmal ist auch Humor die

Siegerin des Gefechts. Es ist der schnellste Weg, den Modus der Aggression in den Modus der Entspannung zu wenden.

Wir sprechen hier bei Demokratie der Zuneigung nur von Prinzipien. Allerdings von sehr wirkungsvollen. Das »Gegenüber« ins Boot holen, wenn man es doch loswerden will, ist *der* Paradigmenwechsel schlechthin. Das macht aber nur Sinn, wenn das Gegenüber *innerlich* ins Boot geholt wird. Dem Gegenüber die Daseinsberechtigung nicht abzusprechen, unabhängig von der Handlung, die es vertritt, und es in der ganzen Existenz zu akzeptieren, ist ein Schritt, der Spaltung überwinden kann.

Sich allem, was wir aus unserem Leben verbannen wollen, sanft zuneigen zu können, verändert das Bedürfnis der Verbannung. Ganz konkret, was wandelt sich, wenn ich mich innerlich leicht hinwende? Alles!

KAPITEL 6:

Wege zu einer kompetenten Gesellschaft

»... weil die anderen auch immer recht haben.«
Gisela Erler, ehemalige Staatsrätin für Bürgerbeteiligung und Zivilgesellschaft in Baden-Württemberg

Es ist uns seit vielen Jahren ein Anliegen, dass sich die Gesellschaft und jede:r Einzelne in ihr frei und selbstbestimmt entfalten kann. Demokratie ist für uns die Voraussetzung dafür, dass die Menschen ihr Zusammenleben gemeinsam aushandeln und bestimmen und wir in einer starken Bürgergesellschaft leben können. Heute gelangen wir mehr und mehr zu der Überzeugung, dass wir dafür gesellschaftliche Innenräume und klassische gesellschaftliche Außenräume miteinander verbinden müssen, denn genau darin liegt die Kraft für grundlegenden Wandel und Fortschritt.

Gesellschaftliches Innen und Außen

Was sind für uns gesellschaftliche Innenräume? Gemeinsame Innenräume entstehen durch gemeinsam erlebte Erfahrungen einer Gesellschaft, die zusammenschweißen. Unsere gemeinsame Geschichte, unsere Vergangenheit, unser kollektives Gedächtnis. Aber auch unsere Schatten und unsere Traumata. All die eher weichen Faktoren, im Gegensatz zu den äußeren Faktoren wie Regeln, Gesetze, Institutionen. Zu den Innenräumen gehören auch die gemeinsamen Qualitäten, Fähigkeiten, die soziale Bindung und das Verantwortungsgefühl füreinander. All die positiven Erfahrungen, in denen wir emotional nah beieinanderstehen und uns ausgesprochen oder unausgesprochen mit den anderen verbunden, ähnlich oder sogar gleich fühlen können.

Ein großer positiver innerer Erfahrungsraum war der Fall der Mauer am 9. November 1989. Beim Fall der Mauer war wirklich jeder Mensch von der Möglichkeit des Unmöglichen berührt. In diesen Tagen und Wochen beherrschten die Emotionen alles andere, und flächendeckend durchzog Freude und Hoffnung das Land. Das war ein gemeinsamer innerer Raum pur, der uns alle miteinander verband.

Oder die beiden Fußballsommer 2006 und 2014. Bei der Weltmeisterschaft in Deutschland im Sommer 2006 wurde Deutschland unter der Führung von Jürgen Klinsmanns Dritter. Die Spiele führten zu einem neuen Selbstbewusstsein der Deutschen und etablierten ein entspannteres Nationalbewusstsein, ohne sich schämen zu müssen. Die schwarz-rot-goldene Fahne wurde vom reaktionären Touch des Nationalismus befreit und damit auch ein Stück eigene traumatische Geschichte überwunden. Es war ein bis dahin nicht da gewesenes Gemeinschaftsgefühl, welches sich über Wochen durch das ganze Land zog. Egal, wohin die Menschen gingen, ob im Supermarkt, in der Kneipe, am

Badestrand oder im Büro, überall fühlte man sich solidarisiert in einem starken Wirgefühl. Eine gemeinsame Freude einte das Land. Auf diesem Gefühl baute der WM-Sieg 2014 in Brasilien. Ähnliche gesellschaftliche Erfahrungen machen die Menschen beim Eurovision Song Contest. Das, was Sport und Kultur vermögen, sollte aber auch im Politischen, jenseits der Wahlabende, möglich sein: Gefühle des Zusammenhalts in einem Wirerleben!

Gesellschaftliche Innenräume sind nicht so leicht steuerbar oder beeinflussbar. Auch die Orte und Räume, an denen sie sich bilden können, sind schwer erfassbar. Wo entstehen unsere Gemeinschaftsgefühle? In den Stadien, Konzerthallen oder Fernsehshows?

Im alten Griechenland gingen die Menschen erst ins Theater, dann auf die Agora, auf den Platz, an dem die politischen Entscheidungen diskutiert und getroffen wurden. Die beiden Plätze liegen in Athen nur wenige Hundert Meter auseinander. Kunst und Politik lagen nah beieinander. Wenn die Menschen in den Rängen im Theater saßen als Publikum und gemeinsam bei dem Geschehen auf der Bühne mitfieberten, entstand allein dadurch bereits ein Gemeinschaftserleben. In klassischen Tragödien oder Komödien erlebten die Menschen alle Gefühle und tiefen Bewegungen mit. Angst, Liebe, Eifersucht, Gier, Trauer wurden per Bühnenhandlung durchlitten. Dies bildet – so Aristoteles – die Grundlage, um die Reinigung der Seele herbeizuführen. Seelisch neugeboren geht man daraus hervor. Erst im Anschluss fanden sich die Menschen auf der Pnyx, der Wiese auf dem Hügel neben der Akropolis, in einer Volksabstimmung zusammen, besprachen und entschieden die wichtigen kommunalen Angelegenheiten der Athener in direkter Demokratie. Ob sich dies nun historisch exakt so zugetragen hat, wissen wir nicht ganz genau. Jedenfalls hat uns dies eine vor Energie sprühende Historikerin bei einer Exkursion von Mehr Demokratie zur Wiege der Demokratie in der Antike so erklärt. Das Bild ist stark. Erst die soziale Verbindung und innere Läuterung durch die theatralische Handlung, vielleicht auch eine gemeinsame kultische Handlung und dann die Beschäftigung mit der Politik, den gemeinsamen Regeln und der Austausch über die Probleme des gemeinsamen Zusammenlebens.

Auch in dörflichen Strukturen bei uns in Deutschland geschah dies vor wenigen Jahrzehnten noch ähnlich: Am Sonntagvormittag gingen die Menschen erst in die Kirche, richteten sich innerlich ethisch aus, es folgte das gemeinsame Gebet und die Orientierung an einer höheren Instanz. Im Anschluss folgte die Gemeinderatssitzung. Natürlich versuchte der Pfarrer oft, seinen Schäfchen die Welt zu erklären. Natürlich wurden so Moral und auch ganz handfeste Interessen eingebläut. Wenn es gut ging, lag darin auch eine gewisse kommunale Weisheit. Heute ist die Trennung von Kirche und Staat unerlässlich. Und doch fehlt nun eine innere Verbindung zu den uns im Äußeren bestimmenden Dingen. Braucht Demokratie Religion, wie der Soziologe Hartmut Rosa anregt? Braucht Demokratie einen inneren, tieferen Bezug, damit die Menschen ihre Geschicke und Interessen besser aushandeln können?

Wir sind der Überzeugung, dass die Menschen vor allem einen inneren Kompass brauchen sowie einen Bezug zu sich und den Menschen, die sie umgeben, um gemeinsam ihre Belange regeln zu können. Das können wir fördern!

Auf CSU-Parteitagen findet traditionell Sonntagfrüh ein gemeinsamer Gottesdienst statt oder zumindest eine getragene Ansprache eines katholischen und dann eines protestantischen Geistlichen. Auch das gemeinsame Singen der erst bayerischen, dann deutschen und schließlich europäischen Hymne mutet erst einmal seltsam an. Aber sie tun und bilden etwas Gemeinsames.

Singen ist eine unmittelbare Handlung, die Menschen einfach zusammenbringt. Die einfachste Form, um in Resonanz zu gehen.

Wir haben das selbst erlebt auf diesen Parteitagen. Auch wenn es kulturell zunächst fremd anmuten mag, auffallend ist, dass die Haltung und die Atmosphäre im Saal und unter den Menschen hinterher anders war. Mehr Zusammenhalt! Mehr Wirgefühl! Mehr Solidarität!

Dass wir uns gerade in Deutschland manchmal schwertun mit dem gemeinsamen Singen von »Volksliedern«, mag auch mit dem traumatisch-kollektiven Gedächtnis zusammenhängen: Lieder zu singen, um zusammenzuschmieden, wurde eben bereits missbraucht in unserer Kultur. Dennoch, gemeinsames Singen stärkt bis heute das gemeinschaftliche Erleben und den Zusammenhalt, was wir am ehesten noch von mitreißenden Konzerten oder vollen Fußballstadien kennen.

Erst eine Atmosphäre der Verbundenheit herstellen und dann in die gemeinsame Arbeit einsteigen stärkt die soziale Stabilität. Wir haben es immer wieder in der Praxis erlebt, sei es beim Aufbau von Mehr Demokratie mit seinen 10.000 Mitgliedern und einem Umfeld von 200.000 Menschen oder auch beim Aufbau von kommunalen Strukturen in der Gemeinschaft Schloss Tempelhof, wo es um Investitionsentscheidungen in Millionenhöhe und andere existenzielle Themen ging. Um ein Feld des Vertrauens unter den Teilnehmenden zu kreieren, ist es hilfreich, emotionale Verwicklungen und Konflikte von den Zeitpunkten, in denen bindende Entscheidungen getroffen werden, zu trennen. Dies ist ein starkes und effektives Prinzip und Voraussetzung für kluge und schnelle Entscheidungsfindung.

Es ist gut, möglichst vor alle wichtigen Entscheidungen Klärungsprozesse oder emotionale »Verdauungsräume« zu schalten. Auch wenn gar kein spezieller Konflikt obenauf liegt, ist es wichtig, regelmäßig die Sozialhygiene zu pflegen, so etwas wie ein emotionaler Hausputz. Konkret wird, mit entsprechender Zeit, eingeladen, alle offenen und verborgenen Konflikte und Projektionen zumindest auf den Tisch zu legen und transparent zu machen. Mal ist es unbewusster Neid, Eifersucht, mal das Nachtragen alter Konflikte oder dem anderen etwas nicht zu gönnen, auch das Sich-wichtig-Machen oder Sich-nicht-gesehen-Fühlen kann so gezeigt werden. Die Belohnung ist dann, wie unglaublich wachsam, diszipliniert, effektiv und auch entspannt Entscheidungen getroffen werden können. Nur um kein Missverständnis aufkommen zu lassen: In einer Gruppe, die solche Prozesse durchlaufen hat, sind nicht alle Konflikte und Reibereien gelöst, aber zumindest sind sie nicht mehr nur unterschwellig, sondern transparent, und alle wissen darum. Sie sind im kollektiven Bewusstsein, und deswegen kann die Gruppe anders damit umgehen.

Bürgerräte – Die gelosten Bürger – Krafträume der Demokratie

Eine besondere Form, in der die Demokratie der Zuneigung zur Anwendung kommt, sind Bürgerräte. Wenn wir mit Mehr Demokratie nicht die ersten bundesweit gelosten Bürgerräte organisiert hätten, wäre dieses Buch sicher nicht entstanden. Aus einer Mischung von Skepsis und Neugier begannen wir 2018, uns mit den irischen Vorbildern, den »Citizens Assemblies«, zu beschäftigen, bevor wir dann 2019 in Deutschland die ersten Formate für den Bundestag unter der Schirmherrschaft des damaligen Bundestagspräsidenten Wolfgang Schäuble erprobten. Wir erkannten, dass Bürgerräte regelrechte Krafträume der Demokratie sind und genau jene Kultur verkörpern, um die es uns geht: Wirkompetenz und die Verbindung von Außen- und Innenräumen.

Das Prinzip ist so einfach wie bestechend. Um eine schwierige politische Frage für die Politik zu beantworten, wird ein Bürgerrat per Los eingesetzt. Es werden Menschen bundesweit aus den Einwohnermelderegistern ausgelost und eingeladen, um an mehreren Wochenenden zusammenzukommen und zu beraten. Wir hatten 160 Menschen gelost, die nach Geschlecht, Alter, Bildungsabschluss, Migrationshintergrund und Stadt-Land-Verteilung die Gesellschaft spiegelten. Zusammen kam ein Mini-Deutschland. Die Zusammenkunft war in Leipzig in einem Tagungshotel. Vor dem Haus parkten Porsche, Smart, Polo, Harley Davidson, Fahrräder, einer kam mit dem Motorsegler aus Hamburg und die meisten mit der Bahn – der Querschnitt der Gesellschaft eben. Die Jüngste war 16, der Älteste 87 Jahre. Mit dabei ein Team von 60 Moderator:innen und zwei Hände voll Expert:innen, die ihr Wissen einbrachten. Beantwortet werden sollte die Frage, ob unsere repräsentative, parlamentarische Demokratie durch neue Formen der demokratischen Beteiligung wie zum Beispiel Volksabstimmungen, Bürgerräte oder andere Elemente ergänzt werden sollte. Dazu im Raum eine ganze Reihe Gäste, Beobachtende aus Kanzleramt und Ministerien sowie die Presse mit Kamerateams.

Was für uns faszinierend war: Viele der Prinzipien, die wir bislang beschrieben haben, funktionierten tatsächlich in der Praxis! Auch wenn sie noch ausbaufähig sind.

Allen voran das Prinzip der psychologischen Sicherheit. Je größer das Vertrauen der Teilnehmenden untereinander, desto sicherer fühlen sich die Einzelnen und sind bereit, alles zu geben: ihre mentalen *und* emotionalen Kompetenzen. Alle 160 Menschen erhielten immer wieder zwischen den Dialogen Informationen von Expert:innen, und zwar so aufbereitet, dass auch komplexe Materie verstehbar wurde. Es gab jeweils Für- und Gegensprecher:innen unter den Expert:innen. Dann verteilten sich die 160 Menschen wieder an ihre Siebenertische. Mit Unterstützung einer Moderation und einer Assistenz wurde sich nun in der kleinen Runde beraten, ausgetauscht, Vorschläge gemacht, gesammelt, abgewogen, verworfen oder vertieft. Die Redeanteile waren überwiegend ausgeglichen, die Qualität des Zuhörens empathisch: Jede:r wusste, dass es nicht darum ging, seine eigene Meinung den anderen aufzudrücken, sondern darum, seine Meinung durch das Gehörte infrage zu stellen, zu vertiefen oder zu erweitern.

Wenn 160 Menschen jeweils die Meinung von 159 anderen hören, verändert sich der Bezug zur eigenen Position. Gemeinsinn entsteht, weil die übergeordnete Frage beantwortet werden muss: Was empfehlen wir, und welche Position ist die tragfähigste für alle? Das ist der Moment, in dem eine Versammlung beginnt, gemeinwohlorientiert zu denken, zu fühlen und zu handeln, indem sie mehrheitsfähige Lösungen sucht, kreiert und vorschlägt. Das Gemeinsame, nicht das Trennende, bringt den Erfolg.

Am Ende jeder kleinen Runde wurden die Empfehlungen gebündelt an die große Gruppe weitergegeben. So wurde der Korb der Erträge aus den immer wieder neu zusammengestellten Kleingruppen über zwei Wochenenden immer voller. Ein aus der Versammlung und der Gruppe der Moderatoren zusammengestelltes Redaktionsteam gliederte, strukturierte, band Doppelungen zusammen und legte am Ende der Versammlung 22 Empfehlungen zur Abstimmung vor. Außer den drei Krankheitsfällen waren 157 Stimmberechtigte im Raum. Jedem Vorschlag an die Politik wurden Ja- und Neinstimmen zugeordnet. Alle Empfehlungen hatten weit über die Hälfte der Zustimmung, viele über 80 Prozent.

Die Frage, ob das Parlament ergänzt werden soll, wurde mit 156 zu 1 Stimmen bejaht. 155 zu 2 Stimmen empfahlen eine Kombination von dialogischer Bürgerbeteiligung (Bürgerräte) und Volksabstimmungen. Außerdem wurde empfohlen, Volksabstimmungen wie in den Bundesländern auch deutschlandweit von unten durch ein Volksbegehren einleiten zu können usw.

Die Empfehlungen wurden öffentlich und feierlich an den Bundestag übergeben. Der Film des MDR *Bürger. Macht. Mehr direkte Demokratie?*[66] beschreibt den ganzen Bürgerrat in einer einstündigen Dokumentation im Fernsehen, die Tagesschau[67] berichtete. Wir feierten.

Und was wurde daraus? Der Bundestag sah ein, dass Bürgerräte ein neues Element der demokratischen Beteiligung sind, die die politische Urteilsfindung der Abgeordneten erheblich unterstützen und eine Brücke über die Kluft von Bürgerschaft zu Politik schlagen können. Ein weiterer Bürgerrat wurde vom Bundestag beschlossen, diesmal zu Deutschlands Rolle in der Welt.[68] Wieder wurden 160 Bürger gelost. Wegen des Lockdowns musste diesmal online getagt werden. Auch das kein Hindernis, um die Vielfalt der Gesellschaft an einen Tisch zu bringen und 32 sachkundige Empfehlungen erarbeiten zu können. Die Empfehlungen wurden zum Teil aufgegriffen oder bereits umgesetzt.

Das klingt wie eine Erfolgsgeschichte. Ist es auch. Weitere bis zu drei Bürgerräte bringt der Bundestag gerade offiziell auf den Weg. Der erste Bürgerrat wird das Themenfeld »Ernährung« bearbeiten. Der Zuschlag der europaweiten Ausschreibung für die Durchführung der drei Bürgerräte ging an das Konsortium von Mehr Demokratie mit seinen unabhängigen Partnern, den Instituten ifok, nexus und IPG. Der Bundestag wird die Empfehlungen anschließend auf die Tagesordnung nehmen und beraten, was er davon umsetzen kann.

Bürgerräte können aber auch enttäuschen, wenn erwartet wird, dass die Politik die Empfehlungen umsetzen *muss*. Nein, sie haben für die Politik nur eine beratende Funktion. Dennoch hängt der Erfolg von Bürgerräten auch davon ab, ob zumindest ein Teil der Ergebnisse umgesetzt wird. Das weiß auch die Politik. Daher gibt es eine Feedback-Verantwortung der Politik an die Bürger:innen, was mit den Empfehlungen passiert, was umgesetzt oder verworfen wurde. Eine weitere Schwachstelle ist bislang, wie das Thema für den Bürgerrat beschlossen wird. Wenn spannende Themen in der Parteienmühle geschreddert und nur belanglose oder unstrittige Themen beauftragt werden, wird das Format schnell an Überzeugungskraft verlieren.

Innere Prinzipien von Bürgerräten

Bürgerräte sind deshalb so besonders und zukunftsträchtig, weil sie viele Aspekte einer anderen politischen Kultur bereits verwirklichen. Die Zusammenarbeit steht im Vordergrund. Die übliche Machtpolitik bleibt außen vor. Neulich sagte uns ein Journalist einer renommierten Wochenzeitung: »Bürgerräte sind deshalb so interessant, weil sie die Schwächen der Arbeit in Parlamenten erst deutlich machen.« Ähnliche Aussagen haben wir auch schon von Abgeordneten gehört.

Die Vorteile von Bürgerräten sind:

1. Sie bringen den Querschnitt der Bevölkerung und alle Positionen an einen Tisch, ohne zu spalten.
2. Psychologische Sicherheit entsteht, weil jede:r zu Wort kommt, darauf achtet die Moderation, auch auf einen respektvollen Umgang miteinander. Selbst Menschen mit extremen oder sehr einseitigen Positionen verlassen den Gesamtprozess nicht, auch wenn ihre persönliche Absicht nicht aufgegriffen wird. Bürgerräte integrieren jeden.
3. Die Bildung von Fraktionen und Gruppendynamiken findet nicht statt, weil die Zusammensetzung der kleinen Tischgruppen mit sechs bis acht Menschen nach jeder Arbeits-

einheit neu ausgelost wird. Beim Betreten des Raumes ziehen die Teilnehmenden aus einer Lostrommel die Tischnummer für die nächste Arbeitseinheit.

4. Durch einen unabhängigen, strukturierten und transparenten Experteninput findet ein faktenbasierter Dialog statt. Die Auswahl der Expert:innen wird von einem unabhängigen Gremium vorgenommen. Aber die Teilnehmenden können auch selbst entscheiden, wen sie noch zurate ziehen wollen.
5. Ein Faktencheck ist jederzeit möglich, dazu sind »lebendige Bibliotheken« – also Menschen mit Spezialwissen – im Raum, sie können jederzeit an den Tisch gerufen werden.
6. Niemand dominiert. Es gibt keinen heimlichen Lobbyeinfluss. Auch keine Korruption.
7. Gerade das Alltagswissen der Bürger:innen ist eine wichtige Ressource für die Entscheidungsfindung.
8. Der Zusammenhang in der Gruppe, das Erleben der Gemeinschaft stärkt die Selbstwirksamkeitsüberzeugung.
9. Die Versammlung ist so in der Lage, hochkomplexe Themen zu erfassen und sachkundig Lösungen vorzuschlagen.

Bürger:innen, die sich schon von der Politik abgewendet haben, wenden sich dieser wieder verständnisvoller zu. Viele bleiben politisch interessiert oder werden politisch aktiv.

Aber: Bürgerräte haben auch ihre Grenzen. Ihr Erfolg liegt in der unmittelbaren politischen Anbindung. Nur wenn Bürgerräte an Regierungen und Parlamente, Landtage oder Gemeinderäte angebunden sind, nehmen Politiker:innen die Ergebnisse auch zur Kenntnis und setzen sie um. Bürgerräte geben nur Empfehlungen, sie können nicht entscheiden. Bislang können in Deutschland verbindliche politische Entscheidungen nur von gewählten und damit demokratisch legitimierten Politiker:innen getroffen werden, es sei denn die Bürger:innen stimmen selbst in Bürger- oder Volksentscheiden verbindlich ab.

Nun können die verschiedenen Elemente der Beteiligung auch konstruktiv miteinander verbunden werden. Zum Beispiel kann es vor Volksabstimmungen einen Bürgerrat über das Abstimmungsthema geben. Hätte dies vor dem Brexit stattgefunden, wäre die Entscheidung vermutlich anders ausgefallen, oder zumindest hätten alle Beteiligten gewusst, worauf sie sich einlassen.

Oder Menschen sammeln Unterschriften zu einem bestimmten Thema, zum Beispiel die Initiative »Die Betonflut eindämmen – gegen Flächenfraß«, und der Landtag muss dann dazu verpflichtend einen Bürgerrat ausrichten. Diese Kombination von Volksbegehren und Bürgerräten möchte nun die Landesregierung von Baden-Württemberg ermöglichen, dazu muss die Landesverfassung geändert werden – dafür braucht es im Parlament eine Zweidrittelmehrheit.

Und schon sind wir mittendrin in einer verfassungsrechtlichen Diskussion, die für die meisten Menschen weder spannend noch auf den ersten Blick nachvollziehbar ist. Normalerweise steigen Aktivist:innen an dieser Stelle aus, und die Jurist:innen übernehmen den Diskurs. Das aktuelle Recht ist oft die letzte und härteste Barriere, die sinnvoller Veränderung entgegensteht. Es ist das Symbol der »äußeren Welt«, wie wir sie kennen. Doch ist Recht nur geronnenes menschliches Übereinkommen zu Fragen des Zusammenlebens und sollte immer wieder verändert und an das Leben angepasst werden können. Recht sollte lebensdienlich sein und Gemeinwohl fördern. Und so manches Mal wird ein rechtliches Argument nur vorgeschoben, weil einem die politische Position des anderen nicht schmeckt.

Unsere Erfahrung aus fünf Verfassungsbeschwerden ist, dass

man für jede einigermaßen vernünftige Position gute rechtliche Argumente finden kann. Juristen wissen dies natürlich auch. Der Vorsitzende einer bundesweiten Richtervereinigung sagte uns schon vor vielen Jahren: Jede Richter:in ist abhängig von ihrer Geschichte, Vorurteilen und Sozialisation – wir würden auch sagen, von den persönlichen Traumata. Das Maximale, was Rechtsprechende erreichen können, ist, sich ihrer Abhängigkeiten bewusst zu werden. Gerade in der Justiz, wo es immer auch um Schuld, Sühne, Regelbruch und Verbrechen geht, hätte die Kenntnis um emotionale Blockaden und eine Traumainformiertheit immense Auswirkungen zuallererst für die Opfer und langfristig auch für Täter, die oft ja auch nur Opfer ihrer eigenen Geschichte sind.

Doch zurück zu unserem Vorhaben, die verschiedenen Welten miteinander zu verbinden.

Mit Mehr Demokratie arbeiten wir seit Jahrzehnten für demokratische Reformen. Durch Kampagnen, Volksbegehren und Gespräche mit Politiker:innen hat Mehr Demokratie dafür gesorgt, dass die direkte Demokratie in allen Bundesländern ausgebaut oder überhaupt erst eingeführt wurde. Wir schreiben Konzepte für Wahlrechtsreformen und Gesetzentwürfe für mehr Transparenz. Wir veröffentlichen regelmäßig Rankings und Berichte und regen so die Länder zu Reformen an. Wir arbeiten bislang also in klassischen gesellschaftlichen »Außenräumen«:

Insgesamt haben wir …

- mehr als 40 Volksbegehren und Volksinitiativen auf Länderebene mitgetragen und in 40 Fällen bessere Mitbestimmungsrechte und Transparenz erkämpft.
- die europäische Bürgerinitiative initiiert.
- Tausende von kommunalen Bürgerbegehren beraten.

- die ersten bundesweiten losbasierten Bürgerräte organisiert.
- die größte Verfassungsbeschwerde in der deutschen Geschichte (»Nein zu CETA«) und einige weitere mehr initiiert.
- die Beteiligungsplattform »Consul« in Deutschland eingeführt.

Unsere klassischen Demokratieforderungen beziehen sich auf gesellschaftliche »Außenräume«, auf die Einführung und Verbesserung von …

- Direkter Demokratie
- Bürgerräten
- Wahlrecht
- Transparenz
- Gesetzgebung
- Digitaler Demokratie

Dies ist alles nach wie vor richtig und wichtig und muss unbedingt weitergeführt werden. Doch wenn es stimmt, dass man wichtige Probleme nicht auf derselben Ebene lösen kann, auf der sie entstanden sind, wenn es stimmt, dass das Ergebnis, wenn man mehr von alten Mitteln und Methoden einsetzt, letztlich nur mehr vom Bestehenden sein wird, dann kann mit der Einführung von Volksentscheiden ein weiteres mächtiges Instrument geschaffen werden, das zur Spaltung führen kann – wenn damit nicht eine Veränderung der politischen Kultur einhergeht. Zwar ist uns eine Gesellschaft mit dem Recht der Bürgerinnen auf verbindliche Volksabstimmungen immer noch lieber als der Status quo. Aber wir wünschen uns mehr, und wir denken, die Zeit ist reif dazu.

Wir wünschen uns den Wechsel auf die nächste Ebene:

Gesellschaftliche Innenräume mit allem, was dazugehört, sollten und müssen einbezogen werden. Ein:e Teilnehmer:in aus dem Demokratie- und Trauma-Forschungsprojekt hat es auf den Punkt gebracht: »Es braucht eine Grunderneuerung, in der eine fühlende Verbindung mit allem Sein oberste Maxime wird und der Außenraum als Spiegel des Innenraumes interpretiert wird. Demokratie als Bühne konkurrierender Mächte darf abgelöst werden von Demokratie als Rahmen für Kooperation und Synergien.« Wir wollen Bürger:innen umfänglich in ihrem Menschsein im politischen System integriert sehen, mit ihren Bedürfnissen, sozialen Fähigkeiten, Emotionen – ob als Wählende oder als Entscheidungstragende. Das ist eine Kernaussage dieses Buches. Wir suchen, entwickeln, erproben und erforschen neue Formate und Prozesse für gesellschaftliche Innenräume. Und im zweiten Schritt kombinieren wir sie mit den klassischen rechtlichen und (gesellschafts-)politischen Strukturen. Denn diesen Kontext braucht es für Veränderung in der realen Welt.

Neue Verbindung für Innen- und Außenräume notwendig

Einige dieser neuen Kulturtechniken stellen wir Ihnen jetzt vor. Sie stehen für sich und sind auch aus sich heraus wirksam. Wir haben gerade die vier folgenden Formate aus einem Fundus von Methoden und Erfahrungen ausgewählt, weil wir sie selbst kennen und erfahren haben. Und weil wir sie für kombinierbar mit klassischen »Außenräumen« halten, also Bürgerräten, Parlamenten, Gemeinderäten etc. – es gibt noch viele, viele mehr:

- Sprechen und Zuhören
- Social Witnessing

- Politik-Aufstellungen
- Gemeinschaftsbildung

Sprechen und Zuhören

Das schlichteste Format für den Austausch untereinander und die Vorbereitung von Sachdebatten, das wir mit Mehr Demokratie anbieten, ist Sprechen und Zuhören. So einfach es ist, so wirksam ist es. Wir haben es zu Beginn der Coronazeit entwickelt. Aus reiner Überforderung. Während die einen im Lockdown förmlich aufeinandersaßen, hatten andere kaum noch direkten Kontakt zu Mitmenschen. Wir merkten auch, dass wir anders miteinander sprechen mussten. Wir suchten einen anderen Zugang zu den Fragen, die damals lauteten: »Wie schlimm ist Corona?«, »Wie geht es mir, und wovon fühle ich mich bedroht?«, »Ist eine Impfung sinnvoll?«, »Wie weit müssen wir uns einschränken oder Rücksicht nehmen?« und so weiter.

Wir wollten uns nicht weiter anschweigen oder uns nur über den internen Messenger-Kanal auf dem Smartphone mit Argumenten bombardieren. Also haben wir experimentiert und einen Online-Raum geöffnet, in dem sich alle, die wollten, in die Augen schauen und ihre ganz persönliche Sicht auf die Pandemie teilen konnten. Ohne dass bewertet, kommentiert oder argumentiert wurde. Am Schluss hatten wir uns oft inhaltlich gar nicht unbedingt angenähert, aber das Verständnis für die Position der anderen war gewachsen – damit waren Meinungsverschiedenheiten auch leichter auszuhalten.

Die ersten Gesprächsräume, die Mehr Demokratie 2020 zunächst den eigenen Mitgliedern anbot, hatten eine echte Ventilfunktion. Bald entschlossen wir uns, diese Räume zu öffnen, und die Rückmeldungen waren sehr positiv. Inzwischen bekommen wir auch Nachfragen, das Format außerhalb des Mehr-Demokratie-Kontextes, zum Beispiel in regionalen Veranstaltungen, einzusetzen. Die Themen wechseln, je nachdem, was aktuell politisch passiert oder viele Menschen umtreibt. Es gibt ein paar Spielregeln, ein paar einführende Worte zu einem thematischen Schwerpunkt aus der aktuellen Politik oder Weltsituation, bevor dann der Zufalls-Klick alle Teilnehmenden in Fünfergruppen schickt. Dann erhält jede:r die gleiche Zeit, um sich und das, was sie/ihn innerlich und emotional beschäftigt, mitzuteilen. Das Gesagte bleibt unkommentiert und in diesem Raum. In diesem Format geht es gerade nicht um den Austausch rationaler Argumente und das Ringen um Lösungen, sondern um die emotionale Seite der Dinge, mit denen wir politisch ringen und herausgefordert sind – wie kommen wir zurecht in dieser Welt, so wie sie ist?

Dyade – die kleine Schwester von Sprechen und Zuhören

Eine Dyade ist ein Zwiegespräch. Wenn wir etwas aussprechen und ein Gegenüber hört es, werden die Dinge real für uns. Deshalb müssen wir unsere Erfahrungen aussprechen, denn dann können wir sie innerlich verdauen. Aber nicht immer können wir uns in Gruppen austauschen, um zu verarbeiten, was wir erlebt haben. Deshalb gibt es das Zwiegespräch, die Dyade.

In Anlehnung an den Psychotherapeuten Michael Lukas Moeller, der diese Form des geregelten Ablaufs eines Zwiegesprächs ursprünglich für Paare entwickelte, hat sich das Prinzip der Dyade inzwischen in alle Gesellschaftsschichten verbreitet. Die Regeln sind einfach. Suchen Sie sich ein Gegenüber, und verabreden Sie sich bewusst für diese Form des Austauschs. Privat, im Beruf, in Belegschaften, mit Freund:innen oder Nachbarschaft. Sie müssen sich nicht einmal gut kennen. Jede:r spricht 15 Minuten von sich und über sich, während das Gegenüber mit ungeteilter Aufmerksamkeit nur zuhört und weder unterbricht noch kommentiert und keine nonverbalen Signale wie

Augenrollen oder Kopfschütteln sendet. Nach 15 Minuten wird gewechselt. Jetzt spricht das Gegenüber, bezieht sich aber nicht auf den Inhalt des Gehörten, sondern spricht auch nur von sich, was sie/ihn bewegt oder wie das Gesagte gewirkt hat. Anschließend wird wieder für 15 Minuten gewechselt, bis beide dreimal gesprochen haben. Wichtig: Niemand stellt Fragen und gibt auch keine Rückmeldungen und Ratschläge. Das Gehörte aufzunehmen und die sprechende Person mitzuempfinden, während sie spricht, ist das Geschenk des Augenblicks.

Diese Form kann auch abgewandelt zu dritt als Triade angewendet werden. Dann spricht vielleicht jede:r nur zwei- oder sogar nur einmal.

Soziale Präsenz – Global Social Witnessing

Das nächste Format ist anspruchsvoll. Bei komplexen politischen Krisen wie Kriegen, Unruhen, Terroranschlägen sind wir im ersten Moment oft emotional überwältigt. Entweder findet dann eine nur noch rationale Auseinandersetzung mit dem Schrecklichen statt, oder wir wenden uns innerlich ab. Dies führt letztlich wieder zu Spaltung und Trennung. Erst im Inneren, dann im Außen. Ein Teufelskreis. Um überhaupt in einen gesunden Bezug zu einem Krisengeschehen zu kommen, braucht es beides, den inneren und den äußeren Zugang, und es ist entscheidend, ein umfassendes Bild zu erlangen, was überhaupt objektiv passiert ist. Die Fähigkeit zu betrachten oder zu bezeugen, was geschehen ist. Allein dies ist schon wirksam.

Das Pocket Project bietet diese Möglichkeit auch online an, ein Beispiel:

Die Bilder und Nachrichten zu den Demonstrationen und Unruhen für die Frauenrechte im Iran gingen seit Wochen um die Welt. Das Format Global Social Witnessing widmet sich an diesem Abend dieser Thematik und hat international eingeladen. Eine E-Mail, ein Zoomlink, ein Klick – schon bin ich mit über 400 Menschen weltweit vernetzt. Auf dem Bildschirm und emotional.

Es ist ein sehr nebliger Februarabend 2023, ich, Claudine Nierth, sitze irgendwo im nordfriesischen Schleswig-Holstein vor meinem Laptop. Mit mir sehe ich Menschen aus China, Indien, Mexiko, Brasilien, USA, Ukraine, Russland – und vor allem sehr viele Menschen aus dem Iran. Bei den einen ist es morgens, bei anderen mittags und wieder anderen mitten in der Nacht. Alle haben sich zwei Stunden Zeit genommen, um sich per Videokonferenz mit der aktuellen Situation im Iran, mit den Kämpfen gegen die islamische Regierung, den Unruhen und der gesellschaftlichen Spaltung zu verbinden. Ich kenne fast niemand auf dem Bildschirm. Die Organisatorin[69] begrüßt uns auf Englisch, ich kann zwischen mehreren Übersetzungsräumen wählen. Ein Klick und ich höre Deutsch, Russisch, Portugiesisch und Farsi, also Persisch. Ich entscheide mich für den Originalton, Englisch.

Die Moderation lädt uns ein, eine Momentaufnahme von unserem Befinden zu machen. Jede:r für sich. Was beschäftigt mich emotional, und welche Gedanken bewegen mich? Wir stellen uns aufeinander ein und sehen doch nur kleine Bilder der anderen auf dem Bildschirm. Dennoch, die Atmosphäre im Zoomraum verändert sich. Es wird konzentrierter. Kohärenz ist für mich in diesem Augenblick ein Gefühl der Übereinstimmung.

Dann folgen verschiedene Berichte betroffener Iraner und Iranerinnen. Wir sehen kurze Filme von den Betroffenen und hören Berichte von Familien, die getrennt und deren Angehörige verhaftet wurden. Eine junge Studentin wird gezeigt. Es sind ihre auf Instagram geposteten Filme und Bilder. Seit wenigen Wochen lebt sie nicht mehr. Sie hat an den Demonstrationen im

Frühjahr 2023 teilgenommen. Wie viele andere mit ihr – die auch nicht mehr leben. Betroffenheit im Zoomraum.

Natürlich habe ich seit Wochen über die Nachrichten erfahren, mit welcher Gewalt den Demonstrationen der Menschen für Freiheit im Iran vom Regime begegnet wird. Es gelang mir aber nicht, zu dem Schicksal der Menschen, die ihr Leben aufs Spiel setzen, eine wirkliche Verbindung aufzubauen, die auch mit mir etwas zu tun hat. Frauen wie du und ich und unsere Töchter riskieren ihr Leben, um unverschleiert für ihre Menschenrechte zu kämpfen? Jede:r im Zoom-Meeting war betroffen über das, was wir hörten, aber: Keiner war alleine damit!

Nach diesen ersten längeren Berichten konnte sich jede:r melden und sich äußern, gerade auch Menschen, die im Iran waren, Kontakte hatten oder auch Perser sind. Das Gehörte vervollständigte sich. Auffallend waren die vielen Danksagungen der Betroffenen. Das, was sie hier mit uns erleben, wäre genau das, was ihnen fehle. Die Verbindung mit Menschen außerhalb des Iran würde ihnen Hoffnung geben und sich nicht allein fühlen lassen.

Ich verstand: Mitgefühl bedeutet Beistand leisten!

Egal wo jede:r gerade auf der Welt war, wir erlebten uns für diesen Moment wie eine Gemeinschaft. Ich war überrascht.

Das Pocket Project lädt immer wieder zum Global Social Witnessing ein, Menschen berichten aus der Ukraine und Russland, aus Afghanistan …

Das Pocket Project beschreibt seine Arbeit so: »Sei präsent – Fühle, was du siehst – Werde ein globaler Zeuge. Global Social Witnessing ist die menschliche Fähigkeit, globale Ereignisse (…) zu begleiten und dadurch einen inneren Raum zu schaffen, der diese Ereignisse widerspiegelt und Mitgefühl hervorruft. Wir werden vom bloßen Zuschauer, der die neuesten Nachrichten mental verarbeitet, zum aktiven Zeugen, der mit seinem Körper, seinem Herzen und seinem Verstand darauf reagiert. Global Social Witnessing lehrt uns, unsere Aufmerksamkeit behutsam auf die herausfordernden Ereignisse in der Welt zu richten, anstatt uns von ihnen abzuwenden.«

Ein Ansatz, um mit unseren Nöten im Umgang mit uns überfordernden Informationen und Ereignissen in der Welt umzugehen.

Wenn man nur darüber liest, irritiert das Format vielleicht, aber es findet kulturübergreifend und global Anklang und ermöglicht tiefe Erfahrungen und Erlebnisse des Zusammenhalts, die wir sonst im Alltag mühsam herstellen müssen.

Natürlich ist Social Witnessing nur ein Schritt. Was können die Erlebnisse einiger weniger Hundert Menschen in Anbetracht der über 80 Millionen Iraner tatsächlich bewirken?

Für uns ist Social Witnessing ein Beispiel dafür, wie wir mit politischen Inhalten auch umgehen können, um uns dem, was wir täglich in den Nachrichten hören, auf andere Weise näherzubringen. So können wir mit der Welt in Beziehung treten. Ein Element in einer Neugestaltung von demokratischem Denken und Handeln.

Politik-Aufstellungen

Eine Aufstellung ist ein Gruppenprozess, der seit den 1990ern vor allem in Familientherapie und Organisationsentwicklung eingesetzt und seit einigen Jahren auch zunehmend in der Forschung verwendet wird. Aufstellungen eröffnen einen nonverbalen Zugang zu schwierigen Fragen und generieren Erkenntnisse jenseits der klassischen Modelle.

Bei Mehr Demokratie experimentieren wir seit 2020 mit Aufstellungen und haben ein Konzept speziell für die Untersuchung politischer Fragen entwickelt: die Politikfeld-Aufstellung.

In einer solchen Aufstellung werden Politikfelder in einer szenischen Simulation dargestellt. Wie in jeder Aufstellung repräsentieren Personen darin die Bestandteile des aufgestellten Systems. Beispielhaft zeigt Abbildung 1 die Elemente Bevölkerung (A), die Politik (B), die Medien (C), die Wissenschaft (D) und die Wirtschaft (E). Die teilnehmenden Personen platzieren sich stellvertretend für diese Systembestandteile in einem Raum und positionieren sich in Bezug zueinander. Bereits die räumliche Anordnung regt dazu an, die gestellte Frage aus verschiedenen Perspektiven zu betrachten. Die aufgestellten Personen sprechen im Verlauf des Prozesses auch für diese Elemente.

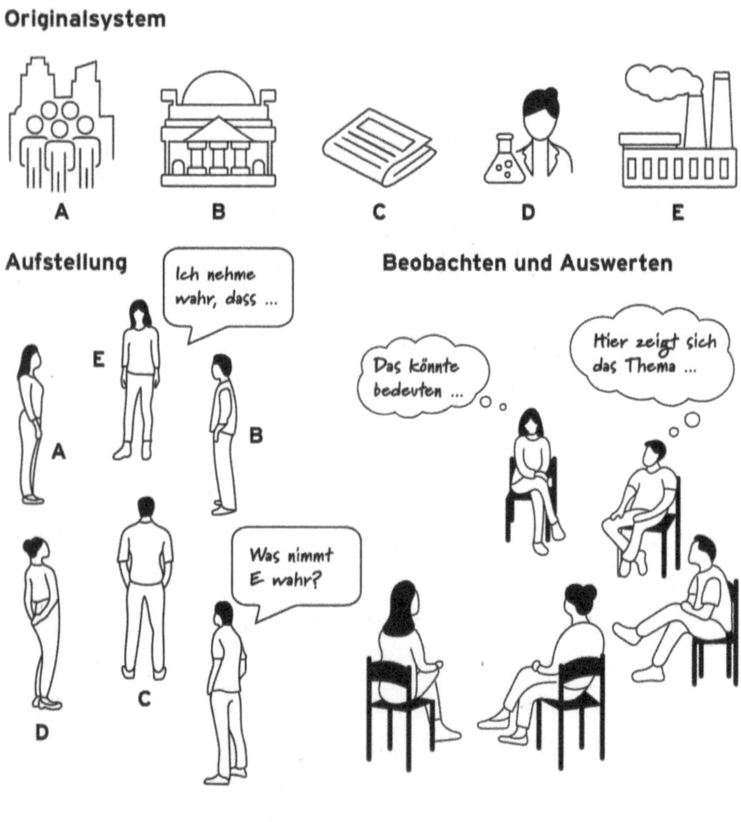

Die Zuschauenden haben bei einer Politikfeld-Aufstellung die Aufgabe, genau zuzuhören und das, was sie in der Aufstellung erfahren, mit ihren eigenen Ideen und Vorstellungen abzugleichen. Die einzige Voraussetzung dafür ist, dass sie sich auf das Gedankenexperiment einlassen, dass in der Aufstellung »wirklich« zum Beispiel die Politik über eine Stimme zu ihnen spricht. Dann entfalten Aufstellungen ihre größte Wirkung.

Politikfeld-Aufstellungen stärken die Demokratiefähigkeit: In Aufstellungen erkennen sich die Zuschauenden selbst als politische Akteure. Sie erfahren nicht nur rein rational, sondern auch auf einer emotionalen Ebene, dass alle Elemente miteinander in Beziehung stehen und dass alle Elemente Einfluss nehmen können. Aufstellungen ermöglichen in kurzer Zeit viele Perspektivenwechsel. Es stehen immer mehrere Blickwinkel gleichwertig nebeneinander. Das passiert im Alltag selten. Dieses Erleben anderer Perspektiven ist eine tiefe Erfahrung von Gleichheit. Für die Demokratie ist das fundamental. Durch die Wahrnehmung von größeren politischen Systemen erfahren sich die Teilnehmenden auch stärker als Teil des Ganzen, als soziale Wesen. Dadurch steigt das Verständnis für das Allgemeinwohl.

Community Building nach Scott Peck

Das nächste Format beschäftigt sich mit Gemeinschaftsbildung. Scott Peck entwickelte einen unüblichen Ansatz. Er wurde unzählige Male angewandt, in Kirchengemeinden, Unternehmen, Gemeinderäten – in allen Bereichen der Gesellschaft. In einer Vergleichsstudie in der US-amerikanischen Stadt Pittsburgh wurden zum Beispiel zwei Gruppen von entlassenen Strafgefangenen bei der Wiedereingliederung begleitet, einmal mit Community Building (CB) und einmal ohne. Die Rückfallquoten mit CB waren deutlich geringer.

Der Prozess besticht durch seine Einfachheit. Scott Peck

untersuchte bereits in den 1980er-Jahren die Frage: Wie wird eine Gruppe zu einer Gemeinschaft? Daraus hat er die Empfehlungen für Gemeinschaftsbildung entwickelt. Sie passen auf ein Blatt Papier und klingen sehr einfach:

- Sei pünktlich zu jeder Gesprächsrunde.
- Sag deinen Namen, bevor du sprichst.
- Sprich in Ich-Form.
- Sprich von dir und deiner momentanen Erfahrung (erforsche dich, doziere nicht, rechtfertige dich nicht).
- Verpflichte dich, am Ball zu bleiben, dranzubleiben (bleibe bis zum Ende jeder Runde).
- Schließe ein – vermeide, jemanden auszuschließen.
- Drücke dein Missfallen in der Gruppe aus, nicht außerhalb des Kreises.
- Sei verantwortlich für deinen persönlichen Erfolg (was du für dich aus der Runde herausholst).
- Sei beteiligt mit Worten oder ohne Worte, sei emotional anwesend in der Gruppe.
- Höre aufmerksam und mit Respekt zu, wenn eine andere Person dir etwas mitteilt. Formuliere nicht schon eine Antwort, während der andere spricht.
- Respektiere absolute Vertrautheit.
- Erkenne den Wert von Stille und Schweigen in Gemeinschaft.
- Gehe ein Risiko ein (*take a risk*).
- Höre auf deine innere Stimme – sprich, wenn du dazu bewegt bist, sprich nicht, wenn du dazu nicht bewegt bist.

Klassischerweise durchlaufen Gruppen bei dem Prozess vier Phasen. Das Frappierende war für uns zunächst, einen Prozess hinter uns zu bringen, bei dem es kein konkretes, inhaltliches

Thema gibt. Wir konnten uns das gar nicht vorstellen. Mittlerweile wissen wir aus der Praxis, der Prozess »funktioniert« dennoch. Eigentlich immer!

Die erste Phase des Prozesses wird als »Pseudogemeinschaft« beschrieben. Die Gruppe sucht nach Gemeinsamkeiten, man bleibt freundlich und höflich. Small-Talk-Level. Unsere gewöhnliche Art, miteinander zu kommunizieren. So fühlen wir uns sicher. Nach einer Zeit wird dies unangenehm, und die dünne soziale Tünche beginnt, Risse zu bekommen. Meistens beginnt irgendjemand, Klartext zu reden. Endlich. Und die »Chaosphase« beginnt. Wenige hören wirklich zu. Stattdessen versuchen sie, sich gegenseitig zu überzeugen oder Ratschläge zu erteilen. Während die eine spricht, formuliert der Nächste schon im Kopf seine Antwort, und die Stillen sagen gar nichts mehr, weil es ohnehin keinen Sinn hat. Normalerweise überstehen wir diese Phase nicht als Gruppe und gehen auseinander.

Dies findet so auch in der Gesellschaft statt, das Ergebnis kennen wir: Spaltung und Lagerbildung.

Doch hier greifen die Empfehlungen für die Gemeinschaftsbildung. Teilnehmende schauen nach innen und überprüfen sich selbst. Warum spreche ich jetzt eigentlich? Warum regt mich diese andere Position so auf? Möchte ich gerade wichtig sein, gehört werden oder lieber im Boden versinken? Und so weiter.

In der dritten Phase »Leere« mache ich mich auch innerlich leer, lasse meine Erwartungen los, reflektiere meine üblichen Muster. Oft tritt dann Stille ein. Und nicht immer nur von der heiteren Sorte, sondern auch mal Friedhofsstimmung. Wenn dies gemeinsam durchlebt wird, wird die Gruppe als Ganzes leer und kann im Anschluss wirklich präsent sein. Das schafft den Raum für echte Begegnung.

In den meisten Fällen tritt dann die vierte Phase von »authentischer Gemeinschaft« ein. Aufmerksames, begleitendes Zuhören. Die Kommunikation verläuft nach einem inneren Rhythmus. Alle in der Gruppe hören und sehen sich. Da können tiefe Erfahrungen der Begegnung entstehen und Glücksmomente. Aber es gibt keine Garantie dafür. Die vier Phasen können sich auch überlappen, und Gruppen können sich durch jede Phase hin und her bewegen.

Was geschieht danach? Das schöne Workshop-Feeling strahlt noch ein paar Tage, vielleicht sogar einige Wochen weiter, verliert sich dann aber wieder. Wie bei jeder inneren Arbeit geht es um einen kontinuierlichen Prozess, der nie endet. Gerade bei bestehenden (Arbeits-)Gruppen ist der Effekt nachhaltig – sie fallen hinter eine gewisse Offenheit nicht mehr zurück.

Die Grundidee des Community Building besteht darin, zunächst eine Gemeinschaft, ein soziales Gefäß zu schaffen, in dem die konkreten Probleme und Vorhaben leichter besprochen werden können. Community Building kann in allen Zusammenhängen stattfinden, allerdings brauchen die Teilnehmenden die ehrliche Bereitschaft, sich einzulassen und zu lernen.

Ohne diesen Prozess wäre es nicht gelungen, Schloss Tempelhof, ein florierendes Ökodorf mit vielen Unternehmen, in dem einer der Autoren, Roman Huber, wohnt, zu gründen. Das Wichtigste an dem Prozess ist, dass jeder Mensch früher oder später in Verantwortung geht. Nach etwas Übung braucht man keine Moderatoren mehr, und es entsteht ganz natürlich das All-Leader-Prinzip, also gemeinsame Führungsverantwortung.

Gewisse Wege kann man nur alleine gehen, aber dauerhafte Transformation wird immer von Gruppen getragen werden müssen. Und die können auf Dauer nur bestehen, wenn sie in der Lage sind, ihren sozialen Innenraum in Ordnung zu halten. Sonst übernehmen die Konflikte die Oberhand. Die meisten Gruppen zerbrechen nicht aufgrund ihrer zu großen Aufgaben oder des Drucks von außen, sondern an inneren Konflikten.

Jegliche Änderung der Kultur, die sich in einer Veränderung der Strukturen niederschlägt, muss sich auch an den Ergebnissen messen lassen. Es genügt nicht, dass Menschen sich verbundener, bewusster und psychologisch sicherer fühlen. Es muss sich auch in bessere Lösungen für die handfesten Konflikte unserer Welt wie Armut, Artensterben, Ungerechtigkeit, Klimawandel wie auch für die vielen kleinen Probleme in einer Gemeinde übertragen. Wenn wir nun diese Formen verbinden mit Bürgerräten, in Parteien oder Gemeinderäten, kommen wir dann qualitativ zu einer anderen Politik?

Wie kommen wir zu einer anderen Politik?

In solchen verbundenen Zusammenhängen kann die Weisheit der vielen zur Entfaltung kommen. Im Grunde wandeln sich dann individuelle Fähigkeiten in eine Gruppenfähigkeit. Alle, die so etwas schon einmal erlebt haben, beschreiben dies als eine Art Flowzustand, ein Miteinander-Schwingen, als wäre man ein gemeinsamer Organismus. Dadurch entsteht ungewöhnliche Leichtigkeit, und es ist immer auch freudvoll. Humor ist generell ein guter Indikator. Wenn es nicht auch zwischendrin lustig ist, wenn nicht auch einmal herzlich gelacht wird, stimmt sicher etwas nicht.

Damit diese Prinzipien nicht nur in Gruppen, sondern auch in der Gesellschaft funktionieren, braucht es unseren Erfahrungen nach noch drei weitere Elemente.

- Alle Kräfte der Gesellschaft einbeziehen
- Eine andere Form von Leadership und Prozessbegleitung
- Systemisches Denken integrieren

Was wir darunter genau verstehen, beschreiben wir in den nächsten Abschnitten.

Alle Kräfte der Gesellschaft einbeziehen

Wenn Vielfalt in einem Bürgerrat bedeutet, dass jede:r zu Wort kommt und gehört wird, bedeutet dies gesellschaftlich, dass alle Gruppen gehört werden und teilhaben können an der Gestaltung. Wir brauchen also Formate, in denen nicht nur die Bürger:innen und die Politik in einen kreativen Austausch kommen, sondern mindestens auch Wirtschaft, Zivilgesellschaft und Wissenschaft. Natürlich haben vor allem große Unternehmen und große Wissenschaftsorganisationen (wie zum Beispiel Max-Planck-, Leibniz, Fraunhofer-, Helmholtz-Institut) ihre offiziellen und informellen Zugänge. Sie haben ganz andere Möglichkeiten, politisch großen Einfluss zu nehmen. Sie sollten dennoch gut integriert werden. Wenn also Städte oder Bundesländer über große und länger angelegte Bürgerratsprozesse nachdenken, brauchen diese wichtigen Akteure einen sinnvollen Platz. Veränderungsprozesse brauchen das tiefe Expertenwissen von Wissenschaftler:innen und die unternehmerische Power und Manifestationskraft von Unternehmen, um von der Idee in die Wirklichkeit und Umsetzung zu kommen.

Leadership und Prozessbegleitung

Politische Prozesse, die Kombination von Innen- und Außenräumen muss auch gestaltet werden. Dazu braucht es Führung und Moderation. Das Wort Führung klingt im Deutschen immer etwas stark, deswegen sprechen viele lieber von Leadership. Doch lassen wir uns gemeinsam auf den Begriff Führung ein. Führung steht immer im Kontext. Sie ist je nach Organisationsform unterschiedlich, seien es hierarchische Machtstrukturen, funktionsgetriebene Unternehmen oder agile, selbst organisierte Start-ups. Natürlich gibt es auch in der Politik je nach Regierungsform unterschiedliche Formen von Führung. Wie wir Einzelne zum Beispiel auf Autorität in der Politik reagieren, hängt auch mit unserer Sozialisierung in Bezug auf Autoritätspersonen zusammen. Verwenden Sie einen Moment darauf, Ihren persönlichen Bezug zu betrachten, schauen Sie sich Ihr Verhältnis zum Vater, zur Mutter, zu Lehrer:innen, Vorgesetzten an. So manche Übertragungen und Projektionen – meist von Vätern – wirken da in uns. Bezeichnend ist, wie Angela Merkel respektvoll wie gleichzeitig despektierlich »Mutti« genannt wurde. Wie oft wünschen wir uns von Politikern mehr Orientierung? Oder Sicherheit, stabile Verhältnisse, die sich nicht andauernd verändern. In jedem System gibt es Führung oder zumindest einen unbesetzten Platz von Führung bis hin zur Selbstführung.

In einer Demokratie ist die wichtigste Funktion von Führung Entscheidungskraft und Umsetzung. Nach unserem Verständnis wird sich Führung – ja, und auch Macht – wandeln, hin zum Vermögen, Entscheidungsprozesse zu organisieren. Es wird nicht unbedingt darauf ankommen, selbst zu entscheiden, sondern den Weg so gestalten zu können, dass kollektiv intelligente Entscheidungen getroffen werden. Dass das Wissen, die Innovationskraft, die Weisheit und die Erfahrung aller Bürger:innen und aller Teile der Gesellschaft einfließen können. Von diesem zukünftigen und positiven Verständnis von Führung und Macht sind wir tief überzeugt.

Führungskräfte der Zukunft sind Architekten sozialer Systeme. Dafür brauchen Führungskräfte spezielle, neu ausgerichtete Fähigkeiten und Ausbildungen. Menschen, die in so eine

Art von Verantwortung treten, werden dies nur durch einen tiefgreifenden persönlichen Reife- und Entwicklungsprozess erreichen. Und sie brauchen nicht nur theoretisches, sondern durch praxiserfahrenes Wissen über Prozessdesign und Moderation von kleinen bis sehr großen Gruppen. Früher nahmen Priester und Schamanen diese Aufgabe wahr. Sie konnten Gemeinden und Gemeinschaften begleiten und Orientierung bieten, waren Gelehrte in Zeremonien und konnten Prozesse so gestalten und führen, dass die Menschen innerlich reifer und größer und damit fähiger für ihre eigentlichen Aufgaben wurden. Viele Politiker:innen haben auch heute schon ausgezeichnete Fähigkeiten und Kenntnisse, um Prozesse zu gestalten, nur wird es viel zu wenig abgerufen oder eingefordert.

Diese Rolle der Moderation wird heute immer wichtiger – auch in der Politik. Politiker:innen müssen heute vor allem demokratische Prozesse des inhaltlichen Aushandelns moderieren können. Oder sich wenigstens extern moderieren lassen. Moderieren bedeutet nicht selbst führen, sondern Prozesse zu organisieren, die zielführend sind.

Heute sind es die Manager, die Gruppen durch Prozesse führen. Aus der Gemeinde ist die Belegschaft geworden. Die Moderation von Prozessen, die Anleitung, wie sich Gruppen gemeinsam ihrem Wissen öffnen und es im Dienste der Sache zusammenführen, ist ein wichtiger Bestandteil des Erfolges. Doch wie muss sich Moderation wandeln, die sich auch der versteckten Traumata der Teilnehmenden bewusst ist? Wie wird traumasensibel moderiert?

Von außen betrachtet, sehen wir den Unterschied oft gar nicht, traumainformierte Moderation nach unserem Verständnis besteht nicht in erster Linie aus bestimmten Redewendungen oder Techniken. Dennoch fließt das System anders. Sie setzt einen geklärten und bewussten persönlichen Innenraum der

Moderation voraus. Sich seiner selbst so umfänglich wie möglich bewusst zu sein, ist eine Voraussetzung. Eine traumainformierte Moderator:in nimmt optimalerweise die verschiedenen individuellen emotionalen Reaktivierungen der Teilnehmenden wahr und kann sie einbeziehen oder zumindest im Bewusstsein tragen. Allein dies erleichtert und entspannt bereits die Abläufe. Gerade wenn Widerstand oder andere Reaktionen an heiklen emotionalen Stellen – bei einzelnen Teilnehmenden – auftreten. Siehe auch die Checkliste »Trauma erkennen« in Kapitel 3.

Manchmal kann die Energie im Raum gar nicht so leicht Einzelnen zugeordnet werden. Jedenfalls gilt bei Reaktivierung von Emotionen die Devise: unbedingte Akzeptanz, kein Druck, keine Bewertung, auch nicht seitens der anderen Teilnehmenden. Wenn alte Wunden aktiviert sind und sich Menschen nicht mehr wiederfinden im aktuellen Geschehen, sollen sie selbst die für sie richtige Position finden können. Zum Beispiel, indem sie eine Pause machen, sich etwas zurückziehen oder an Übungen und Prozessen nicht teilnehmen und in eine Beobachterposition gehen. Also Raum für Selbstregulation und Selbstbestimmung geben. Das geht aber nur, wenn die Moderator:in selbst gelernt und geübt hat, sich zu regulieren. Ruhig zu bleiben und zu atmen. Je mehr inneren Raum die Moderation zur Verfügung stellen kann, desto mehr Wallung, Spannung und Druck kann aufkommen und gemeinsam verdaut werden. Und wenn die Moderation selbst aktiviert ist, was immer vorkommen kann, sollte sie dies transparent machen. Dann entspannt sich sofort der ganze Raum.

In geübten und eingespielten Gruppen stellt sich nicht nur die Moderation als soziales Gefäß zur Verfügung, in dem Prozesse stattfinden können, sondern die ganze Gruppe bildet ein emotionales Auffangbecken. Die Fähigkeit jedes Teilnehmenden, zu bezeugen und beizustehen, was gerade geschieht, die Bereitschaft, aufmerksam zu sein und mitzufühlen, erleichtert und beschleunigt Prozesse bei den Einzelnen.

Die Kernfähigkeit der Moderation besteht darin, für alle Teilnehmenden einen Raum der Sicherheit und des Mitgefühls zu erzeugen und ein Feld des Zuhörens zu öffnen. Und die Qualität, sich ganz auf die spezifische emotionale und energetische Qualität der einzelnen Sprechenden einzustellen und sie voll und ganz in sich aufzunehmen. Es ist immer ein doppelter, ja eigentlich dreifacher Prozess, das Gegenüber, sich selbst und die ganze Gruppe wahrzunehmen. Und sich gleichzeitig auf den Fluss des Prozesses einzulassen und sich nicht auf ein vorweggenommenes Ziel des Dialogs zu fixieren.

Menschen in Führungspositionen in Politik und Unternehmen haben eine höhere Verantwortung, innere Arbeit zu leisten. Was die meisten Menschen aus Erfahrung bereits wissen, lässt sich mittlerweile auch wissenschaftlich belegen: Was in deinem Kopf geschieht, geschieht auch in deinem Team – *what happens in your brain, happens in your team.*[70]

Unlängst veröffentlichte das *manager magazin* ein Interview mit dem Traumaexperten Thomas Hübl über den Umgang mit Angst bei Führungskräften:[71] »Gerade in Führungspositionen wird der Effekt von innerer Arbeit am meisten spürbar, denn jeder Schatten, jedes Trauma, jede Beziehungsinkompetenz der Managerin, des Managers überträgt sich auf das gesamte System, auf alle Mitarbeitenden. Hat eine Führungsperson nicht die Fähigkeit, in Beziehung zu gehen und regulativ auf beispielsweise Stress und Ängste der Mitarbeitenden zu wirken, dann wird sich dieser Stress rund um die Führungsperson aufstauen. Hört die Führungskraft hingegen bezogen zu, lässt sich auf die Welt des anderen ein, erlebt dessen Stress gemeinsam mit der Person, dann entsteht Vertrauen und Regulation.«

Was hier in Bezug auf Führungskräfte in Wirtschaftsunternehmen gesagt wird, trifft aus unserer Sicht auch in gewissem Maße auf politische Führungskräfte zu. Je größer der Einfluss eines Menschen ist, desto wichtiger sind diese Kompetenzen, denn die unbewussten Strukturen eines Menschen übertragen sich unweigerlich auf sein Einflussgebiet.

Wer sich der eigenen inneren Arbeit stellt, tut das nicht nur für sich, sondern wirkt unmittelbar auf sein ganzes Umfeld. Die Notwendigkeit, sich bewusst mit dem eigenen Ego und den eigenen Schatten auch in Führungskreisen zu befassen, wird zunehmend ein auch gesellschaftlich relevantes Thema.

Nicht alle Menschen haben die Möglichkeiten, sich persönlich weiter auszubilden, Know-how aufzubauen, innere Kompetenzen zu erwerben. Es mangelt manchen an realen Möglichkeiten wie Zeit und Geld. Andere sind überlastet, haben kleine Kinder, eine unsichere Beschäftigung mit prekärer Bezahlung. Manche interessieren sich nicht für innere Arbeit, sehen die Notwendigkeit nicht oder lehnen sie ab. Das ist in Ordnung so. In einer Demokratie darf es keinen moralischen oder anderweitigen Druck geben, sich weiterentwickeln zu müssen.

Menschen, die das Privileg haben, sich innerer Arbeit widmen zu können, haben aus unserer Sicht auch die Verantwortung, dies zu tun und sich für die Gesellschaft einzusetzen. Persönliches Wachstum ist ab einem bestimmten Punkt immer auch politisch.

Systemisches Denken

Der dritte Bestandteil für erfolgreichere Politik-Ergebnisse geht über den Rahmen der bisherigen Kategorien hinaus. Aber ohne zumindest knapp darüber zu sprechen, fehlt Entscheidendes. Es geht um eine andere Art der Problemlösung. Dazu ein klein wenig Theorie vorweg. Gesellschaften sind komplexe Gebilde mit vielen Akteur:innen, die auf verschiedenste Art agieren können. Komplex ist nicht zu verwechseln mit kompliziert. »Kompliziert« sind zum Beispiel Uhrwerke, also Systeme, die aus vielen Teilen bestehen, die schwierig zu verstehen sind. Komplizierte Probleme können aber in der Regel durch Analyse und Zerlegung in Teilprobleme gelöst werden, wobei jeder Teil einzeln betrachtet werden kann.

»Komplexe« Gebilde« wie eben Gesellschaften oder Ökosysteme bestehen aus vielen Elementen, die miteinander verbunden sind und sich auf unvorhersehbare Weise gegenseitig beeinflussen. Sie sind schwer zu kontrollieren und zu beeinflussen. Komplexe Probleme bearbeitet man am besten mit einem systemischen Ansatz. Systemisches Denken geht davon aus, dass jedes Element in einem System auf die anderen Elemente und auf das ganze System insgesamt Einfluss hat. Veränderungen an einem Element können unvorhersehbare Auswirkungen auf das gesamte System haben. Bei systemischem Denken wird versucht, die Wechselwirkungen und Rückkopplungen zwischen den Elementen miteinzubeziehen.

Beispiel Prostitutionsgesetz: 2002 wurde von der damaligen rot-grünen Bundesregierung das Prostitutionsgesetz verabschiedet. Prostitution galt bis dahin rechtlich als sittenwidrig. Prostituierte waren weitgehend rechtlos. Deswegen wurde durch den Gesetzgeber Prostitution legalisiert.[72] Durch das neue Gesetz sollte die rechtliche und soziale Situation von Prostituierten verbessert werden, ihnen sollte zudem der Zugang zu den Sozialversicherungssystemen ermöglicht werden. Ein damals mitfühlendes und fürsorglich motiviertes Anliegen der Gesetzgeber. Doch was geschah dann?

Plötzlich hatte Deutschland eines der liberalsten Prostitutionsgesetze Europas. Prostitution war plötzlich für alle legal.

Dies führte zu einem massiven Anstieg der Prostitution. Der Konkurrenzdruck wurde so hoch, dass Tiefpreise, Discountbordelle und solch menschenverachtende Praktiken wie Flatratebordelle entstehen konnten. Deutschland wurde ein Zielland für Sextourismus. So zählte die Strecke vom Flughafen in das Bordell Artemis zu den zehn beliebtesten Taxirouten Berlins.[73] »Prostitutionsmigration« und Menschenhandel stiegen. Und als Information für alle, die Prostitution für eine ganz normale Beschäftigung halten: Zwei Drittel der Prostituierten[74] zeigen Symptome einer posttraumatischen Belastungsstörung, die in ihrer Heftigkeit am ehesten mit denen von Kriegsheimkehrern zu vergleichen sind.

Keine dieser Auswirkungen wurde vom Gesetzgeber intendiert, und dennoch führte das Gesetz nahezu zum Gegenteil des eigentlichen Ziels. Das Gesetz wurde 2017 nachgebessert, die schlimmsten Auswüchse wurden eingedämmt. An diesem drastischen Beispiel zeigt sich, wie durch eine maßgebliche Veränderung an einer Stelle im System unerwünschte Rückkopplungen an anderen Stellen entstanden sind.

Bei jedem Gesetzentwurf, der in den Bundestag eingebracht wird, müssen vier Fragen beantwortet werden: A. Problem, B. Lösung, C. Alternativen, D. Kosten. Bei diesem Gesetzentwurf stand wie so oft unter Alternativen nur ein Wort: »Keine«.

Natürlich gab es schon zuvor weltweit alternative Ansätze, zum Beispiel in Schweden. Hier wurde 1999 der Kauf von »Sex« verboten, nicht der Verkauf, der Freier wird kriminalisiert, nicht die Sexarbeiterin. Sieben weitere Länder haben sich dem Modell zwischenzeitlich angeschlossen. Amnesty International lehnt es wiederum ab, weil es aus ihrer Sicht nicht den Menschenhandel eindämmt. Die Frauenorganisation der SPD möchte dieses Modell in Deutschland mittlerweile umsetzen.[75] Das Thema ist komplex.

Doch das ist die Normalität. Die Politik steht oft vor ungeheuren Herausforderungen. Bundestag und Ministerien versuchen, durch Gesetze hochkomplexe Systeme wie die Gesellschaft, die globalisierte Wirtschaft oder gar die Biosphäre zu verändern. Nur für die meisten dieser Probleme gibt es keine einfachen Lösungen, wie wir in dem nur kurz angerissenen Beispiel Prostitution gesehen haben. Jeder Eingriff in unser komplexes Gesellschaftssystem hat Auswirkungen auf die Interessen verschiedenster Gruppen. Arbeitnehmer, Pendler:innen, Beamt:innen, Gewerkschaftsmitglieder, Mieter:innen. Unternehmen verschiedener Branchen. Oft ist schon die größte Schwierigkeit, das Problem überhaupt einzugrenzen und genau zu beschreiben. Geht es in dem Prostitutions-Beispiel darum, die Rechte von Sexarbeiterinnen zu stärken oder Menschenhandel einzudämmen? Es gibt immer sich überlappende, sich beeinflussende oder sich gar widersprechende Verflechtungen.

Wie läuft die Praxis heute? Über 80 Prozent der vom Bundestag beschlossenen Gesetze werden in Ministerien erarbeitet. Vereinfacht dargestellt, bekommt ein:e Referent:in ein Thema auf den Tisch und formuliert dazu einen Gesetzesentwurf. Dieses Thema stammt in der Regel aus dem Regierungsvertrag, der nach der letzten Wahl in einem intransparenten Verfahren von den neu gewählten Parteien ausgehandelt wurde. Es gibt bisher kein Standardverfahren, wie der erste Referentenentwurf zustande kommt. Wenn ein solcher Entwurf es aus den Tiefen eines Ministeriums bis in den Bundestag geschafft hat, wird er dort oft ohne wesentliche Änderung beschlossen. Das ist nachvollziehbar, denn je später im Prozess und je mehr Beteiligte mitwirken, desto schwerer können noch Änderungen eingebracht werden. Auf diesem langen Weg vom ersten Entwurf bis zur dritten Lesung im Bundestag finden sicherlich alle möglichen Abstimmungsrunden zum Teil auch mit fachlich zuständigen Abgeordneten statt. Aber es gibt dafür kein formalisiertes oder für alle transparentes Verfahren, keine nachvollziehbare Fußspur, wie ein Gesetz entsteht.

Gesetze bestimmen nicht nur Regeln, sie sind gesellschaftliche Strategien für unser Zusammenleben.[76] Wir würden erwarten, dass vor jedem neuen Gesetz eine Diskussion stattfindet, in der erörtert wird, was genau das Problem ist und welche Lösungsmöglichkeiten es gibt. Und zwar, bevor sich Juristen an die Arbeit machen. Es bräuchte bei allen größeren Gesetzesvorhaben einen vorgeschalteten Strategieprozess, damit alles Wissen, das in Theorie und Praxis unabhängig von den jeweiligen Parteiposition existiert, einfließen kann. Sodass kollektive Intelligenz wirksam werden kann. Doch oft findet nicht einmal eine konsequente Zusammenarbeit zwischen den Ministerien statt, vor allem, wenn die jeweiligen Ministerien von unterschiedlichen Parteien geführt werden. Im Klimabereich ist dies am offensichtlichsten, dort müssten mehrere Ministerien eng zusammenarbeiten: Umwelt, Wirtschaft/Klimaschutz, Finanzen, Ernährung/Landwirtschaft, Verkehr und Wohnen/Stadtentwicklung/Bau. Doch Macht- und Parteiinteressen der Ministeriumsspitzen hindern – vor allem in Koalitionsregierungen – oft genug die Kooperation.

Diese Schieflage ist nicht neu. Der Normenkontrollrat – ein unabhängiges Beratungsgremium der Bundesregierung – bemängelt jährlich, dass »zu viele Gesetze an der Praxis vorbeigehen, Wirksamkeit und Praktikabilität zu oft auf der Strecke bleiben«.[77] Neben dem fehlenden politischen Willen liegt dies an einem Mangel an Wissen über Prozessgestaltung, an Angst vor unfairer Einmischung von außen und mittlerweile auch an der massiven Überforderung und Arbeitslast in den Ministerien. Und leider fehlt es zudem an technischen Möglichkeiten. Effektive Softwarewerkzeuge, die in der Wirtschaft und Zivilgesellschaft seit Jahren ganz selbstverständlich eingesetzt werden, dürfen in Bundestag und Bundesregierung oft nicht benutzt werden. Zum Leidwesen der Beamt:innen. Es bräuchte eine ministeriumsübergreifende Softwareplattform, die eine Zusammenarbeit über alle Phasen des Gesetzgebungsprozesses ermöglichen und unterstützen würde. Von der Informationssammlung über die Lösungsentwicklung bis hin zum fertigen Gesetzentwurf. Hier brauchen die Gesetzgeber eine viel bessere Unterstützung.

Am schwierigsten ist es, vorherzusehen, wie sich komplexe Systeme auf Eingriffe per Gesetz dann verhalten werden. Denn es gibt oft Dinge, von denen wir gar nicht wissen, dass wir sie nicht wissen. Sie tauchen aber in der Regel nach einer gewissen Zeit der Veränderung auf. Komplexe Probleme können also besser beantwortet werden, wenn nicht versucht wird, sie auf einmal zu lösen, sondern in Schrittfolgen und Lernschleifen. Nach der Analyse des Problems wird ein gut überlegter erster Schritt getan, dann wird beobachtet, wie das System reagiert, und dann wird nachgesteuert oder neu justiert.

Komplexe Probleme sind für jeden Gesetzgeber eine große Herausforderung: Sie müssen Offenheit bewahren und nicht auf schnelle Lösungen springen und zudem in einen Experimentiermodus gehen. Das widerspricht unseren gesellschaftlichen Gewohnheiten, wie wir Probleme lösen. Jedoch führt aus unserer Sicht kein Weg daran vorbei.

Nun, werden Sie vielleicht einwenden, wie soll das denn alles funktionieren? Neben diesen neuen notwendigen Problemlösungsstrategien im Außen sollen auch noch herausfordernde Themen wie psychologische Sicherheit, soziale Sensibilität und Bewusstsein über individuelle und kollektive Traumastrukturen beachtet werden. Ja, so ist es. Denn beides gehört zusammen. Und funktioniert zusammen auch am besten. Denn je mehr Gruppierungen und Akteure und damit auch persönliche Befindlichkeiten in einem komplexeren Prozess aufeinandertreffen, desto wichtiger ist der Flow der Zusammenarbeit. Je unsicherer die äußeren Strukturen werden, desto mehr innere Sicherheit und Struktur brauchen wir.

Was kann der Staat beitragen?

Der Verantwortungsbereich des Staates beschränkt sich nicht nur auf das Erlassen von Gesetzen, in seinem Gesamtwirken ist er an der Kulturbildung ebenfalls beteiligt, wenn auch nicht allein verantwortlich. Strukturen müssen von Menschen, von der Gesellschaft, von uns allen, mit Leben gefüllt werden. Aber der Staat kann den Raum dafür schaffen, er kann Anreize und Unterstützung bieten. Und kann dazu beitragen, aus der Kurzsichtigkeit und Ignoranz gegenüber der Zukunft herauszutreten. Damit kollektive Intelligenz wirken kann, braucht es Mechanismen, die die Zwänge der kurzen Wahlperioden überwinden.

Drei mögliche staatliche Beiträge aus einer ganzen Palette von Ideen wollen wir herausgreifen. Sie beziehen sich auf die individuelle, die kommunal-gemeinschaftliche und die gesamtstaatliche Ebene. Der Staat könnte:

- Staatlich finanzierte Retreat Center ermöglichen, um Raum für persönliche Weiterentwicklung der Bürgerinnen zu schaffen
- Stabsstellen, Beauftragte für neue Beteiligungsformen und kollektive Intelligenz auf allen Ebenen einrichten, um Raum für gemeinschaftliche Weiterentwicklung zu schaffen
- Ein Zukunftsministerium einrichten, das jenseits von parteipolitischen Strukturen Erprobungs- und Forschungsräume für die Zukunft ermöglicht

Staatlich finanzierte Retreat Center – Ein Beispiel aus Skandinavien

Eine unserer Kernthesen ist: Für starke, resiliente Gesellschaften und stabile Demokratien ist innere Arbeit und Persönlichkeitsentwicklung vieler Menschen nötig. Und vor allem bei Menschen, die in Leitungsfunktionen die Gesellschaft gestalten, Unternehmen führen oder für Bildung verantwortlich sind. Aber wie soll dies ganz praktisch funktionieren? Zu viele Menschen können sich das gar nicht leisten. Innere Arbeit ist immer noch ein Privileg. Zudem kann Persönlichkeitsentwicklung und Arbeit an sich selbst nicht von oben verordnet werden.

Auf einer Konferenz für Ko-Kreation haben wir vor einigen Jahren Tomas Björkman kennengelernt. Björkman, der ehemalige Fondsmanager und Sozialunternehmer, erzählte folgende faszinierende Geschichte[78] über die phänomenale Entwicklung in Skandinavien:

In der Mitte des 19. Jahrhunderts waren Dänemark, Norwegen und Schweden sehr arme, agrarische und autoritäre Gesellschaften. Wegen des Hungers und der miserablen Lebensbedingungen wanderten etwa 20 Prozent der arbeitenden Bevölkerung Schwedens in die USA aus. Aber nur wenige Generationen später, bereits vor dem Zweiten Weltkrieg, zählten Dänemark, Norwegen und Schweden zu den reichsten und glücklichsten Ländern der Welt. Also noch bevor Norwegens Ölreichtum zu sprudeln begann. Die ersten Ölbohrungen in der norwegischen Nordsee begannen erst 1969. Wie hatten sie das geschafft? Wie erreichten sie so schnell und friedlich den Übergang zu wohlhabenden, industrialisierten Demokratien?

Damals wussten bereits einige visionäre Intellektuelle und Politiker:innen, dass Menschen in Zeiten der Unsicherheit und schneller Veränderung nach äußerer Autorität suchen. Sie entschieden sich deswegen für den entgegengesetzten Pol, den Aufbau von innerer Autorität. Und sie setzten konsequent darauf, dass stabile Demokratien von unten aufgebaut werden müssen.

Dafür gründeten sie unter anderem überall in den nordischen Ländern staatlich geförderte – aber nicht staatlich organisierte – Retreat Center. Um die Jahrhundertwende (1900) gab es etwa 100 solcher Zentren in Dänemark, 75 in Norwegen und 150 in Schweden.

Hier konnten junge Erwachsene mit einigen Jahren Berufserfahrung, vor allem aus der Arbeiterschicht oder der bäuerlichen Bevölkerung, bis zu sechs Monate verbringen. Das ausdrückliche Ziel war nicht politische Bildung oder Indoktrination, sondern sie wurden ermutigt, ihren eigenen inneren Kompass zu finden. Sich selbst zu finden und dabei in der Lage zu sein, jeglichen Extremismus zu erkennen. Sie lernten, mit der zunehmenden Komplexität und dem rasanten gesellschaftlichen Wandel umzugehen und aktiv an der entstehenden neuen Gesellschaftsordnung mitzuwirken. Vor über 100 Jahren nahmen bis zu 10 Prozent jeder Generation junger Erwachsener an diesen Programmen teil.

Heute würden wir sagen, dass das Ziel darin bestand, den Teilnehmer:innen zu helfen, selbstbestimmter und reflektierter zu werden. Die Unterstützung sollte ihnen helfen, den Schritt von einer Orientierung im Außen hin zur Verwurzelung im eigenen Inneren zu vollziehen. Sodass sie ihre eigenen Werte, ihren eigenen inneren Faden und ihre individuelle Ausrichtung entwickeln konnten. Darüber hinaus wurden weitere Kompetenzen wie technologische Innovationen in der Landwirtschaft und Produktion vermittelt.

Die geistige Grundlage für diese Entwicklung lieferten Schiller, Goethe, von Humboldt, Herder und andere, die nicht nur Gelehrte, Dichter und Forscher, sondern auch idealistische Philosophen waren. Sie wurden damals von fast allen nordischen

Intellektuellen gelesen. Diese Philosophen hatten sich gegen die Auffassung der Aufklärung gewandt, die unseren Verstand und Geist rein als eine starre, rationale Maschine betrachtete. Sie wiesen darauf hin, dass unser Bewusstsein in unsere Kultur eingebettet ist. Und dass unser Geist ein komplexes System ist, das sich ein Leben lang entwickelt. Ansichten, die heute von der modernen neurowissenschaftlichen Forschung bestätigt werden.

Uns hat fasziniert, wie eine so riesige Bewegung von innerer Arbeit und Persönlichkeitsentwicklung, die mehrere Nationen verändert hat, initiiert werden konnte. Heute kennen nicht viele – nicht einmal in den nordischen Ländern – diesen faszinierenden Teil ihrer Geschichte. Deshalb nannten Tomas Björkman und Lene Anderson ihr Buch darüber auch *Das skandinavische Geheimnis.*[79] Die Häuser – »Volkshochschulen« – gibt es immer noch, und sie werden auch weiterhin vom Staat gefördert. Aber nach dem Zweiten Weltkrieg ging der Schwerpunkt auf die persönliche, innere Entwicklung und den Aufbau der Demokratie verloren. Die Volkshochschulen werden jetzt hauptsächlich für die Erwachsenenbildung genutzt, ähnlich wie die gleichnamigen Institutionen bei uns.

Zurück zur Gegenwart: So könnten heute solche Retreat Center, solche innere Weiterbildungszentren nicht nur für junge Menschen, sondern im Zuge des lebenslangen Lernens und einer Arbeitsbiografie von bald 50 Jahren für alle Menschen eingeführt werden. Damit wir uns immer wieder auf unsere ganzheitliche Entwicklung und unsere inneren Welten konzentrieren können. Es sollte nicht nur einer kleinen Bildungselite vorbehalten bleiben, sich fortzubilden, Trauma- und innere Arbeit zu machen oder schlicht einfach nur eine Pause einzulegen.

Um unsere Demokratien und die Gesellschaft langfristig zu entwickeln, sollten so viele Menschen wie möglich das »Privileg« haben, geistige Unabhängigkeit und innere Resilienz zu entwickeln. Eine öffentlich finanzierte, aber nicht staatlich organisierte Möglichkeit der Reorientierung, der Weiterbildung, der inneren Arbeit und Persönlichkeitsentwicklung sollte allen Menschen offenstehen. Wir gehen davon aus, dass die zusätzlichen Kosten dafür im gleichen Maße an anderen Stellen des Gesundheitssystems eingespart würden, weil es weniger Burnouts, psychische Krankheiten, Arbeitsunfähigkeiten usw. gäbe. So könnten alle, die wollen, an der Entwicklung der Gesellschaft aktiv mitwirken.

Stabsstellen für Beteiligung

So ist zum Beispiel der wichtigste Einzelfaktor, ob in einer Gemeinde eine lebendige Beteiligungskultur entstehen kann, die Existenz von einer oder einem staatlich beauftragten und finanzierten Beteiligungsbeauftragten.

Und das ist nicht nur Zukunftsmusik: Es gibt bereits gute Vorbilder, drei stellen wir kurz vor. Ministerpräsident Kretschmann hatte bereits vor zwölf Jahren im Rahmen seiner Politik des »Gehörtwerdens« eine Staatsrätin für Zivilgesellschaft und Bürgerbeteiligung ernannt, die Erste in ganz Deutschland. Die Besetzung mit Gisela Erler, einer Familienforscherin und Unternehmerin, war ein Glücksfall. Sie saß mit am Regierungstisch und entwickelte Vorschläge, wann, wie und wo die Bürger:innen beteiligt werden sollten. Ob es um eine neue Pensionsregelung für ehemalige Abgeordnete ging, um Straßenbau oder um die Coronamaßnahmen – immer wurden die Bürger:innen beteiligt, in unterschiedlichen Formen und Variationen. Mit Charisma, Humor und Tatkraft entwickelt, förderte und erprobten sie und ihr Team die Bürgerbeteiligung im Land. Ihre Stabsstelle hat sich etabliert. Heute baut ihre Nachfolgerin Barbara Bosch die Beteiligung erfolgreich weiter aus. So wird Baden-Württemberg zum Musterland für Beteiligung in ganz Europa.

Sachsen hat seit Anfang 2020 das deutschlandweit erste Demokratie-Ministerium, genauer gesagt das Staatsministerium der Justiz und für Demokratie, Europa und Gleichstellung. Das zuständige Referat startete die erste bundesweite Vernetzung aller Länderministerien und des Bundesministeriums zum Thema Bürgerbeteiligung.

Das dritte Beispiel ist ganz frisch: Im Bundestag gibt es erstmals seit Herbst 2022 eine Stabsstelle für losbasierte Bürgerräte, ein unabhängiges Team in der Bundestagsverwaltung, dessen Aufgabe darin besteht, Bürgerräte für den Bundestag zu organisieren. Die europaweite Ausschreibung zur Durchführung dieser Bürgerräte haben Mehr Demokratie und seine Partner ifok, nexus und IPG gewonnen.

So braucht es in jedem Bundesland, in jeder größeren Gemeinde und Stadt Beauftragte und Stabsstellen. Ja, sie kosten Geld. Aber Demokratie darf etwas kosten. Und auch hier sind wir davon überzeugt, dass am Ende sogar Geld gespart wird, weil Politik dadurch besser wird und schneller umgesetzt werden kann. Und ja, es ist Neuland, das all diese staatlichen Akteure für die von uns vorgeschlagenen Formate, in denen sich Menschen auf einer tiefergehenden Ebene begegnen können, betreten müssen. Sodass kollektive starke emotionale Belastungen und Traumata im Kontext der jeweiligen Krise gesellschaftlich aufgearbeitet werden könnten.

Nicht nur bei der Gesetzgebung und der Transformation der Gesellschaft wäre dies wichtig, sondern auch bei schrecklichen Ereignissen.

In den USA und einigen anderen Ländern gibt es bereits NGOs und andere Organisationen, die Wissen und Ressourcen rund um das Thema Traumaprävention und Unterstützung bündeln und mit staatlicher Finanzierung frei zur Verfügung stellen – so zum Beispiel »Trauma Informed Oregon«,[80] eine Organisation, die im Bundesstaat Oregon Rat und Hilfe im Umgang mit traumatisierten Menschen vermittelt.

Nehmen wir den Ort Freudenberg. Im März 2023 haben hier zwei Mädchen ein anderes Mädchen erstochen, die Mädchen waren 12 und 13 Jahre alt. Das ganze Dorf fror innerlich ein. Die schreckliche Tat ging bundesweit durch die Medien. Hasstiraden liefen über Tik Tok, Jugendpsycholog:innen erklärten, wie Mobbing wirkt, Jurist:innen diskutierten, ab welchem Alter jemand strafmündig ist. Die schockierenden Ereignisse werden lange ihren traumatischen Schatten über den Ort Freudenberg werfen. Und damit sollte er nicht allein gelassen werden.

Aus einer traumainformierten Perspektive ist unmittelbar nach einem erschütterndem Ereignis psychologische Erste Hilfe zur Prävention von Stress- und Traumafolgestörungen wichtig. Bei Terroranschlägen oder anderen physischen Katastrophen gibt es solche Hilfsstrukturen. Nach einigen Wochen oder Monaten erholen sich die meisten Menschen individuell wieder. Aber es findet in der Regel keine kollektive oder öffentliche Aufarbeitung statt. Es bleibt ein dunkles Loch. Genauso betitelte die *ZEIT* ihre Reportage über Freudenberg: »Diese eine Tat – Freudenberg wird von jetzt an immer der Ort sein, an dem zwei Kinder ein drittes erstochen haben.« Es wird im kollektiven Gedächtnis haften bleiben. Wie heilsam könnte es sein, wenn in einem angemessenen zeitlichen Abstand ein öffentlicher Prozess zur Trauma-Integration mit Beteiligung der Bürgermeisterin, Bürger:innen und vielleicht sogar den Opferfamilien stattfände. Begleitet von einem ausgebildeten Team und einer Universität, die die Erfahrungen dokumentiert und publiziert.

Wir gehen davon aus, dass wir in den nächsten Jahren sprunghafte Entwicklungen bei der Integration von kollektiven und sozialen Traumata erleben werden. Weil einerseits das Bewusstsein für Trauma zunimmt und andererseits auch die Kompetenzen und Möglichkeiten wachsen, Trauma zu heilen. Das wird unsere Welt in vielen Lebensbereichen erleichtern, gesünder machen, ihr Potenzial freisetzen. Die Dialogfähigkeit, auch zu kritischen und schwierigen Themen, wird stärker, wenn die richtigen Maßnahmen getroffen und Stellen eingerichtet werden. Menschen werden dann offener miteinander umgehen und ihre Konflikte effektiver lösen. So wird in der Folge auch die Demokratie lebendiger werden, und die Zerrissenheit der Gesellschaft kann größerer Verbundenheit weichen.

Zukunftsministerien

Ein strukturell blinder Fleck von Demokratien ist ihre Kurzsichtigkeit gegenüber der Zukunft. Kurze Wahlperioden und der Druck der Parteien, wiedergewählt zu werden, führen zu einer Politik auf Sicht oder bestenfalls zu schnell umsetzbaren Maßnahmen. Denn die nächste Wahl steht vor der Tür, und jede Partei will Trophäen sammeln. Die Stimmen der nachfolgenden Generationen werden hier aber nicht gezählt. Sie besitzen heute keinen einzigen Parlamentssitz.

Um langfristiges Denken zu etablieren, braucht es einen institutionalisierten Raum und Ressourcen. Auch dafür gibt es bereits erste Beispiele: In Schweden gab es ab 2014 ein Zukunftsministerium, und das finnische Parlament hat einen permanenten Zukunftsausschuss, der die langfristige Planung der Regierung kontrolliert und evaluiert. In Wales wurde 2015 das Gesetz zum Wohlergehen künftiger Generationen verabschiedet und eine Beauftragte für künftige Generationen eingerichtet. Sie kann keine Gesetze verhindern, aber andere Ministerien dazu zwingen, ihre Entscheidungen gegenüber den noch nicht geborenen Bürger:innen von Wales zu rechtfertigen.

So ein Zukunftsministerium sollte nicht von den Mitgliedern einer Partei geleitet werden, denn sonst besteht wieder die Gefahr von Gruppenzwängen und einer Parteilogik, die im Zweifel das eigene Überleben über das Allgemeinwohl stellt. Doch könnten alle Parteien miteinbezogen werden, indem die Staatssekretär:innen des Zukunftsministeriums von allen im Bundestag vertretenen Parteien ernannt werden, auch von der Opposition. Bisher kaum vorstellbar. Das wäre langfristig klug, denn so entstünde Kontinuität über jeden Regierungswechsel hinaus. Ein Prinzip, das es in der Schweiz schon seit vielen Jahren gibt, dort sind in der siebenköpfigen Regierung immer die vier größten Parteien vertreten, auch die der Opposition.

Einige Fragen müssten geklärt werden: Wie passt sich so eine Institution für Zukunftsfragen in das Regierungssystem ein, muss es ein Ministerium sein, wie wir es vorschlagen? Welche Kompetenzen sollte eine solche Zukunftsinstitution haben? Soll sie die Regierung oder den Bundestag nur beraten können, selbst Gesetze initiieren oder gar Vetos gegen Gesetze von anderen Ministerien einlegen können? Auf welche Politikfelder sollte sich ihre Arbeit beschränken? Wie lange sollten die Amtszeiten sein, wer soll die Verantwortlichen ernennen, sollen sie gewählt oder gelost werden? Und zunächst sollten die bestehenden guten oder schlechten Erfahrungen national und international mit Zukunftsinstitutionen ausgewertet werden. Denn in Deutschland gibt es bereits seit 2004 so ein Gremium im Deutschen Bundestag: Der Parlamentarische Beirat für nachhaltige Entwicklung mit seinem Leitmotiv »Heute nicht auf Kosten von morgen leben!«. Vermutlich haben Sie davon noch nie gehört. Das muss Sie nicht beunruhigen, denn das Gremium ist macht- und zahnlos – auch laut Aussagen seiner eigenen Mitglieder.

Wir wollen aber nicht warten müssen, bis der Staat aktiv wird und sich selbst am Schopfe aus dem Sumpf zieht, sondern können sofort aktiv werden.

Unser Zukunftsbild: Gemeinden brechen auf

Wir haben viele verschiedene Bausteine, Prinzipien und Ideen beschrieben, wie wir strukturell und kulturell gesellschaftlichen Zusammenhalt fördern können. Und wie wir gemeinsam an den realen Problemen unserer Zeit arbeiten könnten. Nun wollen wir daraus ein kraftvolles Zukunftsbild bauen, das unser Land verändern könnte. Jede:r kann direkt vor Ort mit einsteigen und beitragen!

Vor Ort spielt das Leben. Wandel kann man nicht von oben verordnen, Wandel muss auch von unten kommen. Die Kommunen sind die Basis der politischen Arbeit. Sie sind die Grundpfeiler unserer Demokratie, nah dran an den Menschen und ihrem Alltag. Hier, im Lokalen, gestalten wir Zukunft – ganz konkret vor der Haustür! Es gibt 11.000 Gemeinden und Städte in Deutschland. Schule, Verkehr, Krankenhäuser, Bauen, Wohnen, Freizeit, Umweltschutz etc., all das kann und muss vor Ort bestimmt und gestaltet werden. Auch die ganz großen Themen wie die Anforderungen durch den Klimawandel müssen am Ende auch auf kommunaler Ebene beantwortet werden. Am Beispiel »Wärme« wird dies deutlich. Das Heizen ist für rund ein Drittel der gesamten CO_2-Emissionen verantwortlich. Das teilt sich auf die Industrie und das Wohnen auf. Jede:r von uns wohnt irgendwo und ist deswegen direkt als Besitzer:in oder indirekt als Mieter:in betroffen. Eine lokale Wärmewende wäre ein zentraler Schritt hin zu einer klimaneutralen Kommune und Gesellschaft.

Es gibt bereits jetzt viele praktische Wege, um auf Gemeindeebene zu arbeiten, Probleme zu lösen und etwas zu bewirken:

- Losbasierte Bürgerräte oder andere Beteiligungsformate können theoretisch zu fast allen Gemeindethemen organisiert werden. International fanden bereits 100 Klimabürgerräte (Stand März 2023) statt.

- Mitarbeit im Gemeinderat. Viele Gemeinden suchen Menschen, die bereit sind, dafür zu kandidieren. Allein 2024 finden Kommunalwahlen in Baden-Württemberg, Brandenburg, Mecklenburg-Vorpommern, Rheinland-Pfalz, Saarland, Sachsen, Sachsen-Anhalt und Thüringen statt.
- In jeder Gemeinde in Deutschland kann ein Bürgerbegehren, das in einen Bürgerentscheid mündet, gestartet werden, bislang gab es 9000 Verfahren in Deutschland in den letzten Jahrzehnten.
- Die Verfahren können kombiniert werden, also über die Ergebnisse eines Bürgerrates kann in einem Bürgerentscheid von der ganzen Gemeinde entschieden werden.

Wir suchen verantwortliche Menschen in Gemeinden und Städten, die wirklich etwas Zukünftiges vorhaben. Und lebenspraktische Antworten finden und umsetzen wollen. Und dabei bereit sind, auch gesellschaftliche Innenräume miteinzubeziehen. Die persönliche Entwicklungsarbeit, innere Arbeit integrieren wollen. Zum Beispiel: Wie wird Musterstadt in Bayern oder Sachsen bis zum Jahre 2036 CO_2-emissionsfrei? Und die dann auch die nächsten Jahre an dieser Frage dranbleiben, bis sie es geschafft haben.

Dies wird nicht mit einem Bürgerrat oder einem Trauma-Integrationsprozess gelingen. Aber beides könnten Bestandteile eines größeren Entwicklungsprozesses sein. Wenn sich die ganze Gemeinde oder Stadt, alle wichtigen Akteur:innen und die, die eher am Rande stehen, die Unternehmen und die Erwerbslosen, Einwohnerschaft und Politik, Verwaltung und Zivilgesellschaft zusammentun. Wenn sie einen offenen Prozess starten, der sich in mehreren Dialog- und Umsetzungsprozessen über die nächsten Jahre entwickelt. In dem gemeinsames Lernen ohne Scham vor Fehlern möglich ist. Ein Prozess, der Außen- und Innenräume gleichermaßen bespielt, und zwar in dem Maße, wie sie dem gemeinsamen Vorhaben dienen. Wir haben gesehen, wie über transparente und traumainformierte Kommunikation bessere Lösungen und effektivere Zusammenarbeit stattfinden kann. Vor allem macht es mehr Freude, man brennt nicht so schnell aus und findet Sinn.

Zu Beginn könnte ein starker Prozess zur Gemeinschaftsentwicklung stehen, der ein kraftvolles Wir schafft, Verbindung und Vertrauen erzeugt. In diesem tragenden Gewebe, einem Feld von Zuneigung, können neue Ideen und ungewöhnliche Aktionen viel leichter entstehen und landen. Und dann geht es an die praktische Umsetzung. Pragmatisch, ohne Ideologie und Parteifarbe. Wenn sich zähe Schwierigkeiten und »dunkle Löcher« auftun, kann ein gemeinsamer Trauma-Integrationsprozess hilfreich sein, bis die Arbeit wieder in Fluss kommt. Vielleicht genügt auch schon eine feine Konfliktmoderation. Mit einer systemischen und wissenschaftsbasierten Perspektive können die langfristigen Hebel- und Knackpunkte gefunden und bearbeitet werden.

Kurzum: Wir wollen und können alle in diesem Buch beschriebenen Konzepte, Prinzipien und Ideen in die Welt bringen. Und dafür suchen wir Gleichgesinnte.

Es gibt so viele Menschen in Deutschland, die sich einbringen und etwas verändern wollen, vielleicht auch Sie? Menschen aus allen gesellschaftlichen Ebenen und allen Teilen des Landes. Immer mehr Menschen spüren, dass es jetzt auch auf sie ankommt. Oft bislang ganz »unpolitische« Menschen. Manche waren schon politisch oder zivilgesellschaftlich aktiv und haben sich aus diversen Gründen – oft aus Enttäuschung – wieder zurückgezogen. Und überall fehlen in Deutschland Kandidat:innen für das Bürgermeisteramt oder für den Gemeinderat. Alle Parteien beklagen, dass sich immer weniger Menschen in der Kommunalpolitik engagieren. Denn das ist auch kein Tanz auf Rosen und bedeutet viel ehrenamtliche Arbeit für eine geringe Aufwandsentschädigung. Und vor allem bekommt man kaum Anerkennung, im Gegenteil, in letzter Zeit häufen sich Drohungen oder Hassmails gegen Bürgermeister:innen.

Die Politik ist am »Personalmangel« nicht ganz unschuldig. Für Neulinge sind eingefahrene, parteipolitische Strukturen, ein teilweise rüder Kommunikationsstil sowie Platzhirsch- und Erbhofgehabe abstoßend. Aber das kann sich nur ändern, wenn Menschen sich einbringen für Veränderungen. Und bereit sind, Verantwortung für ihre Stadt oder ihr Dorf zu übernehmen. Und gemeinsam eine neue Zukunft schaffen. Und sich gegenseitig dabei unterstützen. Nach unserer Erfahrung bleibt ein Teil der Teilnehmenden aus gelosten Bürgerräten langfristig politisch und demokratisch aktiv. Sie übernehmen Verantwortung für das Gemeinwesen.

LOSLAND – ein erster Schritt

Mit dem Modellprojekt LOSLAND[81] haben wir mit Mehr Demokratie und dem IASS Potsdam, das heutige Forschungsinstitut für Nachhaltigkeit – Helmholtz-Zentrum Potsdam (RIFS), im Jahr 2022 bereits einen ersten Schritt in diese Richtung unternommen. Ein Experiment, das uns und allen Teilnehmenden wirklich Mut gemacht hat. In zehn Gemeinden in ganz Deutschland hat unser Team losbasierte Beteiligungsprozesse begleitet. Um vor Ort eine »enkeltaugliche Zukunft« zu gestalten. Ziel des Projekt war es, den Fokus auf die Zukunft zu richten – eine Zukunft, die für alle greifbar ist: Enkel, Eltern und Großeltern. Wir stellten innerhalb der Gemeinde die Frage, was müssen wir heute entscheiden, damit auch künftige Generationen gut leben können. Die Bürger:innen selbst formulierten dann das Thema für einen Bürgerrat, zum Beispiel: »Was bedeutet ein glückliches Zusammenleben in *Coesfeld* – und was brauchen wir dafür?« oder »Wie und was können wir in *Gütersloh* teilen, um zusammen nachhaltiger zu leben?«

Bürgerbeteiligung ist ein fortlaufender Wachstumsprozess, der in Spiralen wächst. Und sich herumspricht. Weitere Gemeinden wollen nachziehen. Wir könnten sofort mit den nächsten 100 oder 1000 Gemeinden weitermachen. Jenseits aller Gräben und Krisen. Wir haben gemeinsam die Chance, das Wissen und alles, was es braucht. Egal, wo Ihr Platz ist, ob in einem Unternehmen, in der Verwaltung, ob Bürger:in oder Bürgermeister:in oder Gemeinderät:in. Wollen Sie mit anderen dabei sein, unsere Zukunft zu gestalten?

»Geht die Welt gerade wirklich unter,
oder will sie uns nur etwas mitteilen?«

Bernhard Pörksen

Zu guter Letzt

Zu zweit ein Buch über Spaltung, Trauma und die Schatten unserer selbst zu schreiben ist ein Wagnis. Zwischendurch kamen wir uns vor wie zwei Streithähne, die ein Buch über Nie-wieder-Streiten schreiben. Wir blieben von alldem, worüber wir hier geschrieben haben, jedenfalls nicht verschont. Und das ist gut so! Umso mehr wurde uns auch ganz persönlich bewusst, worüber wir hier schreiben. Wie sehr persönliche Dynamiken zwischen den Licht- und Schattenseiten des Lebens politische Dimensionen haben. Wir suchen seit über 30 Jahren nach Wegen in eine bessere Welt und stießen immer wieder auf die Demokratie, weil sie die einzige Form ist, in der die Menschen miteinander ihr Zusammenleben vereinbaren können. Gleichzeitig beschäftigten uns immer wieder Fragen innerer menschlicher und damit auch gesellschaftlicher Entwicklungen. Heute suchen wir konkrete Wege, die beides zusammenbringen, weil wir erleben, dass das eine das andere bedingt. Und durch alles zieht sich unsere Liebe zum Menschen an sich und seinen unendlichen Fähigkeiten. Denn unsere größte Erkenntnis, die wir zur Überwindung jeglicher Spaltung beitragen können, ist:

Ich bin auch du!

KAPITEL 7:

Praktische Hilfen

Wenn Sie motiviert sind zu handeln, bestimmte Prozesse auszuprobieren oder in Ihrem Ort oder Ihrer Organisation aktiv zu werden, können Sie sofort loslegen. Einiges ist neu, und nicht alles wird immer gelingen, aber gerade im Scheitern liegt das größte Lernpotenzial. Hier einige wichtige Kontakte und Unterstützungsangebote:

Bürgerräte, Bürgerbegehren oder andere kreative Beteiligungsprozesse

Bundesweite Bürgerrats- und Bürgerbegehrensberatung
Team Kommunale Demokratie
Tel. 030 – 420 823 66
beratung@mehr-demokratie.de

Netzwerk Bürgerbeteiligung
Das Netzwerk bringt Akteure aus allen Bereichen der Bürgerbeteiligung zusammen, definiert Qualitätskriterien und Leitlinien und wird von der Stiftung Mitarbeit koordiniert.

Institute zur Durchführung von Beteiligungsformaten
Es gibt viele gute Akteure, persönlich empfehlen können wir:
- ifok
- nexus Institut
- Institut für Partizipatives Gestalten
- Cocreation Foundation

Im Ausland
- Missions Publiques (Frankreich)
- Involve (UK) – involve.org.uk
- G1000 (Belgien) – www.g1000.org
- Meer Democratie (Niederlande)

Ausbildung für Moderation
- School of Participation
- Art of Hosting

Formate zu Demokratie und Klima
- Mehr Demokratie – die-klimadebatte.de
- Bürgerbegehren – buerger-begehren-klimaschutz.de
- German Zero – localzero.net
- Klimawende von unten – www.klimawende.org

Neue Formate

Sprechen und Zuhören (6. Kapitel)
- Anne Dänner, Mehr Demokratie e.V. – anne.daenner@mehr-demokratie.de

Social Witnessing (6. Kapitel)
- The Pocket Project – https://pocketproject.org

Aufstellungen (6. Kapitel)

- Politikfeld-Aufstellungen: Josef Merk – josef.merk@mehr-demokratie.de
- Lösungsorientierte Systemaufstellungen: Ruth Beilharz – mail@ruthbeilharz.de

Gemeinschaftsbildung nach Scott Peck (6. Kapitel)

Geeignet für alle Arten von bestehenden oder sich neu bildenden Gruppen: Unternehmen, Gemeinderäte, Lebensgemeinschaften etc.

- Susanne Socher, Schloss Tempelhof & Mehr Demokratie e.V. – susanne.socher@mehr-demokratie.de

Literaturempfehlungen

Die Demokratie braucht uns! Für eine Kultur des Miteinander
(Claudine Nierth mit Katharina Höftmann Ciobotaru, Goldmann 2021)

Kollektives Trauma heilen: Persönliche und globale Krisen verstehen und als Chance nutzen
(Thomas Hübl, Irisiana 2021)

Das Trauma in dir: Wie der Körper den Schrecken festhält und wie wir ihn heilen können
(Bessel van der Kolk, Ullstein 2023)

Auch alte Wunden können heilen: Wie Verletzungen aus der Kindheit unser Leben bestimmen und wie wir uns davon lösen können
(Dami Charf, Kösel 2018)

Kollektive Traumata: Konzepte, Argumente, Perspektiven
(Angela Kühner, Psychosozial-Verlag 2007)

Der tiefe Graben: Die Geschichte der gespaltenen Staaten von Amerika
(Ezra Klein, Hoffmann und Campe 2021)

Die Illusion der Vernunft: Warum wir von unseren Überzeugungen nicht zu überzeugt sein sollten
(Philipp Sterzer, Ullstein 2021)

Die aufgeregte Gesellschaft: Wie Emotionen unsere Moral prägen und die Polarisierung verstärken
(Philipp Hübl, C. Bertelsmann 2019)

Die große Kokreation: Eine Werkstatt für alle, die nicht mehr untergehen wollen
(Jascha Rohr, Murmann 2023)

Die entfaltete Organisation
(Joana Breidenbach & Bettina Rollow, Vahlen 2022)

Demokratie für morgen: Roadmap zur Rettung der Welt
(Karl-Martin Hentschel, UVK 2018)

The Listening Society/Nordic Ideology: A Metamodern Guide to Politics – Book One & Two
(Hanzi Freinacht, Metamoderna 2017)

A Leader's Framework for Decision Making: Decision Making and Problem Solving – Harvard Business Review
(David J. Snowden und Mary E. Boone, Harvard Business Review 2007)

Wer ist Mehr Demokratie?

Mehr Demokratie e. V. ist mit rund 10.000 Mitgliedern und 200.000 interessierten Kontakten die wohl größte Organisation für direkte Demokratie weltweit. Das Kernanliegen von Mehr Demokratie ist die ständige Weiterentwicklung der Demokratie. Seit 35 Jahren arbeitet der Verein für direkte Demokratie, Transparenz, faires Wahlrecht und wirksame Bürgerbeteiligung, zum Beispiel losbasierte Bürgerräte. Die Qualität des Austauschs und der Entscheidungsfindung, also die demokratische Kultur, ist dabei ebenso wichtig wie die Verbesserung demokratischer Strukturen. Die Überzeugung von Mehr Demokratie: Menschen wollen sich zugehörig fühlen, selbstbestimmt leben, sich einmischen und mitentscheiden. Geschützte Räume und ein Verständnis für Emotionen und Beziehungsfragen helfen, das Potenzial, das in allen Menschen steckt, voll zu entfalten und kreativ Lösungen für politische Fragen zu finden.

Danke!

Wir danken all jenen, die uns in den letzten Monaten so tatkräftig unterstützt haben, allen voran Elisabeth Schönert und Judith Strasser. Ein besonderer Dank geht an das Pocket Project, an Thomas Hübl und Kosha Joubert für die inspirierende Zusammenarbeit und die tiefen Lernerfahrungen, die wir machen durften. Und an das ganze Team, das das Forschungsprojekt Trauma und Demokratie möglich gemacht hat. Inhaltlich unterstützt haben uns Adrian Wagner, Anne Dänner, Susanne Socher, Josef Merk und Prof. Dr. Kazuma Matoba. Wir danken der ganzen Demokratiebewegung, die uns so viel gelehrt hat.

Quellen

Alle Online-Quellen wurde zuletzt aufgerufen am 26. 6. 2023.

1 MONITOR 2022

2 https://www.youtube.com/watch?v=4Y1lZQsyuSQ

3 16.11.2022 Quelle: BAMF, AZR, BMI. https://www.dw.com/de/faktencheck-kommen-2022-mehr-fl%C3%BCchtlinge-als-2015-2016/a-63747379

4 Deutschlandfunk Audiothek/Deutschlandradio/Die Polarisierte Gesellschaft: eine herbeigeredete Debatte?/Kathrin Kühn, Luca Rehse-Knauf/29. 12. 2022 https://www.deutschlandfunk.de/die-polarisierte-gesellschaft-gibt-es-sie-wirklich-dlf-20924d9f-100.html

5 Karolinska Institutet und Direktor der Gapminder-Stiftung

6 Democracy Report 2022: Autocratization Changing Nature? https://v-dem.net/media/publications/dr_2022.pdf

7 Umfrage MONITOR im September 2022 bzw. einer Studie von 2019 von der Friedrich-Ebert-Stiftung https://www.fes.de/studie-vertrauen-in-demokratie

8 Achen, Bartels, Democracy for Realists: Why Elections Do Not Produce Responsive Government.

9 Stanovich et al., Myside bias, rational thinking, and intelligence, Current Directions in Psychological Science 2013

10 Warum »Wir« besser sind als »Die« – Wie bestimmt die Zugehörigkeit zu sozialen Gruppen die Bewertung der eigenen und der fremden Gruppen? Von Stefanie Hechler & Thomas Kessler in *The inquisite Mind,* Ausgabe 3/2020

11 Jonathan Haidt, The Righteous Mind: Why Good People are Divided by Politics and Religion, Pengiun, 2013

12 https://de.statista.com/statistik/daten/studie/1246685/umfrage/auslastung-von-intensivbetten-in-deutschland/

13 1961 wegweisende Studie von James Stoner

14 https://www.faz.net/aktuell/politik/europaeische-union/irak-krieg-powell-schandfleck-meiner-karriere-1255325.html

15 https://www.zeit.de/kultur/2022-02/lagerdenken-links-rechts-politik-psychologie/komplettansicht

16 https://www.sueddeutsche.de/politik/ende-der-jamaika-verhandlungen-warum-die-fdp-die-jamaika-verhandlungen-platzen-liess-1.3757550

17 Gewerkschaft der Polizei: https://www.gdp.de/gdp/gdp.nsf/id/849BC0D13B82BD29C12588F700484AEA

18 Political Orientations Are Correlated with Brain Structure in Young Adults, Ryota Kanai, Current Biology Volume 21, ISSUE 8, P677-680, 26.04.2011.

19 Neuere Forschung beschreibt sechs Merkmale: Looking beyond the Big Five: A selective review of alternatives to the Big Five model of personality, Anita Feher et al., 2020.
https://www.spektrum.de/news/big-five-sind-es-nur-fuenf-grosse-persoenlichkeitsfaktoren/1762632

20 Block, Jack & Block, Jeanne. (2006). Nursery School Personality and Political Orientation Two Decades Later. Journal of Research in Personality. 40. 734-749.

21 Aurel Kolnai; Ekel, Hochmut, Hass. Zur Phänomenologie feindlicher Gefühle, Suhrkamp, 2007

22 Philipp Hübl, Die aufgeregte Gesellschaft, Bertelsmann, 2019

23 Unterstützung gibt es hierbei bei der Organisation Hateaid. https://hateaid.org

24 sinngemäß aus Michael Butter: Nichts ist, wie es scheint.

25 Fake Facts: Wie Verschwörungstheorien unser Denken bestimmen, Lamberty, Nocun

26 https://edmo.eu/2023/02/24/special-edition-early-warnings-ukraine/

27 https://www.youtube.com/watch?app=desktop&v=BD-9ivtADyo

28 https://www.buergerrat.de
29 »Alte Wunden können heilen«, Dami Charf, Kösel Verlag München, 6. Auflage 2022.
30 https://www.spiegel.de/wissenschaft/medizin/trauma-bessel-van-der-kolk-erklaert-was-betroffene-durchmachen-a-f4f8b2c3-79b2-4ac7-8868-267def13a470
31 https://traumaheilung.de/entwicklungstrauma/
32 https://www.bmfsfj.de/bmfsfj/themen/gleichstellung/frauen-vor-gewalt-schuetzen/haeusliche-gewalt
33 wie Somatic Experiencing
34 https://www.hessenschau.de/politik/hessischer-finanzminister-thomas-schaefer-tot-offenbar-suizid,finanzminister-schaefer-tot-100.html#:~:text=Die%20Mitteilung%20%C3%BCber%20den%20Tod,eine%20m%C3%A4nnliche%20Leiche%20gefunden%20worden
35 Jawaid et al., Transgenerational epigenetics of traumatic stress, Progress in molecular biology and translational science. Vol. 158. Academic Press, 2018. 273 – 298.
36 https://www.ardalpha.de/wissen/gesundheit/gesund-leben/zwilling-forschung-gen-umwelt-krankheit-nature-nurture-100.html
37 Transgenerational effects of prenatal exposure to the Dutch famine on neonatal adiposity and health in later life, RC Painter et al. 11 August 2008, BJOG
38 Transgenerational effects of childhood conditions on third generation health and education outcomes, Gerard J. van den Berg et al., Economics & Human Biology 2016
39 https://www.spiegel.de/ausland/weitergabe-von-traumata-die-kinder-spueren-dass-da-etwas-ist-aber-sie-wissen-nicht-was-a-80f8267d-22fa-4ed4-bdfe-6d75b714a4bb
40 https://www.bundestag.de/resource/blob/501186/5cab3d455ea7c85a1dfbd7ce458d499a/WD-1-040-16-pdf-data.pdf
41 Kellermann, N. P. (2011). Geerbtes Trauma: Die Konzeptualisierung der transgenerationalen Weitergabe von Traumata. Tel Aviver Jahrbuch für deutsche Geschichte, 39, 137 – 160.
42 https://deutschlands-rolle.buergerrat.de/fileadmin/downloads/buergergutachten2021.pdf

43 Kühner, A. (2008). Trauma und kollektives Gedächtnis. Gießen: Psychosozial-Verlag.
44 Markus Brunner: Vortrag zum Begriff des »kollektiven Traumas«. Sigmund Freud Universität Wien, 14. 01. 2010
45 Kühner, A. (2008). Trauma und kollektives Gedächtnis. Gießen: Psychosozial-Verlag.
46 Kellermann, N. P. (2011). Geerbtes Trauma: Die Konzeptualisierung der transgenerationalen Weitergabe von Traumata. Tel Aviver Jahrbuch für deutsche Geschichte, 39, 137–160.
47 Kind, versprich mir, dass du dich erschießt, Florian Huber, Piper
48 https://de.wikipedia.org/wiki/Liste_der_deutschen_Bundesl%C3%A4nder_nach_Suizidrate
49 https://www.nzz.ch/international/veruebten-die-usa-einen-genozid-an-den-indianern-ld.1631753
50 https://de.wikipedia.org/wiki/Atlantischer_Sklavenhandel
51 Jung Chang, Jon Halliday, Mao, 2007, Random House, Seite 574
52 https://multipolarista.com/2022/12/12/britain-100-million-india-deaths-colonialism/
53 https://www.livemint.com/Companies/HNZA71LNVNNVXQ1eaIKu6M/British-Raj-siphoned-out-45-trillion-from-India-Utsa-Patna.html
54 Capitalism and extreme poverty: A global analysis of real wages, human height, and mortality since the long 16th century, Sullivan & Hickel, World Development 2023
55 *Süddeutsche Zeitung* Nr. 255 vom 5./6. 11. 2022/Grafik. Quelle: Kinder- und Jugendreport 2022 (Studie im Auftrag der DAK-Gesundheit)
56 https://thecynefin.co/about-sensemaker/
57 Forschungsbericht: https://www.mehr-demokratie.de/fileadmin/pdf/2022/22-12-15-Forschungsbericht_Polarisierung_in_Krisen_ueberwinden_2022_FINAL.pdf
58 Rede von Claudine Nierth auf der Friedensdemo in Berlin am 13. 03. 2022
https://www.youtube.com/watch?v=XlSC86kE1FA
59 »Demokratie braucht Religion« Hartmut Rosa, Kösel-Verlag, München 2022

60 Resonanz: Eine Soziologie der Weltbeziehung, Hartmut Rosa, Suhrkamp Verlag , 2019

61 B. K. Hölzel et al, »Mindfulness Practice Leads to Increases in Regional Brain Gray Matter Density« Psychiatry Research: Neuroimaging 19, Nr. 1 (2011):36-43

62 https://www.psychomeda.de/lexikon/selbstwirksamkeit.html

63 https://www.psychomeda.de/lexikon/selbstwirksamkeit.html

64 https://sz-magazin.sueddeutsche.de/die-loesung-fuer-alles/was-macht-ein-gutes-team-aus-86087

65 Bessel van der Kolk, Verkörperter Schrecken, Probst Verlag, 6. Auflage 2019

66 https://www.youtube.com/watch?v=21tIDgRmvpQ

67 Tagesschau am 15.11.2019 um 20:12 Uhr https://www.tagesschau.de/multimedia/video/video-621637.html

68 https://deutschlands-rolle.buergerrat.de/

69 https://pocketproject.org/

70 https://www.corinnacremer.com/post/what-happens-in-your-brain-happens-in-your-team

71 manager magazin online, 19.12.2022, 17:38 Uhr, »Nichtwissen ist eine essenzielle Komponente von Innovation«, Elisabeth Schönert

72 https://dserver.bundestag.de/btd/14/059/1405958.pdf

73 https://www.bz-berlin.de/archiv-artikel/einmal-ins-artemis-bitte

74 https://www.trauma-and-prostitution.eu/2014/12/04/studie-von-melissa-farley-zu-prostitution-und-menschenhandel/

75 https://www.zeit.de/politik/deutschland/2023-03/prostituierte-freier-sexarbeit-nordisches-modell-spd-frauen

76 Breidenbach, Stephan and Nesselhauf, Lea. »Klimawende und ADR – am Beispiel GermanZero« Zeitschrift für Konfliktmanagement, vol. 25, no. 5, 2022, pp. 186-189.

77 Jahresbericht 2020 Normenkontrollrat, S. 9

78 https://wellbeing-project.org/the-nordic-secret/

79 The Nordic Secret, Lene Rachel Anderson & Tomas Björkman, 2017, fri tanke, deutsche Ausgabe: Das skandinavische Geheimnis, 2020, Phänomen-Verlag

80 https://traumainformedoregon.org/

81 https://losland.org/

Unsere Leseempfehlung

256 Seiten
Auch als E-Book erhältlich

Die Demokratie steht unter Druck. Weltweit wenden sich viele Menschen von ihr ab und sehnen sich nach „starken Führern", die Gräben zwischen links und rechts, liberal und konservativ, Jung und Alt scheinen immer unüberbrückbarer. Begriffe wie Lügenpresse, diverse Verschwörungstheorien und Bürger:innen, die für ihre Freiheit auf die Straße gehen und gleichzeitig Andersdenkenden nicht zuhören wollen, sind nur einige Phänomene der Zeit, in der wir leben. Für eine neue, lebendige Kultur des demokratischen Miteinanders – mit Claudine Nierth, der leidenschaftlichen und engagierten Aktivistin der Zivilgesellschaft, und ihrem Plädoyer „Die Demokratie braucht uns!".

goldmann-verlag.de

GOLDMANN